Jw_cad 電気設備設計入門

ObraClub=著

X-Knowledge

付録CD-ROM使用上の注意！

本書の付録CD-ROMをご利用になる前には、以下を必ずお読みください。

● 個人の責任においてご使用ください

付録CD-ROMには、本書で解説しているJw_cadプログラムのインストール用ファイルが収録されています。このJw_cadのインストール方法は、p.32〜を参照してください。なお、収録されたデータを使用したことによるいかなる損害についても、当社ならびに著作権者・データの提供者は一切の責任を負いかねます。個人の責任において使用してください。また、Jw_cadのサポートは当社ならびに著作権者・データの提供者は一切行っておりません。したがって、ご利用は個人の責任の範囲で行ってください。

● 操作方法に関する質問は受け付けておりません

使用するコンピュータのハードウェア・ソフトウェアの環境によっては、動作環境を満たしていても動作しない、またはインストールできない場合がございます。当社ならびに著作権者・データの提供者は、インストールや動作の不具合などのご質問は受け付けておりません。なお、本書の内容に関する質問にかぎり、p.259の本書専用のFAX質問シートにてお受けいたします（詳細はp.259をご覧ください）。

● 開封後は返本・返金には応じられません

付録CD-ROMのパッケージを開封後は、付録CD-ROMに収録されているデータの不具合などの理由による返本・返金はいたしません。ただし、本の乱丁・落丁の場合はこの限りではありません。また、本書の購入時においての、明らかな付録CD-ROMの物理的破損によるデータの読み取り不良は、付録CD-ROMを交換いたします。詳しくは本書の巻末をご覧ください。

著作権・商標・登録商標について

付録CD-ROMに収録されたデータは、すべて著作権上の保護を受けています。付録CD-ROMは、本書をご購入いただいた方が、同時に1台のコンピュータ上でご使用ください。ネットワークなどを通して複数人により使用することはできません。付録CD-ROMに収録されているデータは、本書に定められた目的以外での使用・複製・変更・譲渡・貸与することを禁じます。Windowsは、米国Microsoft Corporationの米国および他の国における登録商標です。また、本書に掲載された製品名、会社名などは、一般に各社の商標または登録商標です。

Jw_cadの収録および操作画面の掲載について

Jw_cadの付録CD-ROMへの収録および操作画面などの本書への掲載につきましては、Jw_cadの著作権者である清水治郎氏と田中善文氏の許諾をいただいております。

カバーデザイン／山口 了児（ZUNIGA）
編集制作／鈴木 健二（中央編集舎）
図面監修／岡本 憲司（岡本電気工事）
Special Thanks／清水 治郎 ＋ 田中 善文
印刷所／シナノ書籍印刷

Jw_cad電気設備設計入門［Jw_cad8対応版］の出版に寄せて

　本書は、2011年6月に刊行された「Jw_cad電気設備設計入門」の改訂版（［Jw_cad8対応版］）です。解説の内容に最新バージョンのJw_cadバージョン8.03aを使用したほか、問い合わせの多かった高圧単線結線図のための線記号データを追加しました（→p.120）。

　そもそも「Jw_cad電気設備設計入門」を作るきっかけは、Jw_cadの入門書「はじめて学ぶJw_cad」の読者、特に現場をかかえる傍ら電気設備図を作図する電気工事士の方からの「一般住宅の電気設備図を描くための解説書はないか」という問い合わせでした。

　電灯・コンセント図などの電気設備図面は、Jw_cadのレイヤ、ブロック図形、連線、線記号変形、クロックメニューなどの機能を利用することで非常に効率よく作図できます。ただし、これらの機能は基本的な作図機能ではなく、応用的な機能のため、Jw_cadの入門書などではあまり紹介されていません。そのため、こうした便利な機能を使わずに電気設備図面を作図されている方もおいでかと思います。また、効率よく作図するには、多くの電気シンボル図形や条数、回路番号などの線記号を用意する必要があります。まずは、これらを自分で作らないとならないのでは、なかなか手軽に始めることはできません。

　本書は、Jw_cadを使い始めた方、これから使う方を対象とし、Jw_cadの基本操作〜盤図・電灯コンセント図の作図を通して電気設備図面を効率よく作図するための操作の習得を目的としています。また、本書を終えた後、すぐに実務図面を描き出していただけるよう、多数の電気シンボル図形をS=1/50、1/100、1/200の縮尺別に用意しています（→p.9〜）。

　本書が、読者の皆様にとって、手軽にJw_cadで電気設備図を作図するための一助になれば幸いです。

　本書での課題図面の提供から図面作成の助言など、多岐にわたる支援を岡本憲司氏（岡本電気工事）にいただきました。岡本氏には、この場を借りて深く御礼申し上げます。

ObraClub

CONTENTS

INTRODUCTION 6

1 表記と凡例 ········· 6
2 付録CD-ROMについて ········· 8
3 「電気シンボル図形」一覧表 ········· 9

LESSON 0　Jw_cadを使うための準備をする 32

Jw_cadと教材データのインストール・設定 ········· 32
STEP 1　Jw_cadをインストールする ········· 33
STEP 2　教材データをインストールする ········· 35
STEP 3　Jw_cadのショートカットを作成する ········· 36
STEP 4　Jw_cadを起動する ········· 38
STEP 5　表示設定を変更する ········· 39
STEP 6　Jw_cadの基本的な設定をする ········· 40
◆ 付録のS=1/100用、1/200用電気シンボルについて ·· 42

LESSON 1　線や円をかく、かいた線や円を消す 43

STEP 1　用紙サイズをA3に設定する ········· 44
STEP 2　縮尺を1/50に設定する ········· 44
STEP 3　線を作図する ✏ ········· 45
STEP 4　線端部を結ぶ線を作図する ········· 46
STEP 5　円を作図する ⊙ ········· 47
STEP 6　線や円を消去する 消去🖳 ········· 48
STEP 7　直前の操作を取り消す 戻る ········· 49
STEP 8　線の一部を消去する 消去🖱 ········· 49
STEP 9　線や円をまとめて消す 範囲選択消去 消去 ········· 51
STEP 10　Jw_cadを終了する ········· 52

LESSON 2　表（回路名番）をかき、保存する 53

STEP 1　用紙サイズA4、縮尺1/1に設定する ········· 54
STEP 2　水平線・垂直線を作図する ········· 54
STEP 3　線を平行複写する ········· 55
STEP 4　作図した部分を拡大表示する ········· 56
STEP 5　1つ前の表示範囲に戻す ········· 57
STEP 6　線を縮める ········· 58
STEP 7　2本の線の角を作る ········· 59
STEP 8　中心線を作図する ········· 60
STEP 9　複線を作図する ········· 61
STEP 10　分割線を作図する ········· 62
STEP 11　書込線を補助線種にする ········· 63
STEP 12　作図補助の線を作図する ········· 63

STEP 13　図面ファイルとして保存する ········· 65
STEP 14　半径3.2mmの円を作図する ········· 66
STEP 15　用紙全体を表示する ········· 67
STEP 16　文字を枠中心に記入する ········· 68
STEP 17　文字を複写する ········· 72
STEP 18　3列目の文字を記入する ········· 73
STEP 19　回路番号と文字をまとめて複写する ········· 75
STEP 20　文字を書き換える ········· 77
STEP 21　重複した線を1本に整理する ········· 80
STEP 22　図面をA4用紙に印刷する ········· 81
STEP 23　図面を上書き保存する ········· 83
STEP 24　Jw_cadを終了する ········· 83

LESSON 3　保存した図面を開き、盤図をかき加える 85

STEP 1　図面ファイルを開く ········· 86
STEP 2　既存の表を右に移動する ········· 86
STEP 3　盤図作図のための補助線を作図する ········· 88
STEP 4　書込線の線色・線種を変更する ········· 90
STEP 5　指定寸法の長方形を作図する ········· 91
STEP 6　矩形内に文字を記入する ········· 92
STEP 7　連続線を作図する ········· 94
STEP 8　2線間を等分割する補助線を作図する ········· 95
STEP 9　回路①を作図する ········· 96
STEP 10　作図した回路を複写する ········· 98
STEP 11　電力量計作図のための補助線を作図する ······ 101
STEP 12　図形を読み込み、配置する ········· 102
STEP 13　配線を作図する ········· 105
STEP 14　図形「受電点」を読み込み、配置する ········· 106
STEP 15　回路番号を記入する ········· 106
STEP 16　対角を指定して長方形を作図する ········· 110
STEP 17　文字を記入する ········· 111
STEP 18　引出線付きの文字を記入する ········· 112
STEP 19　印刷時の線の太さを設定する ········· 116
STEP 20　図面を印刷する ········· 117

LESSON 4　設備図作図の準備 121

STEP 1　課題図面を開く ········· 122
STEP 2　課題図面を印刷する ········· 123
STEP 3　レイヤバーと書込レイヤ ········· 125
STEP 4　非表示レイヤ ········· 127
STEP 5　表示のみレイヤ ········· 128
STEP 6　編集可能レイヤ ········· 129
STEP 7　レイヤ一覧ウィンドウでのレイヤ操作 ········· 129

LESSON 5　電灯コンセント設備図の作図 133

STEP 1	建築図面を開く	135
STEP 2	不要な要素を消去する	135
STEP 3	レイヤを変更する	137
STEP 4	レイヤ名を設定する	138
STEP 5	線色を変更する	139
STEP 6	文字のフォントを変更する	140
STEP 7	図面名を変更する	141
STEP 8	印刷線幅を設定する	142
STEP 9	データ整理を行う	142
STEP 10	別の名前で保存する	143
STEP 11	中心線を作図する	144
STEP 12	連続した複線を作図する	145
STEP 13	線を等分割する点を作図する	147
STEP 14	不要な仮点を消す	148
STEP 15	基準線と長さの異なる複線を作図する	148
STEP 16	残りの補助線を作図する	149
STEP 17	「1」レイヤに図形「電力量計」を配置する	149
STEP 18	図形「立上」を配置する	151
STEP 19	図形「分電盤」を配置する	152
STEP 20	「2」レイヤに照明器具を配置する	153
STEP 21	「3」レイヤに換気扇を配置する	155
STEP 22	「6」レイヤに警報を配置する	158
STEP 23	「4」レイヤにコンセントを配置する	159
STEP 24	配置したコンセントを移動する	161
STEP 25	他のコンセントを配置する	162
STEP 26	「5」レイヤにスイッチを配置する	163
STEP 27	「6」レイヤにインターホンを配置する	166
STEP 28	移報器を配置する	167
STEP 29	各レイヤの表示状態を変更する	168
STEP 30	「7」レイヤに配線を作図する	169
STEP 31	「連線」コマンドで配線を作図する	171
STEP 32	配線端部を作図する	178
STEP 33	交差部分の処理をする	180
STEP 34	スイッチの傍記を記入する	181
STEP 35	コンセントの傍記を記入する	183
STEP 36	既存の文字と同じ文字種で記入する	184
STEP 37	条数「2線アース」を作図する	186
STEP 38	条数「3線」と「4線」を作図する	188
STEP 39	「A」レイヤに記載事項を記入する	190
STEP 40	建築図の文字を移動する	190
STEP 41	上書き保存し、印刷する	191

LESSON 6　作図した図面をA2用紙にレイアウトする 195

STEP 1	A2用紙に印刷枠を作図する	196
STEP 2	「F」レイヤに図面枠を作図する	197
STEP 3	文字記入のための補助線を作図する	198
STEP 4	会社名を記入する	199
STEP 5	項目名を記入する	200
STEP 6	線色ごとの印刷線幅を設定する	200
STEP 7	図面を「A2－waku」として保存する	201
STEP 8	工事名、図面名などを記入する	201
STEP 9	別の名前で保存する	202
STEP 10	2階電灯コンセント図をコピーする	203
STEP 11	レイヤ名を設定する	207
STEP 12	補助線を作図する	207
STEP 13	1階電灯コンセント図をコピーする	208
STEP 14	図面「01」の縮尺を1/50に変更する	210
STEP 15	補助線を除いて盤図・表をコピーする	211
STEP 16	上書き保存し、もう1つのJw_cadを終了する	213
STEP 17	電気シンボル図形一覧表の罫線を作図する	214
STEP 18	一番下の水平線まで垂直線を伸ばす	215
STEP 19	文字記入のための補助線を作図する	216
STEP 20	電気シンボルを配置する	218
STEP 21	複数行の文字を連続記入する	221
STEP 22	各表と盤図にタイトルを記入する	224
STEP 23	データ整理・上書保存をして、印刷する	225

APPENDIX 227

1 STEP UP LESSON		228
1	カラー印刷色を設定・変更する	228
2	作図した電気シンボルを図形登録する	230
3	文字を含む図形の大きさを変更して配置する	232
4	ブロック図形について	233
5	DXF形式の建築図から電気設備図を作図する	240
2 QUESTION & ANSWER		244
本書の解説どおりにならない場合の対処法		244

INDEX	257
FAX質問シート	259

INTRODUCTION 1

表記と凡例

◆ マウスの操作とマウスによる指示の表記

パソコンでの大部分の操作指示は、画面に表示されるマウスポインタの先端を目的の位置に合わせ、マウスのボタンを押すことで行います。
左のイラストのように、左ボタンの上に人差指、右ボタンの上に中指をおくようにしてマウスを持ちます。左ボタンは人差指で、右ボタンは中指で押すよう、習慣づけましょう。

◆ クリック

マウスのボタンを「カチッ」と1回押す操作をクリックと呼びます。ボタンは押したらすぐはなします。
パソコンでの大部分の操作指示は、マウスポインタを目的のものに合わせ、マウスの左ボタンをクリックすることで行います。

本書での表記
- 左ボタンを1回押す。
- 右ボタンを1回押す。
- 左右両方のボタンを同時に1回押す。

◆ ダブルクリック

マウスのボタンを「カチッカチッ」と立て続けに2回押す操作をダブルクリックと呼びます。
マウスポインタを目的のファイルやフォルダーに合わせ、マウスの左ボタンをダブルクリックすることで、目的のファイルやフォルダーを開きます。

本書での表記
- 左ボタンを立て続けに2回押す。
- 右ボタンを立て続けに2回押す。

◆ ドラッグ

マウスのボタンを押したままマウスポインタを移動したあと、ボタンをはなす操作をドラッグと呼びます。
Jw_cadでのドラッグ操作は、ボタンを押したまま指示方向へマウスポインタを移動し、メッセージなどが表示された時点でボタンをはなします。本書では、ドラッグ操作を、押すボタンとマウスの移動方向を示す矢印で表記します。

本書での表記
- 右ボタンを押したまま右方向へ移動した後、ボタンをはなす。
- 左右両方のボタンを押したまま右下方向へ移動した後、ボタンをはなす。

（例）右のボタンを押したままマウスを右方向に移動しボタンをはなす

◆ キーボードによる指示の表記

キーボードからの指示は、「Esc キーを押す」のように、□を付けて押すキーの名称を表記します。以下に、本書で表記する主なキーの表記例とキーボードの位置を示します（ノートパソコンなど使用するパソコンによって一部のキーの表記や配列が図とは異なる場合があります）。

――― 本書での表記

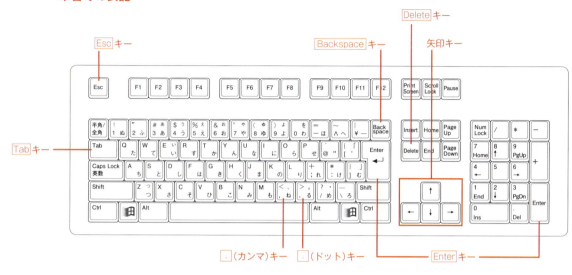

◆ 数値・文字の入力方法の表記

数値や文字の入力方法は、「500」や「事務机」のように、入力する数値や文字に「　」を付けて表記します。Jw_cadでは原則として、数値や文字の入力後、Enter キーは押しません。

――― 本書での表記　　　コントロールバー「寸法」ボックスに「700」を入力する。

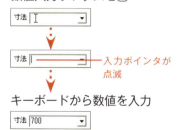

数値入力ボックスを🖱
↓
入力ポインタが点滅
↓
キーボードから数値を入力

寸法や角度などの数値を指定する場合や文字を記入する場合は、所定の入力ボックスを🖱し、入力状態（ボックス内で入力ポインタが点滅する）にしたうえで、キーボードから数値や文字を入力します。
すでに入力ボックスで入力ポインタが点滅している場合や、入力ボックスに表示されている数値・文字が色反転している場合は、入力ボックスを🖱せず、直接キーボードから入力できます。

数値が色反転

◆ 凡例

POINT　　必ず覚えておきたい重要なポイントや操作上の注意事項

❓　　　　本書の説明どおりにならない場合の原因と対処方法の参照ページ

HINT　　作図上のヒント

INTRODUCTION 2
付録CD-ROMについて

本書の付録CD-ROMには、「Jw_cad」と、本書で利用する教材データなどが収録されています。次の事項をよくお読みになり、ご承知いただけた場合のみ、付録CD-ROMをご使用ください。

付録CD-ROMを使用する前に必ずお読みください！

- 付録CD-ROMは、Windows 10/8/7で読み込み可能です。それ以外のOSでも使用できる場合がありますが、動作は保証しておりません。
- 使用しているコンピュータ、ハードウェア、ソフトウェア、ネットワークなどの環境によっては、動作条件を満たしていても動作しないまたはインストールできない場合があります。あらかじめご了承ください。
- 収録されたデータを使用したことによるいかなる損害についても、当社ならびに著作権者、データの提供者（開発元・販売元）は、一切の責任を負いかねます。個人の自己責任の範囲において使用してください。
- 本書の内容に関する質問にかぎり、p.259の本書専用のFAX質問シートにてお受けいたします（詳細はp.259をご覧ください）。なお、OSやパソコンの基本操作、記事に直接関係のない操作方法、ご使用の環境固有の設定や特定の機器向けの設定といった質問は受け付けておりません。

◆ 付録CD-ROMの内容

◆ **jww803a**
　　（jww803a.exe）
Jw_cadバージョン8.03a

jww803a

インストール→p.33

◆ **data**
　　（data.exe）
本書で利用する教材データ

data

インストール→p.35

通常は使用しません！

◆ **「jww711」フォルダー**
旧バージョンのJw_cadを収録したフォルダー

◆ **S100**
　　（S100.exe）
S=1/100用電気シンボル図形

S100

必要に応じてインストール
→p.42

◆ **S200**
　　（S200.exe）
S=1/200用電気シンボル図形

S200

必要に応じてインストール
→p.42

INTRODUCTION 3
「電気シンボル図形」一覧表

本書の付録CD－ROMには、S＝1/50、1/100、1/200の縮尺別に、以下の一覧表に示す電気シンボル図形（図形ファイル名「＊＊＊.jws」）を収録しています。これらのインストール方法は、S＝1/50用はp.35、S＝1/100用および1/200用はp.42をそれぞれ参照してください。また、電気シンボル図形についてのp.104の「POINT 付録CD－ROMの図形について」、p.169の「POINT 電気シンボルの読み取り点」を合わせてご参照ください。

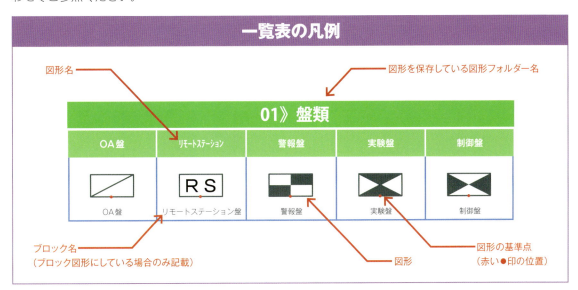

一覧表の凡例
- 図形名
- 図形を保存している図形フォルダー名
- ブロック名（ブロック図形にしている場合のみ記載）
- 図形
- 図形の基準点（赤い●印の位置）

01》盤類

OA盤	リモートステーション	警報盤	実験盤	制御盤
OA盤	リモートステーション盤	警報盤	実験盤	制御盤
制御盤_防災	**端子盤**	**中央監視盤**	**動力盤**	**配電盤**
制御盤－防災	端子盤	中央監視盤	動力盤	配電盤
配電盤_防災	**分電盤**	**分電盤_防災**	**別途制御盤**	
防災電源回路用配電盤	分電盤	防災電源回路用分電盤	別途制御盤	

02》一般配線

VVFケーブル用 B	ケーブルRack	ケーブルラック	ジャンクションB_床	ジャンクションB_床B
VVFケーブル用ボックス	ケーブルラック	ケーブルラック	ジャンクションボックス(床付)	ジャンクションボックス(床付)BOX付
ジャンクションB_天	**ジャンクションB_壁1**	**ジャンクションB_壁2**	**ジャンクションB_壁3**	**ジャンクションB_壁4**
ジャンクションボックス(天井付)	ジャンクションボックス(壁付)1	ジャンクションボックス(壁付)2	ジャンクションボックス(壁付)3	ジャンクションボックス(壁付)4
ジョイントB	**ジョイントB_C**	**ジョイントB_OB**	**プルBOX大**	**プルBOX中**
ジョイントボックス	コンクリートボックス	アウトレットボックス	プルボックス(大)	プルボックス(中)
ユニットケーブル用 B	**引下**	**引下_防火貫通**	**金属ダクト**	**受電点**
ユニットケーブル用ボックス	引下げ	引下り(防火区画貫通部)	金属ダクト	受電点
接地センター	**接地極**	**接地極_E1**	**接地極_E2**	**接地極_E3**
接地センター	接地極	接地極(第一種)	接地極(第二種)	接地極(第三種)
接地極_ES3	**接地端子**	**素通**	**素通_防火貫通**	**点検口**
接地極(特別第三種)	接地端子	素通し	素通し(防火区画貫通部)	点検口
立上	**立上_防火貫通**	**立上引下**	**露出B_丸**	
立上り	立上り(防火区画貫通部)	立上り引下げ(同一階内)	露出ボックス(丸)	

INTRODUCTION 3 「電気シンボル図形」一覧表

Jw_cad電気設備設計入門［Jw_cad 8対応版］

03》機器

コンデンサ	シーリングファン	ルームエアコン	ルームエアコン外	ルームエアコン内
コンデンサ	シーリングファン	ルームエアコン	ルームエアコン（屋外）	ルームエアコン（屋内）
換気扇	**換気扇_天**	**給気口**	**小型変圧器**	**小型変圧器_B**
換気扇（含扇風機）	換気扇（天井付）	給気口	小型変圧器	ベル変圧器
小型変圧器_F	**小型変圧器_H**	**小型変圧器_N**	**小型変圧器_R**	**整流装置**
蛍光灯用安定器	HID灯用安定器	ネオン変圧器	リモコン変圧器	整流装置
蓄電池	**電磁弁**	**電動機**	**電動弁**	**電熱器**
蓄電池	電磁弁	電動機	電動弁	電熱器
発電機				
発電機				

04 照明》 白熱・HID・誘導灯

HID 屋外灯	HID 灯_屋外	HID 灯_屋内	ウォールウォシャー	シャンデリア
HID 屋外灯	HID 灯（屋外）	HID 灯（屋内）	ウォールウォシャー	シャンデリア
シーリング・直付	**スポットライト**	**ダウンライト**	**ペンダント**	**引掛シーリング 角**
シーリング・直付	スポットライト	ダウンライト	ペンダント	引掛シーリング だけ（角）
引掛シーリング 丸	**白熱灯・HID 灯**	**発電回路用**	**非常照明用**	**不滅 or 非常用**
引掛シーリング だけ（丸）	白熱灯・HID 灯（一般用照明）	白熱灯（発電回路照明）	白熱灯（非常照明用）	白熱灯（不滅 or 非常用灯）
壁白熱灯	**壁白熱灯_不滅 or 非**	**保安発電回路_蛍**	**保安発電回路_白**	**埋込器具**
壁付き白熱灯	壁付き白熱灯（不滅 or 非常用灯）	保安用発電回路用蛍光灯	保安用発電回路用白熱灯	埋込器具
誘導灯	**誘導灯_床**	**誘導灯_片面**	**誘導灯_両面**	**誘導灯 FL20×1**
白熱灯・HID 灯_誘導灯	床付き白熱灯・HID 灯_誘導灯	白熱灯・HID 灯_誘導灯（片面）	白熱灯・HID 灯_誘導灯（両面）	誘導灯 FL20× 1
誘導灯 FL20×2	**誘導灯 FL40×1**	**誘導灯 FL40×2**	**誘導灯信号装置**	**誘導非常 FL20×1**
誘導灯 FL20×2	誘導灯 FL40× 1	誘導灯 FL40×2	連動式誘導灯用信号装置	誘導灯兼用非常照明 FL20× 1
誘導非常 FL20×2	**誘導非常 FL40×1**	**誘導非常 FL40×2**	**誘導片矢印**	**誘導両矢印**
誘導灯兼用非常照明 FL20×2	誘導灯兼用非常照明 FL40× 1	誘導灯兼用非常照明 FL40×2		

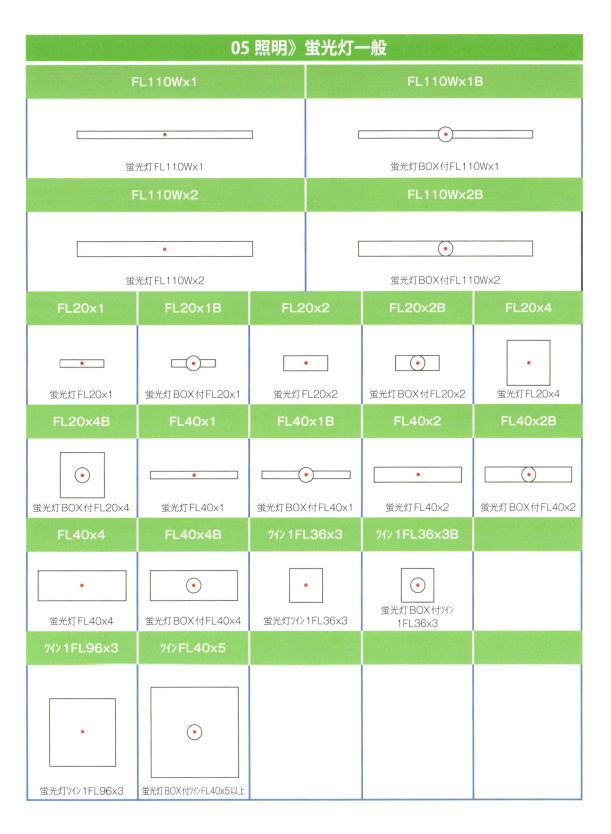

発電FL40×1	発電FL40x1B	発電FL40x2	発電FL40x2B	非常FL20x1
蛍光灯（発電回路照明）FL40x1BOX無	蛍光灯（発電回路照明）FL40x1	蛍光灯（発電回路照明）FL40x2BOX無	蛍光灯（発電回路照明）FL40x2	蛍光灯（非常用照明）FL20x1
非常FL20x2	非常FL40x1	非常FL40x2	不滅or非常FL40x1	壁FL20x1
蛍光灯（非常用照明）FL20x2	蛍光灯（非常用照明）FL40x1	蛍光灯（非常用照明）FL40x2	蛍光灯FL40x1（不滅or非常用灯）	壁付蛍光灯FL20x1
壁FL20x1B	壁FL20x2	壁FL40x1	壁FL40x1B	壁FL40x2
壁付蛍光灯BOX付FL20x1	壁付蛍光灯FL20x2	壁付蛍光灯FL40x1	壁付蛍光灯BOX付FL40x1	壁付蛍光灯FL40x2
壁不滅or非常FL40x1				
壁付き蛍光灯FL40x1（不滅or非常用灯）				

06 コンセント 》 壁・住宅情報

スイッチコンセントセット	住L_コン+TEL+TV	住L_コン+TEL	住L_コン+TELx2	住L_コン+TV+TEL
スイッチコンセントセット	住宅情報コンセント(L)コン+TEL+TV	住宅情報コンセント(L)コン+TEL	住宅情報コンセント(L)コン+TEL+TEL	住宅情報コンセント(L)コン+TV+TEL
住L_コン+TV	住R_TEL+TV+コン	住R_TEL+コン	住R_TV+TEL+コン	住R_TV+コン
住宅情報コンセント(L)コン+TV	住宅情報コンセント(R)TEL+TV+コン	住宅情報コンセント(R)TEL+コン	住宅情報コンセント(R)TV+TEL+コン	住宅情報コンセント(R)TV+コン
壁コンセント-200V	壁コンセント	壁コンセント_2P	壁コンセント_2P30A	壁コンセント_3P
壁付コンセント(200V)	壁付コンセント	壁付コンセント(2P)	壁付コンセント(2P30A)	壁付コンセント(3P)

壁コンセント_3PE	壁コンセント_エアコン20A	壁コンセント_エアコン用	壁コンセントワイド	壁ダブルコンセント
壁付コンセント(3Pアース付) 3相3線用	壁付エアコン用コンセント 125V/20A用	壁付エアコン用コンセント 125V/15・20A兼用	壁付コンセント_ワイド形	壁付ダブルコンセント
壁掛コンセント_2PE	壁掛コンセント_3PE	傍_2ET	傍_E	傍_EET
壁付引掛コンセント(2Pアース付)	壁付引掛コンセント(3Pアース付) 3相3線用	2ET	E	EET
傍_EL	傍_ET	傍_EX	傍_H	傍_LK
EL	ET	EX	H	LK
傍_RC	傍_T	傍_WP	傍_WPE	
RC	T	WP	WPE	

07 コンセント 》 天井・床・他

引掛シーリング角	引掛シーリング丸	床コンセント	床コンセント_3E4	床コンセント_3E4B
引掛シーリング(角)	引掛シーリング(丸)	床付コンセント	床付コンセント(3Pアース4P)	床付コンセント(3Pアース4P) ボックス付
床コンセント_3P	床コンセント_3PB	床コンセントR	床掛コンセント_2E3	床掛コンセント_2E3B
床付コンセント(3P)	床付コンセント(3P)ボックス付	床付コンセント(ボックス付)	床付引掛コンセント(2Pアース3P)	床付引掛コンセント(2Pアース3P) ボックス付
床掛コンセント_2P	床掛コンセント_2PB	床掛コンセント_3E4	床掛コンセント_3E4B	天コンセント
床付引掛コンセント(2P)	床付引掛コンセント(2P) ボックス付	床付引掛コンセント(3Pアース4P)	床付引掛コンセント(3Pアース4P) ボックス付	天井付コンセント

天コンセント200V	天コンセント_3E4	天コンセント_3P	天コンセントワイド	天掛コンセント_2E3
天井付コンセント（200V）	天井付コンセント（3Pアース4P）	天井付コンセント（3P）	天井付コンセント_ワイド形	天井付引掛コンセント（2Pアース3P）
天掛コンセント_3E4	二重床用コンセント	非コンセント_消火栓	非コンセント_消防	非コンセント_単壁
天井付引掛コンセント（3Pアース4P）	二重床用コンセント	非常コンセント（消火栓組込型）	非常コンセント（消防法によるもの）	非常コンセント（単独・壁掛型）

08》スイッチ

スイッチ	スイッチ2	スイッチ3	スイッチ4	スイッチ5
点滅器				
スイッチ6	セレクタスイッチ	パイロット＋スイッチ	パイロットランプ	リモコンリレー
	セレクタスイッチリモコン		パイロットランプ	リモコンリレー
リモコンリレー集合取付	ワイドスイッチ	調光器	調光器ワイド	熱線式スイッチセンサー
リモコンリレー集合取付	ワイドハンドル型点滅器	調光器	調光器（ワイド型）	熱線式自動スイッチセンサー
傍_2P	傍_3	傍_4	傍_A	傍_D
2P	3	4	A	D
傍_DF	傍_EX	傍_H	傍_L	傍_R
DF	EX	H	L	R

傍_RA	傍_RAS	傍_RG	傍_RM	傍_RP
•RA	•RAS	•RG	•RM	•RP

傍_T	傍_WP			
•T	•WP			

09》開閉器・計器

サーモスイッチ	タイムスイッチ	ヒューミディスイッチ	フロートスイッチ	フロートレススイッチ
T h	T S	H	⊙F	L F
サーモスイッチ	タイムスイッチ	ヒューミディースイッチ	フロートスイッチ	フロートレススイッチ
フロートレススイッチ電極	**フロート**	**圧力スイッチ**	**遠隔油量指示計箱**	**開閉器**
⊙LF	F	⊙P	ROM	S
フロートレススイッチ(電極)	フロート	圧力スイッチ	遠隔油量指示計箱	開閉器
開閉器_電流計	**地震感知器**	**電極切替函**	**電磁開閉器押ボタン**	**電流制限器**
S	EQ	LFC	⊙B	L
開閉器(電流計付)	地震感知器	電極切替函	電磁開閉器用押ボタン	電流制限器
電力量計	**電力量計_箱**	**電力量計_箱S**	**配線用遮断器**	**配線用遮断器** **モーターブレーカー**
Wh	Wh	W	B	B
電力量計	電力量計(箱入orフード付)	電力量計_狭 (箱入orフード付)	配線用遮断器	配線用遮断器 (モーターブレーカー付)
変流器_箱	**漏電火災警報器**	**漏電警報器**	**漏電遮断器**	**漏電遮断器_BE**
CT	◯G	◯	E	BE
変流器(箱入)	漏電火災警報器	漏電警報器	漏電遮断器	漏電遮断器(過電流素子付)

17

10》電話・情報設備

FAX	TEL加入	TEL公衆	TEL内線	TEL内線BT
ファクシミリ	加入電話機	公衆電話機	内線電話機	内線電話機(ボタン電話)
アウトレット情報	**アウトレット情報_床**	**アウトレット情報_床B**	**アウトレット情報_二重床**	**アウトレット情報_壁**
情報用アウトレット	情報用アウトレット(床付BOX無)	情報用アウトレット(床付BOX有)	情報用アウトレット(床付二重床用)	情報用アウトレット(壁付)
アウトレット電話	**アウトレット電話_床**	**アウトレット電話_床B**	**アウトレット電話_二重床**	**アウトレット電話_壁**
電話用アウトレット	電話用アウトレット(床付BOX無)	電話用アウトレット(床付BOX有)	電話用アウトレット(床付二重床用)	電話用アウトレット(壁付)
アウトレット複合	**アウトレット複合_床**	**アウトレット複合_床B**	**アウトレット複合_二重床**	**アウトレット複合_壁**
複合アウトレット	複合アウトレット(床付BOX無)	複合アウトレット(床付BOX有)	複合アウトレット(床付二重床用)	複合アウトレット(壁付)
ターミナルアダプタ	**デジタル回線終端**	**ハブ**	**ボタン電話主装置**	**ルーター**
ターミナルアダプタ	デジタル回線終端装置	集線装置(ハブ)	ボタン電話主装置	ルーター
局線中継台	**局線表示盤**	**局線用端子盤**	**交換機**	**交換機_電話**
局線中継台	局線表示盤	局線用端子盤	交換機	電話交換機
時分割多重装置	**主端子盤**	**情報用機器収容箱**	**端子盤**	**中間端子盤**
時分割回数多重化装置	主端子盤	情報用機器収容箱	端子盤	中間端子盤

中間配線盤	転換器	転換器_両切	保安器	保安器_集合
IDF				
中間配線盤	転換器	両切転換器	保安器	集合保安器
本配線盤				
MDF				
本配線盤				

11》警報・呼出・表示・ナースコール

NCスピーカ-1子	NCスピーカ-1子_天	NCスピーカ-1子_壁	NC 握押ボタン	NC 押ボタン_壁
ナースコールSP インターホン子機	ナースコールSP インターホン子機（天井付）	ナースコールSP インターホン子機（壁付）	ナースコール握押ボタン	壁付押ボタン
NC 押ボタン	NC 呼出押ボタン	チャイム	チャイム壁	ナースコール子
ナースコール押ボタン	ナースコール呼出押ボタン	チャイム	チャイム壁付	ナースコール子機
ナースコール受信	ブザー	ブザー警報	ブザー時報	ブザー壁
ナースコール受信機	ブザー	ブザー（警報用）	ブザー（時報用）	ブザー壁付
ブザー壁_警報	ブザー壁_時報	ベル	ベル警報	ベル時報
ブザー壁付（警報用）	ブザー壁付（時報用）	ベル	ベル（警報用）	ベル（時報用）
握押ボタン	押ボタン	押ボタン_復帰用	押ボタン壁	警報盤
握り押ボタン	押ボタン	押ボタン（復帰用）	壁付押ボタン	警報盤

19

表示スイッチ	表示スイッチ盤	表示灯	表示灯壁	表示盤子
表示スイッチ（発信器）	表示スイッチ盤	表示灯	壁付表示灯	在否表示盤子機
表示盤親				
在否表示盤親機				

12》電気時計設備

子時計	子時計アウトレット	子時計スピーカー付	子時計時報	親時計
子時計	子時計（アウトレットのみ）	スピーカー付子時計	時報子時計	親時計
親時計盤組込				
盤組込親時計				

13》インターホン

インターホンK親	インターホン子	インターホン親	スピーカー型I子	スピーカー型I子_天
インターホン管理人室親機	インターホン子機	インターホン親機	スピーカー型インターホン子機	スピーカー型インターホン子機（天井付）
スピーカー型I子_壁	スピーカー型I親	ドアホン	集合玄関機	住宅情報盤
スピーカー型インターホン子機（壁付）	スピーカー型インターホン親機	ドアホン	集合玄関機	住宅情報盤

20　　Jw_cad電気設備設計入門［Jw_cad8対応版］

電話型I子	電話型I子_壁1	電話型I子_壁2	電話型I子_壁3	電話型I子_壁4
電話機型インターホン子機	電話機型インターホン子機_壁1	電話機型インターホン子機_壁2	電話機型インターホン子機_壁3	電話機型インターホン子機_壁4
電話型I親	電話型I親_壁1	電話型I親_壁2	電話型I親_壁3	電話型I親_壁4
電話機型インターホン親機	電話機型インターホン親機_壁1	電話機型インターホン親機_壁2	電話機型インターホン親機_壁3	電話機型インターホン親機_壁4
門灯・インターホン				
門灯・インターホン				

14》放送・映像設備

AMアンテナ	CPU	CSP	OHP	VP
AMアンテナ	中央処理装置	スライドプロジェクタ	オーバーヘッドプロジェクタ	ビデオプロジェクタ
VTR	アッテネータ	カットリレー	コネクタ	ジャックM
ビデオテープレコーダ	アッテネータ	カットリレー	コネクタ	マイクロホン用ジャック
ジャックM_床	ジャックM壁1	ジャックM壁2	ジャックM壁3	ジャックM壁4
マイクロホン用ジャック床付	マイクロホン用ジャック壁付1	マイクロホン用ジャック壁付2	マイクロホン用ジャック壁付3	マイクロホン用ジャック壁付4
ジャックS	ジャックS床	ジャックS壁1	ジャックS壁2	ジャックS壁3
スピーカー用ジャック	スピーカー用ジャック床付	スピーカー用ジャック壁付1	スピーカー用ジャック壁付2	スピーカー用ジャック壁付3

INTRODUCTION **3** 「電気シンボル図形」一覧表

ジャックS壁4	スクリーン	スピーカー	スピーカー_アウトレット	スピーカーATT天
スピーカー用ジャック壁付4	スクリーン	スピーカー	スピーカー（アウトレットのみ）	天井付スピーカーATT
スピーカーATT壁	スピーカー→天	スピーカー→壁	スピーカー天	スピーカー壁
壁付スピーカーATT	天井付スピーカー→	壁付スピーカー→	天井付スピーカー	壁付スピーカー
テレビ	ホーン型スピーカー	ホーン型スピーカー両	ラジオアンテナ	ワイヤレスアンテナ
テレビ	ホーン型スピーカー	ホーン型スピーカー両面型	ラジオアンテナ	ワイヤレスアンテナ
映写機	遠隔操作器	遠隔操作器_消防	増幅器	増幅器_消防
映写機	遠隔操作器	遠隔操作器_消防	増幅器	増幅器_消防
傍_M	傍_S	傍_WP		

15》TV 共同受信設備

TVアンテナ1	TVアンテナ2	TVアンテナ3	TV端子	アンテナ
テレビジョンアンテナ1	テレビジョンアンテナ2	テレビジョンアンテナ3	TV端子	アンテナ
パラボラアンテナ	ヘッドエンド	機器収納箱	機器収納箱_TV	混合・分波器
パラボラアンテナ	ヘッドエンド	機器収納箱（一般）	TV機器収納箱	混合・分波器

増幅器	直列ユニット	直列ユニット2_300	直列ユニット2_70	直列ユニット床
増幅器	直列ユニット	直列ユニット二端子形 分岐端子300Ω形	直列ユニット二端子形 分岐端子70Ω形	直列ユニット床付BOX無

直列ユニット床Ｂ	直列ユニット壁	分岐器_1	分岐器_2	分岐器_4
直列ユニット床付BOX有	直列ユニット壁付	1分岐器	2分岐器	4分岐器

分配器_2	分配器_3	分配器_4	分配器_6	
2分配器	3分配器	4分配器	6分配器	

16》駐車場管制設備

カーゲート	カードエンコーダー	カードリーダー	ループコイル
カーゲート	カードエンコーダー	カードリーダー	ループコイル

ループコイル式車検	回転灯	管制盤	光線式検知_受	光線式検知_発
ループコイル式車両検	警報灯(回転灯)	管制盤	光線式検知器_受光器	光線式検知器_発光器

信号灯_片	信号灯_両	発券機	表示灯_片	表示灯_両
信号灯_片面	信号灯_両面	発券機	表示灯_片面	表示灯_両面

17 火報》定温式 SP 感知器

定_	定_AP	定_AP・A接	定_AP・A接・特	定_AP・特
定温式SP感知器_露出	定温式感知器_耐アルカリ	定温式感知器_耐アルカリ・A接	定温式感知器_耐アルカリ・特・A接	定温式感知器_耐アルカリ・特
定_A接・特	**定_A接点**	**定_RA**	**定_RA・A接**	**定_RA・A接・特**
定温式感知器_特・A接	定温式感知器_A接点	定温式感知器_耐酸	定温式感知器_耐酸・A接	定温式感知器_耐酸・特・A接
定_RA・特	**定_WP**	**定_WP・A接**	**定_WP・A接・特**	**定_WP・特**
定温式感知器_耐酸・特	定温式感知器_WP	定温式感知器_WP・A接	定温式感知器_特・A接	定温式感知器_WP・A接・特
定_特殊	**定_防爆**	**定_防爆・A接**	**定埋_AP**	**定埋_AP・A接**
定温式感知器_特殊	定温式感知器_防爆	定温式感知器_防爆・A接	ファクシミリ定温式感知器_耐アルカリ・埋	定温式感知器_耐アルカリ・A接・埋
定埋_AP・A接・特	**定埋_AP・特**	**定埋_A接**	**定埋_A接・特**	**定埋_RA**
定温式感知器_耐アルカリ・特・A接・埋	定温式感知器_耐アルカリ・特・埋	定温式感知器_A接点・埋	定温式感知器_特・A接・埋	定温式感知器_耐酸・埋
定埋_RA・A接	**定埋_RA・A接・特**	**定埋_RA・特**	**定埋_WP**	**定埋_WP・A接**
定温式感知器_耐酸・A接・埋	定温式感知器_耐酸・特・A接	定温式感知器_耐酸・特・埋	定温式感知器_WP・埋	定温式感知器_WP・A接・埋
定埋_WP・A接・特	**定埋_WP・特**	**定埋_特殊**	**定埋込**	
定温式感知器_WP・特・A接・埋	定温式感知器_WP・特・埋	定温式感知器_特・埋	定温式感知器_埋込	

18 火報》他感知器

煙感	煙感2信	煙感2信_A接・小埋	煙感2信_A接・埋	煙感2信_A接点
煙感知器2種	煙感知器2信	煙感知器2信_ A接点・小型埋込	煙感知器2信_ A接点・埋込	煙感知器2信_A接点
煙感2信_小埋	**煙感2信_埋込**	**煙感_A接・BOX**	**煙感_A接・埋**	**煙感_A接点**
煙感知器2信_小型埋込	煙感知器2信_埋込	煙感知器2種_ A接点・点検BOX	煙感知器2種_ A接点・埋込	煙感知器2種_A接点
煙感_アナログ・BOX	**煙感_アナログ・埋**	**煙感_アナログ付**	**煙感_点検BOX**	**煙感_埋**
煙感知器2種_ アナログ付・点検BOX	煙感知器2種_ アナログ付・埋込	煙感知器2種_アナログ付	煙感知器2種_ 点検BOX付	煙感知器2種_埋込
光電式分感_受	**光電式分感_送**	**差_**	**差_A接・特**	**差_A接点**
光電式分離型感知器2種_ 受光部	光電式分離型感知器2種_ 送光部	差動式感知器	差動式感知器_特・A接	差動式感知器_A接
差_特	**差_分布感検**	**差_分布感試験函**	**差動SP試験器函**	**差埋_A接**
差動式感知器_特殊	差動式分布型感知器の 検知部	差動式分布型感知器 試験器函	差動スポット試験器函	差動式感知器_A接・埋
差埋_A接・特	**差埋_特**	**差埋込**	**赤外線感**	**赤外線感壁付**
差動式感知器_ 特・A接・埋	差動式感知器_特・埋	差動式感知器_埋込	赤外線スポット型感知器	赤外線スポット型感知器壁付
熱煙複合式	**補償式**			
熱煙複合式感知器	補償式感知器			

19 火報》他

P形発信機	P形発信機WP	移報器	移報器_壁1	移報器_壁2
P形発信機	P形発信機_防水型	移報器	移報器_壁付1	移報器_壁付2
移報器_壁3	移報器_壁4	移報器D	移報器E	移報器F
移報器_壁付3	移報器_壁付4	移報器_防火戸・排煙等:D	移報器_非常放送:E	移報器_その他:F
移報器G	移報器H	移報器R	回路試験器	機器収納箱
移報器_警備会社等機器:G	移報器_消火栓:H	移報器_消火装置:R	回路試験器	機器収納箱(露出)
機箱_消火栓	機箱_専用栓	機箱_埋込	機箱POB	機箱POB_消
機器収納箱(消火栓内蔵)	機器収納箱(専用栓箱併設)	機器収納箱(埋込)	機器収納箱(POB)	機器収納箱(POB)消化栓内蔵
機箱POB防水	機箱POB防水_消	機箱縦	機箱縦防水	機箱防水_消
機器収納箱(POB)防水	機器収納箱(POB)防水・消化栓内蔵	機器収納箱縦型	機器収納箱縦型_防水	機器収納箱_防水(消火栓内蔵)
機箱防水_専	機箱防水_埋	受信機	終端抵抗器	消火栓ポンプ押釦
機器収納箱_防水(専用栓箱併設型)	機器収納箱_防水(埋込)	火報受信機	Ω	消火栓ポンプ始動用押釦
制御盤類A	制御盤類B	中継器	熱半導体	非常ベル
制御盤類A	制御盤類B	中継器	補助電源	非常ベル

非常ベルWP	非常電話	標識板	表示灯	表示灯WP
Ⓑ	Ⓣ	△	◯	◇
非常ベル防水型	非常電話	標識板	表示灯	表示灯防水型
副受信機	複_火・ガス	複_火・ガス・煙	複_火・煙	補助電源
▦	▨	▨	▨	T R
火報副受信機	複合盤（火報・ガス漏）	複合盤 （火報・ガス漏・防排煙）	複合盤（火報・防排煙）	補助電源

20》共同住宅用警報設備

スピーカー	ブザー	ブザー_ガス漏	ブザー_自断線警報	ベル
◉	ⒷⓏ	ⒷⓏG	ⒷⓏA	Ⓑ
スピーカー	ブザー	ブザー_ガス漏	ブザー_自断線警報	ベル
ベル屋外用	火災表示灯	回路試験器	住宅_自火報受	表示灯
Ⓑ	⊗	◉	I・P	◯
ベル屋外用	火災表示灯	回路試験器	住宅用自火報受信機	表示灯

21》非常警報設備

起動装置	起動装置WP	警報サイレン	警報ベル	警報ベルWP
Ⓕ	Ⓕ	◁	Ⓑ	Ⓑ
起動装置	起動装置屋外用	警報サイレン	警報ベル	警報ベル屋外用
電源部_操作部	非常警報装置一体形	非常電話	表示灯	
E P	ⒷⒻ	ⒺⓉ	◯	
電源部（操作部）	非常警報装置（一体形）	非常電話機	表示灯	

22》消火設備

サイレン	サイレンEX	サイレンWP	起動ボタン	起動ボタンEX
サイレン	サイレン_防爆用	サイレン_屋外用	起動ボタン	起動ボタン_防爆用
起動ボタンG	**起動ボタンW**	**起動ボタンWP**	**警報ブザー**	**警報ブザーWP**
起動ボタン_ガス系消火設備	起動ボタン_水系消火設備	起動ボタン屋外用	警報ブザー	警報ブザー_屋外用
警報ベル	**警報ベルWP**	**制御盤**	**表示灯**	**表示灯_始動兼用**
警報ベル	警報ベル屋外用	制御盤	表示灯	始動表示灯と兼用
表示盤				
表示盤				

23》自動閉錠設備

煙感知器	煙感知器_埋	自動閉鎖装置	自閉_排煙口	自閉_防煙垂壁
煙感知器	煙感知器_埋込	自動閉鎖装置	自動閉鎖装置_排煙口	自動閉鎖装置_防煙たれ壁
自閉_防火シャッター	**自閉_防火ダンパー**	**自閉_防火戸**	**熱感知器**	**連動制御器**
自動閉鎖装置_防火シャッター	自動閉鎖装置_防火ダンパー	自動閉鎖装置_防火戸	熱感知器	連動制御器
連動制御器_操作				
連動制御器_操作部をもつ				

24》ガス漏警報設備

ガス漏検知	ガス漏検知_分離	ガス漏検知_壁1	ガス漏検知_壁2	ガス漏検知_壁3
ガス漏検知器	検知区域警報装置	ガス漏検知器_壁付1	ガス漏検知器_壁付2	ガス漏検知器_壁付3
ガス漏検知_壁4	**ガス漏受信器**	**ガス漏中継器**	**ガス漏中継器_表灯**	**ホーン型スピーカー**
ガス漏検知器_壁付4	ガス漏受信器	ガス漏中継器	ガス漏表示灯中継器	ホーン型スピーカー
音声警報	**音声警報_アウトレット**	**音声警報_壁**	**音声警報→**	**検知区域警報**
音声警報装置	音声警報装置_アウトレットのみ	音声警報装置_壁付	音声警報装置_方向指示	検知区域警報装置_屋外用
検知区域警報WP	**傍_B**	**傍_EX**	**傍_L**	**傍_WP**
ガス漏検知器_分離型	B	EX	L	WP

25》無線通信補助設備

1分岐器	2分岐器	2分配器	4分配器	アンテナ
1分岐器	2分岐器	2分配器	4分配器	アンテナ
コネクタ	**混合器**	**分波器**	**無線接続端了**	**無線接続端子箱**
コネクタ	混合器	分波器	無線機接続端子	無線機接続端子箱
無線接続端子箱WP	**傍_F**	**傍_G**	**傍_P**	
無線機接続端子箱_屋外用	F	G	P	

26》監視カメラ設備

カメラ	タイムラプスVTR	モニタ	映像切換器	映像分配器
カメラ	タイムラプスVTR	モニタ	映像切換器	映像分配器
映像補償器	**監視カメラ装置架**			
映像補償器	監視カメラ装置架			

27》警戒警備設備

警報センサ	警報センサ_G	警報センサ_L	警報センサ_M	警報センサ_P
警報センサ	警報センサ_ ガラス破壊検知器	警報センサ_ リミットスイッチ	警報センサ_ 磁気近接スイッチ	警報センサ_ パッシブセンサ
警報センサ_S	**警報センサ_V**	**警報制御盤**	**電気錠**	**入室操作器**
警報センサ_ シャッタ検知器	警報センサ_ 振動検知器	警報制御盤	電気錠	入室操作器
入室操作器_C	**入室操作器_D**	**入室操作器_K**	**入室操作器_T**	
入室操作器_カード式	入室操作器_ダイヤル式	入室操作器_キー式	入室操作器_テンキー式	

30 Jw_cad電気設備設計入門［Jw_cad 8対応版］

28》避雷設備

接地極	接地極_E1	接地極_E2	接地極_E3	接地極_ES3
接地極	接地極（第一種）	接地極（第二種）	接地極（第三種）	接地極（特別第三種）
接地端子	**接地抵抗測端子**	**接地抵抗測端子_函**	**端子函**	**導線・導体接続点**
接地端子	接地抵抗測定用端子	接地抵抗測定用端子函入	端子函	避雷導線及び棟上導体の接続点
突針部	**突針部_立面用**	**溶接接続点**		
突針部	突針部_立面用	鉄骨・鉄筋への溶接接続点		

29》屋外設備

ハンドホール	ハンドホール・マンホール	マンホール	電柱	埋設標_コンクリ
ハンドホール	ハンドホールまたはマンホール	マンホール	電柱	埋設標（コンクリート製）
埋設標_鉄				
埋設標（鉄製）				

LESSON 0　Jw_cadを使うための準備をする

Jw_cadと教材データのインストール・設定

付録CD-ROMには、「Jw_cadバージョン8.03a」と、教材データが収録されています。これらをパソコンにインストールし、Jw_cadをこれから使うために必要な設定を行いましょう。

Jw_cadは無料で使用できるフリーソフトです。そのため当社、著作権者、データの提供者（開発元・販売元）は一切の責任を負いかねます。個人の責任で使用してください。Jw_cadバージョン8.03aはWindows 10/8/7/Vista上で動作します。本書の内容についてはWindows 10での動作を確認しており、その操作画面を掲載しています。ただし、Microsoft社がWindows Vistaのサポートを終了しているため、本書はWindows Vistaでの使用は前提にしていません。ご了承ください。

● Jw_cadバージョン8.03aの動作環境

Jw_cadバージョン8.03aは以下のパソコン環境でのみ正常に動作します。
OS（基本ソフト）：上記に記載　／　内部メモリ容量：64MB以上　／　ハードディスクの使用時空き容量：5MB以上／
ディスプレイ（モニタ）解像度：800×600以上　／　マウス：2ボタンタイプ（ホイールボタン付き3ボタンタイプを推奨）

すでにパソコンに Jw_cad がインストールされている場合

以下の「Jw_cadのバージョンを確認する方法」を行い、インストール済みのJw_cadのバージョンを確認してください。

Jw_cadのバージョンを確認する方法

1　Jw_cadを起動し、メニューバー［ヘルプ］－「バージョン情報」を選択する。

2　「バージョン情報」ダイアログで、「Version」番号を確認し、「OK」ボタンを🖱。

「Version」番号が、8.03aよりも小さい数値の場合

付録CD-ROM収録のJw_cadよりも古いバージョンです。

　➡ 次ページに進み、「STEP 1　Jw_cadをインストールする」を行ってください。Jw_cadがバージョンアップされます。

● 注意

バージョンアップしたJw_cadバージョン8.03aでは、以前のJw_cadで保存したJw_cad図面（＊.jww）を開けますが、バージョン8.03aで保存したJw_cad図面（＊.jww）を、6.21a以前のバージョンのJw_cadでは開けません。
6.21a以前のバージョンのJw_cadに渡す場合には、旧バージョン形式で保存する必要があります。

「Version」番号が8.03aと同じ、または大きい数値の場合

Jw_cadのインストールは不要です。

　➡ p.35「STEP 2　教材データをインストールする」を行い、p.38に進んでください。

STEP 1 Jw_cadをインストールする

● Jw_cadをインストールしましょう。

1　パソコンのDVDドライブに付録CD-ROMを挿入し、CD-ROMを開く。

　❓ CD-ROMを開くには？ → p.244　Q01

　※ 表示されるアイコンの大きさや絵は設定によって異なります。右図と違ってもインストールに支障ありません。

2　CD-ROMに収録されている「jww803a（.exe）」のアイコンにマウスポインタを合わせ、🖱🖱。

　➡「ユーザーアカウント制御」ウィンドウが開く。

3　「ユーザーアカウント制御」ウィンドウの「はい」ボタンを🖱。

　❓「ユーザーアカウント制御」ウィンドウのメッセージが右図とは異なる？ → p.244　Q02

　➡「Jw_cad-InstallShield Wizard」ウィンドウが開く。

4　「Jw_cad-InstallShield Wizard」ウィンドウの「次へ」ボタンを🖱。

　➡「Jw_cad-InstallShield Wizard」に使用許諾契約が表示される。

　❓「プログラムの保守」と記載されたウィンドウが開く → p.244　Q03

5　使用許諾契約書を必ず読み、同意したら、「使用許諾契約の条項に同意します」を🖱して選択する。

6　「次へ」ボタンを🖱。

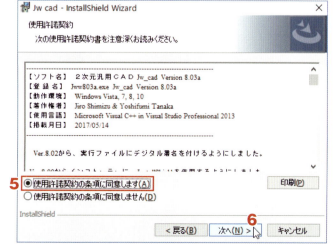

➡ 「Jw_cad – InstallShield Wizard」にインストール先が表示される。

7 「Jw_cadのインストール先」が「C:¥JWW¥」であることを確認し、「次へ」ボタンを🖱。

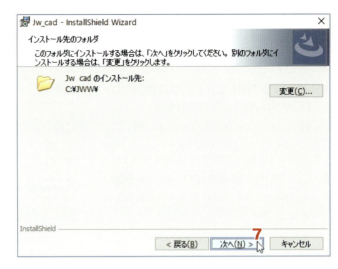

8 「インストール」ボタン🖱。

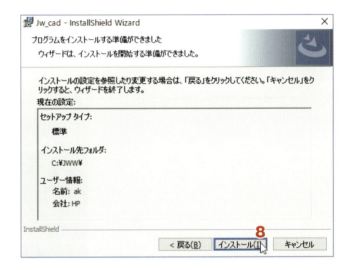

➡ インストールが完了し、右図のように「InstallShieldウィザードを完了しました」と表示される。

9 「完了」ボタンを🖱。

STEP 2 教材データをインストールする

● 続けて、付録CD-ROMから教材データをパソコンにインストールしましょう。

1. CD-ROMウィンドウの「data」アイコンを🖱🖱。
   → 「展開先の指定」ウィンドウが開く。

2. 「展開先の指定」ウィンドウの「展開先」ボックスが「C:¥」になっていることを確認し、「OK」ボタンを🖱。
   → 教材データのインストールが始まる。完了すると「進捗状況」ウィンドウが閉じる。

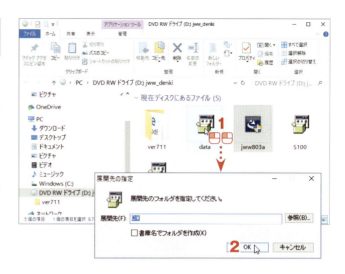

すべてのウィンドウを閉じ、パソコンから付録CD-ROMを取り出しましょう。

3. ウィンドウ右上の ✕ （閉じる）ボタンを🖱し、CD-ROMウィンドウとコンピュータウィンドウを閉じ、パソコンから付録CD-ROMを取り出す。

p.33〜35のJw_cadと教材データのインストールを行うことで、パソコンのCドライブに下記のフォルダーが作成され、Jw_cadバージョン8.03aと教材データがインストールされます。

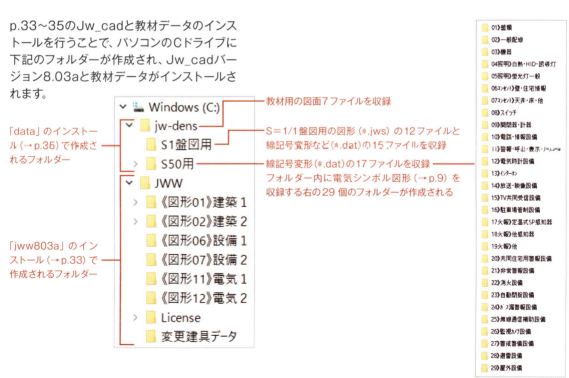

STEP 3 Jw_cadのショートカットを作成する

● Jw_cadを起動するためのショートカットアイコンを、デスクトップに作成しましょう。

Windows8/7の場合 → 次ページ

1 「スタート」ボタンを🖱。

2 スタートメニュー「J」欄の「Jw_cad」フォルダーを🖱。

➡「Jw_cad」フォルダーの下に「Jw_cad」が表示される。

3 「Jw_cad」を🖱。

4 表示されるメニューの「その他」を🖱。

5 さらに表示される「ファイルの場所を開く」を🖱。

➡「Jw_cad」ウィンドウが開く。

6 「Jw_cad」ウィンドウの「Jw_cad」を🖱。

7 表示されるメニューの「送る」を🖱。

8 さらに表示されるメニューの「デスクトップ（ショートカットを作成）」を🖱。

➡ デスクトップに、Jw_cadのショートカットアイコンが作成される。

9 ウィンドウ右上の✕（閉じる）ボタンを🖱。

➡ ウィンドウが閉じる。

Jw_cad のショートカットを作成する
⇒ Windows 8/ 8.1の場合

1 スタートメニュー下の ⊙(すべてのアプリ)
 を🖱。
2 表示されるアプリ一覧から「Jw_cad」を
 🖱し、前ページの 4 以降の操作を行う。

Jw_cad のショートカットを作成する
⇒ Windows 7 の場合

1 「スタート」ボタンを🖱。
2 スタートメニューの「すべてのプログラム」
 を🖱。

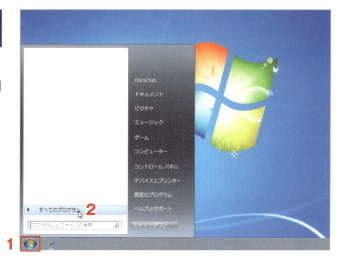

3 表示される「Jw_cad」フォルダーを🖱。
4 その下に表示される「Jw_cad」を🖱。
5 表示されるメニューの「送る」を🖱。
6 さらに表示されるメニューの「デスクトッ
 プ (ショートカットを作成)」を🖱。

STEP 4 Jw_cad を起動する

● Jw_cadは、デスクトップに作成したショートカットアイコンを🖱🖱することで起動します。Jw_cadを起動しましょう。

1 デスクトップのJw_cadのショートカットアイコンを🖱🖱。

❓「ショートカットエラー」ウィンドウが表示され、Jw_cadが起動しない → p.245 Q04

➡ Jw_cadが起動し、右図のJw_cad画面が表示される。

※ ディスプレイの解像度により、Jw_cad画面の左右のツールバーの配置が、右図とは異なる場合があります。その場合も、次ページからの「STEP 5 表示設定を変更する」を行うことで、本書と同じ画面に設定できます。

● Jw_cad画面を、ディスプレイの画面全体に表示しましょう。

2 Jw_cadのタイトルバーの右から2番目の□(最大化)ボタンを🖱。

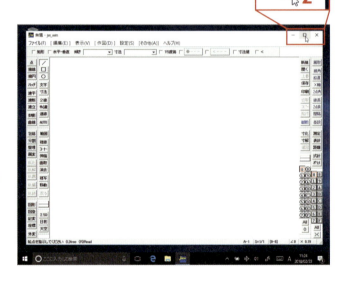

➡ Jw_cadの画面が最大化され、ディスプレイ画面全体に表示される。

POINT 本書では右図のような1024×768の解像度の画面で解説します。1366×768などのワイド画面では下図のように横長な画面になります。

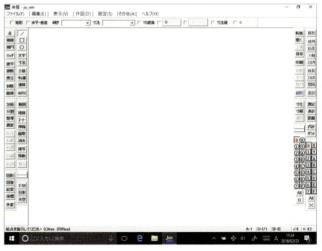

STEP 5 表示設定を変更する

● 表示メニューの「Direct2D」の設定を無効にしましょう。「Direct2D」は大容量データを扱うときに有効な設定です。ここでは不要なため、チェックを外します。

1 メニューバー[表示]を🖱。
2 表示されるプルダウンメニューでチェックが付いている「Direct2D」を🖱。

初期値では「Direct2D」にチェックが付いている

● Jw_cadの画面左右のツールバーには、作図のための道具（コマンド）が並んでいます。Jw_cadに早く慣れるよう、よく使うコマンドだけを左右のツールバーに並べる設定に変更しましょう。

3 メニューバーの[表示]を🖱。
4 表示されるメニューの「ツールバー」を🖱。
  → 「ツールバーの表示」ダイアログが開く。

POINT 「ツールバーの表示」ダイアログでチェックが付いている項目が、現在画面に表示されているツールバーです。項目のチェックボックスを🖱することで、チェックを外すことや付けることができます。

5 「編集(2)」のチェックボックスを🖱し、チェックを外す。
6 同様に、「作図(2)」「設定」「その他(11)」「その他(12)」「その他(21)」「その他(22)」「レイヤグループ」「線属性(1)」のチェックボックスを🖱し、チェックを外す。（「線属性(2)」にチェックがない場合は🖱し、チェックを付ける）。
7 右図の5つの項目にチェックが付いた状態にし、「OK」ボタンを🖱。

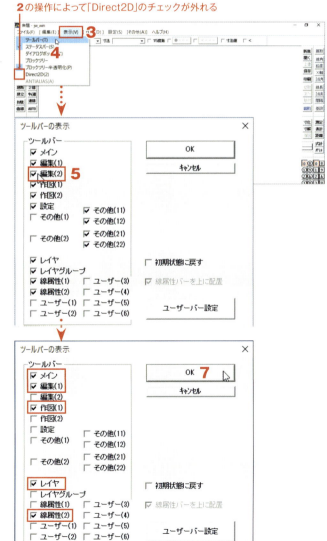

2の操作によって「Direct2D」のチェックが外れる

➡ ツールバーの表示設定が確定し、ダイアログが閉じる。チェックを付けたツールバーだけがJw_cad画面の両側に表示される。

❓「線属性」バーが作図ウィンドウにとび出ている
→ p.245 Q05

● 右のツールバー2個所の隙間は、今後の作図操作に影響しませんが、次の操作で隙間をつめられます。

8 「線属性」バーの上の区切り線にマウスポインタを合わせ🖱↑（左ボタンを押したまま上方向に移動）し、「線属性」ボタン下の区切り線付近でボタンをはなす。

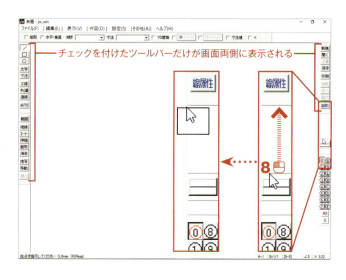

➡ ドラッグした「線属性」バーが、「線属性」コマンドボタンの下に移動する。

9 その下の「レイヤ」バー上辺から🖱↑し、「線属性」バーの下の区切り線付近でボタンをはなす。

➡ ドラッグした「レイヤ」バーが、「線属性」バーの下に移動する。

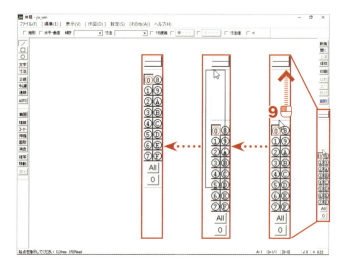

STEP 6　Jw_cadの基本的な設定をする

● これからJw_cadを使うにあたり必要な基本設定をしましょう。

1 メニューバーの［設定］を🖱し、表示されるメニューの「基本設定」を🖱で選択する。

➡ 基本設定を行うための「jw_win」ダイアログが開く。

POINT 「jw_win」ダイアログの上の「一般(1)」「一般(2)」「色・画面」…の部分をタブと呼びます。タブを🖱することで、「一般(1)」「一般(2)」「色・画面」…それぞれの設定項目が表示されます。

2 「一般(1)」タブの「クロックメニューを使用しない」のチェックボックスを🖱し、チェックを付ける。

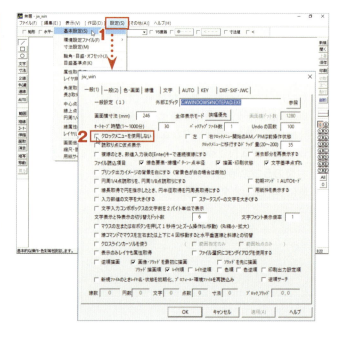

LESSON 0　Jw_cadを使うための準備をする

40　Jw_cad電気設備設計入門［Jw_cad 8対応版］

3　「消去部分を再表示する」を🖱し、チェックを付ける。

4　「ファイル読込項目」の3項目にチェックが付いていることを確認する。付いていない場合は🖱し、チェックを付ける。

5　「用紙枠を表示する」にチェックを付ける。

6　「入力数値の文字を大きくする」「ステータスバーの文字を大きくする」にチェックを付ける。

7　「画像・ソリッドを最初に描画」にチェックが付いていることを確認する。付いていない場合は🖱し、チェックを付ける。

8　「新規ファイルのときレイヤ名・状態…」にチェックを付ける。

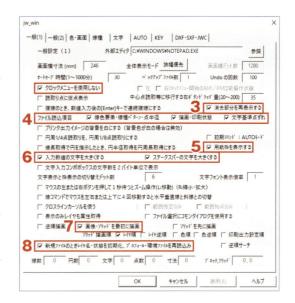

9　「一般(2)」タブを🖱。
→「一般(2)」タブの設定項目が表示される。

10　「矢印キーで画面移動、PageUp・PageDownで画面拡大・縮小、Home…」にチェックを付ける。

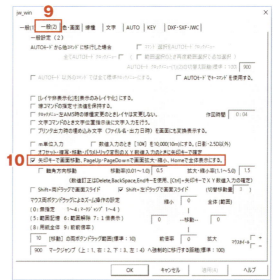

11　「色・画面」タブを🖱。
→「色・画面」タブの設定項目が表示される。

12　「選択色」ボタンを🖱。

POINT　「選択色」は、Jw_cadの画面上で選択された要素(線・円・文字など)を示すための表示色です。初期値の紫は、選択されていない要素と見分けにくい場合があるため、オレンジ色に変更します。
→「色の設定」パレットが開く。

13　「色の設定」パレットで、右図の「オレンジ」を🖱で選択する。

14　「色の設定」パレットの「OK」ボタンを🖱。
→「色の設定」パレットが閉じ、「選択色」が紫からオレンジに変更される。

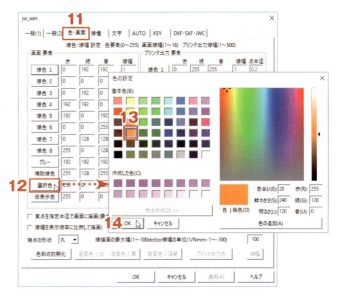

15 「KEY」タブを🖱。

→ 「KEY」タブの設定項目が表示される。

16 「直接属性取得を行う」のチェックが付いていないことを確認する（付いている場合は🖱して、チェックを外す）。

以上で設定は完了です。
ここまでの設定を確定しましょう。

17 「jw_win」ダイアログの「OK」ボタンを🖱。

→ 設定項目が確定し、ダイアログが閉じる。

● ここでいったん、Jw_cadを終了しましょう。これまで行った設定は、Jw_cadを終了した後も有効です。

18 メニューバー［ファイル］－「Jw_cadの終了」を🖱で選択する。

POINT タイトルバー右の✕（閉じる）ボタンを🖱することでも、Jw_cadを終了できます。

→ Jw_cadが終了する。

❓ 用紙枠が表示されない → p.41の **5** を確認

枠に重なり見づらいが、**5**で指定した用紙枠がピンクの点線で表示される

◆ 付録の S=1/100 用、1/200 用電気シンボルについて

本書の作図練習では使用しませんが、付録CD-ROMに、S=1/100用、S=1/200用の電気シンボルも収録しています。

教材データのインストール（→p.35）と同様に、CD-ROM収録の「S100（.exe）」「S200（.exe）」を🖱🖱してインストールすることで、S=1/100用、S=1/200用の電気シンボル（→ p.9）を収録したフォルダーが、右図のように作成されます。必要に応じて、インストールして、ご利用ください。

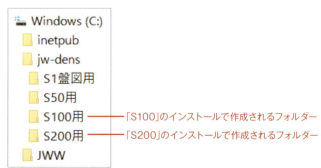

「S100」のインストールで作成されるフォルダー
「S200」のインストールで作成されるフォルダー

LESSON 1

線や円をかく、かいた線や円を消す

LESSON1ではJw_cadのもっとも基本的な操作を学習します。すでにJw_cadをお使いになっている方も、一通り目を通して基本操作をご確認ください。CADで線をかくには線をかくための「／」コマンドを、円をかくには円をかくための「○」コマンドを、はじめに選択します。画面下のステータスバーには、選択したコマンドでこれから行う操作の指示が表示されます。ここでは、この操作メッセージを確認しながら、線をかく、円をかく、かいた線や円を消すという、基本的な操作を学習しましょう。

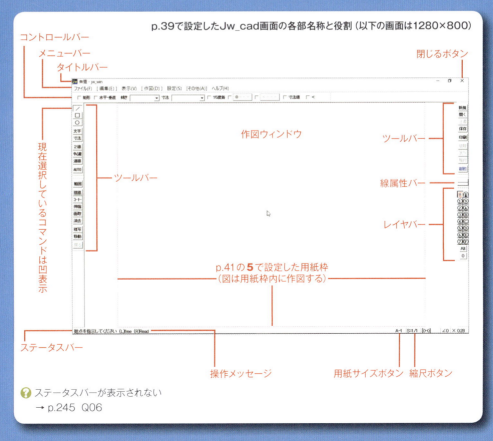

p.39で設定したJw_cad画面の各部名称と役割（以下の画面は1280×800）

❓ ステータスバーが表示されない
→ p.245 Q06

STEP 1 用紙サイズを A3 に設定する

● ステータスバーの「用紙サイズ」ボタンに現在の用紙サイズが表示されています。用紙サイズを「A-3」に変更しましょう。

1 ステータスバー「用紙サイズ」ボタンを🖱。

2 表示されるリストの「A-3」を🖱で選択する。

　→ 作図ウィンドウのピンクの点線の用紙枠範囲がA3用紙に設定される。

　❓ 用紙枠が表示されない → p.41の**5**を確認

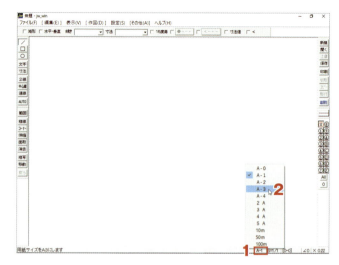

STEP 2 縮尺を 1/50 に設定する

● ステータスバーの「縮尺」ボタンに現在の縮尺が表示されています。縮尺を「1/50」に変更しましょう。

1 ステータスバーの「縮尺」ボタンを🖱。

　→「縮尺・読取　設定」ダイアログが開く。

POINT ダイアログの「縮尺」欄の「分母」ボックスの数値「1」は色反転しています。入力ボックスの数値が色反転のときは、そのままキーボードの数字キーを押すことで、色反転している数値が消え、押した数字キーの数値が入力されます。

2 「分母」入力ボックスにキーボードから「50」を入力する。

POINT Jw_cadでは数値入力後にEnterキーを押して入力数値を確定する必要はありません（この縮尺指定ではEnterキーを押すことで「OK」ボタンを🖱したことになりダイアログが閉じます）。

3 「OK」ボタンを🖱。

　→ ダイアログが閉じ、縮尺が1/50に変更される。

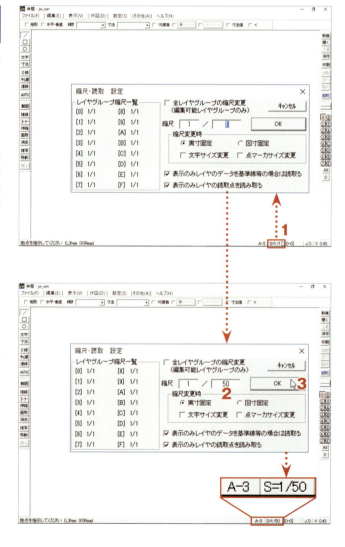

STEP 3 線を作図する

● 線は「／」コマンドで始点と終点を指示することで作図します。作図ウィンドウの左上から右下へ斜線を作図しましょう。

1 ツールバー「／」コマンドが選択（凹表示）されていることを確認する。

POINT｜Jw_cadを起動すると「／」コマンドが選択された状態になり、画面下のステータスバーには「始点を指示してください」と、ここで行う操作を示すメッセージが表示されます。

2 始点として右図の位置で🖱。

3 右下にマウスポインタを移動する。

POINT｜押したボタンをはなした後、マウスポインタを動かしてください。ボタンを押したままマウスポインタを動かすと、別の操作を意味する「ドラッグ」になります。

➡ **2**の位置からマウスポインタまで仮線が表示される。ステータスバーの操作メッセージは「終点を指示してください」になる。

❓ 仮線が表示されない→ p.246 Q07
❓ 仮線が上下左右にしか動かない→ p.246 Q08

4 終点として右図の位置で🖱。

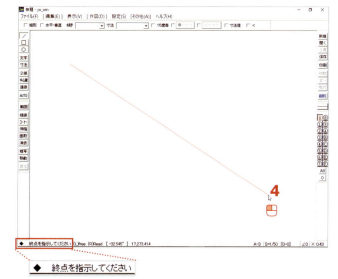

➡ **2**から**4**の位置までの線が作図される。ステータスバーの操作メッセージは「始点を指示してください」になる。

POINT｜他のコマンドを選択するまでは、続けて始点を指示することで、次の線を作図できます。

● 左下から右上に斜線を作図しましょう。

5 次の線の始点として右図の位置で🖱。

6 終点として右図の位置で🖱。

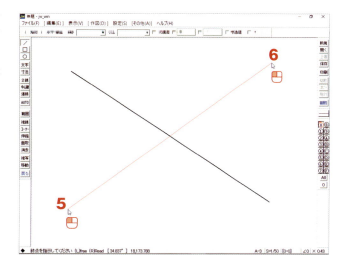

LESSON 1 線や円をかく、かいた線や円を消す

45

STEP 4 線端部を結ぶ線を作図する

● 線の始点・終点指示時に既存の線の端部にマウスポインタを合わせ🖱することで、線端部を始点・終点とした線を作図できます。斜線左の線端部どうしを結ぶ線を作図しましょう。

1. 始点として左上の線端部にマウスポインタを合わせ🖱(Read)。

POINT ステータスバーの操作メッセージの後ろに「(L) free (R) Read」と表示されています。(L)は🖱、(R)は🖱のことです。「(R) Read」は、既存の点にマウスポインタを合わせ🖱することで、その点を読み取り、線の始点(または終点)として利用することを意味します。作図されている線の両端部には、🖱で読み取りできる「端点」があります。

→ 1で🖱した線端点を始点とした線がマウスポインタまで仮表示される。操作メッセージは「終点を指示してください (L) free (R) Read」になる。

2. 終点として左下の線端点にマウスポインタを合わせ🖱(Read)。

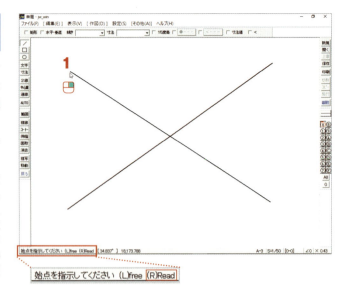

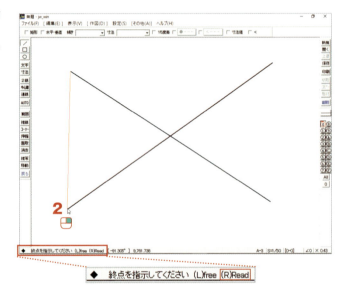

→ 1と2の線端点を結ぶ線が作図される。

● 同様に、右の線端点どうしを結ぶ線を作図しましょう。

3. 始点として右下の線端点を🖱。
4. 終点として右上の線端点を🖱。

❓ 🖱すると 点がありません と表示される
→ p.246 Q09

❓ 🖱するところを誤って🖱した → p.246 Q10

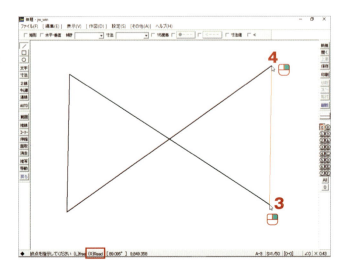

STEP 5 円を作図する

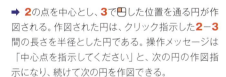

● 円は「○」(円弧)コマンドを選択し、円の中心位置と大きさ(半径)を決める位置を指示して作図します。斜線の交点を中心とした円を作図しましょう。

1 「○」コマンドを🖱。

➡ 「○」コマンドが選択され、ステータスバーの操作メッセージは「中心点を指示してください (L) free (R) Read」になる。

2 円の中心点として斜線の交点にマウスポインタを合わせ🖱(Read)。

POINT｜操作メッセージの後ろに「(L) free (R) Read」が表示されているときは🖱で既存点を読み取り利用できます。線と線が交差した位置には🖱で読み取りできる「交点」があります。

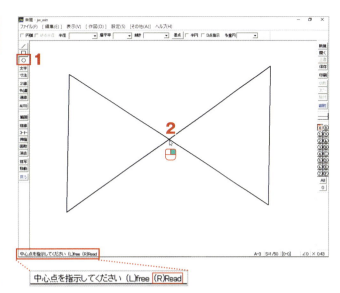

➡ 円の中心位置が決まり、**2**の位置を中心とした赤い円がマウスポインタまで仮表示される。操作メッセージは「円位置を指示してください (L) free (R) Read」になる。

3 円の大きさを決める円位置として右図の位置で🖱(free)。

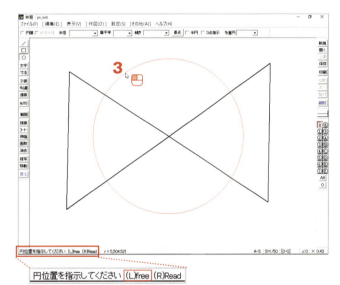

➡ **2**の点を中心とし、**3**で🖱した位置を通る円が作図される。作図された円は、クリック指示した**2**-**3**間の長さを半径とした円である。操作メッセージは「中心点を指示してください」と、次の円の作図指示になり、続けて次の円を作図できる。

POINT｜操作メッセージの後ろには「r＝…」と、作図した円の半径が表示されます。適当にかいた円でもCADは、その円の半径を常に把握しています。

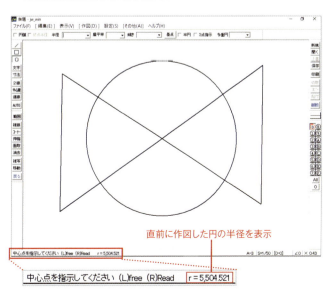

直前に作図した円の半径を表示

POINT　図面上の点の読み取り機能

CADで作図した線は始点と終点の2つの座標点（X,Y）により構成されています。線の端部には🖱で読み取りできる座標点「端点」が存在し、線どうしが交差する位置には🖱で読み取りできる「交点」が存在します。
Jw_cadでは、線の始点・終点、円の中心点などの点を指示する際の操作メッセージに「(L) free　(R) Read」が表示されます。この「(R) Read」は、既存の端点や交点を🖱することで、その座標点を読み取り、指示点として利用することを示します。「(L) free」は、🖱した位置に座標点を作成し、指示点とすることを示します。
右図の端点a、交点b（線と線が交わる点）、交点c（線と円が交わる点）は🖱で読み取りできます。点が存在しない線上のdや円上のe、何もない位置のfで🖱した場合、点がありませんと表示され、点指示できません。

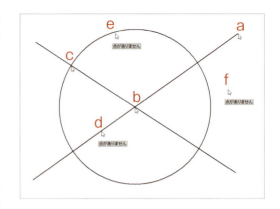

STEP 6　線や円を消去する　消去 🖱

● 線や円を消すには、「消去」コマンドを選択し、消去対象の線や円を🖱指示します。左の斜線と円を消しましょう。

1　「消去」コマンドを🖱で選択する。

→ ステータスバーの操作メッセージは「線・円マウス（L）部分消し　図形マウス（R）消去」になる。

2　消去対象として右図の斜線を🖱。

POINT｜「消去」コマンドでは、🖱で指示することで線・円の消去を、🖱で指示することで線・円の一部分の消去（部分消し）をします。

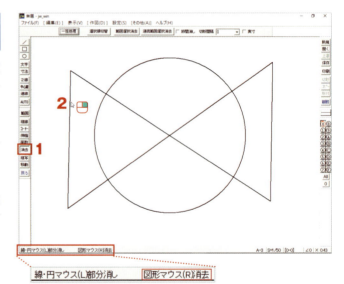

→ 🖱した線が消去される。

❓ 線が消えず、色が変わる → p.247　Q11

3　消去対象として円を🖱。

→ 🖱した円が消去される。

POINT｜消去する線や円を確実に指示できるよう、複数の線や円が交差する付近は避け、他の線と明瞭に区別できる位置で🖱してください。また、🖱した際に図形がありませんと表示された場合は、消去対象にマウスポインタを正確に合わせ、再度🖱してください。

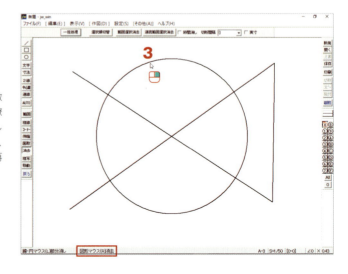

STEP 7 直前の操作を取り消す 戻る

● 操作を間違った場合、1つ前の操作を取り消し、操作を行う前の状態に戻すことができます。直前に消した円を消す前の状態に戻しましょう。

1 「戻る」コマンドを🖱で選択する。

→ 直前の「円を消す」操作が取り消され、円を消す前の状態に戻る。

POINT 「戻る」コマンドを🖱した回数分、直前の操作を取り消し、操作前の状態に戻すことができます。「戻る」コマンドを🖱する代わりに、Escキーを押しても同じです。「戻る」コマンドを余分に🖱して戻しすぎた場合は、メニューバー[編集]を🖱し、表示されるメニューの「進む」を🖱で選択してください。「戻る」コマンドを🖱する前の状態に復帰できます。

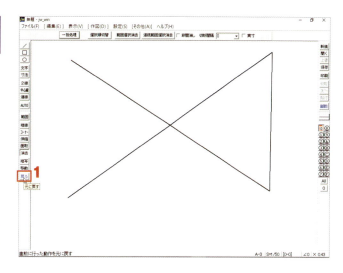

STEP 8 線の一部を消去する 消去 🖱

●「戻る」コマンドを🖱して操作を取り消した後も、その前に使用していた「消去」コマンドが選択されたままです。「消去」コマンドで円と重なる斜線の部分を消しましょう。線の一部分を消すには、「消去」コマンドで一部を消す線を🖱し、次にどこからどこまでを消すかを指示します。

1 「消去」コマンドで、部分消しの対象線として右図の斜線を🖱(部分消し)。

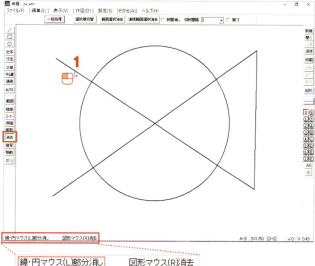

線・円マウス(L)部分消し　図形マウス(R)消去

→ 🖱した線が部分消しの対象線として選択色になる。操作メッセージは「線部分消し　始点指示 (L) free (R) Read」になる。

2 消し始めの位置(始点)として左上の斜線と円の交点を🖱(Read)。

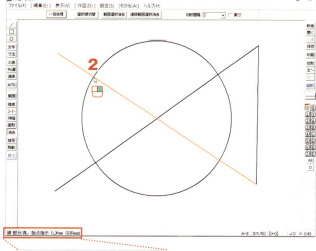

線 部分消し 始点指示 (L)free (R)Read

➡ 🖱した位置が消し始めの点に確定し小さい赤い○が仮表示される。操作メッセージは「線部分消し 終点指示 (L) free　(R) Read」になる。

3 消し終わりの位置（終点）として右下の斜線と円の交点を🖱(Read)。

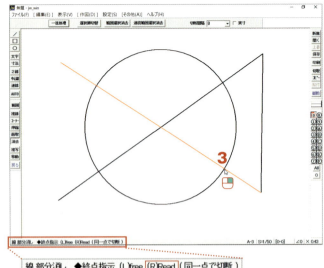

➡ 選択色の斜線の**2**−**3**間が消され、元の色になる。

● 続けて、もう1本の斜線の円と重なる範囲を消しましょう。

4 もう1本の斜線を🖱(部分消し)。

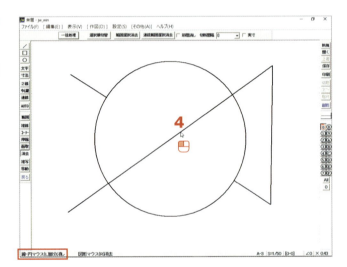

5 部分消しの始点として左下の斜線と円の交点を🖱。

6 部分消しの終点として右上の斜線と円の交点を🖱。

➡ 選択色の斜線の**5**−**6**間が消され、元の色になる。

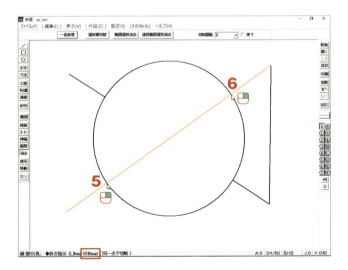

STEP 9 線や円をまとめて消す
範囲選択消去

消去

● 消す対象を選択範囲枠で囲んで指定することで複数の線や円をまとめて消せます。右の3本の斜線を残し、円と左の2本の斜線をまとめて消しましょう。

1 「消去」コマンドのコントロールバー「範囲選択消去」ボタンを🖱。

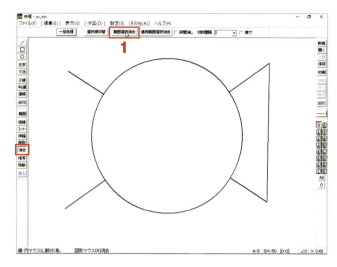

2 消す対象を囲んで指定するための始点として右図の位置で🖱。

3 マウスポインタを右下に移動する。

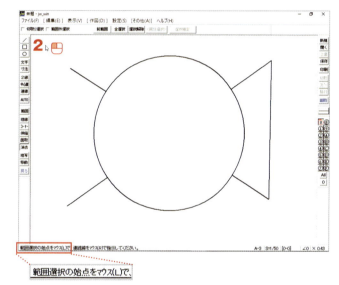

➡ **2**の位置を対角とする赤い選択範囲枠がマウスポインタまで表示される。

4 右図のように左の2本の斜線と円全体が選択範囲枠に入るよう囲み、選択範囲の終点を🖱。

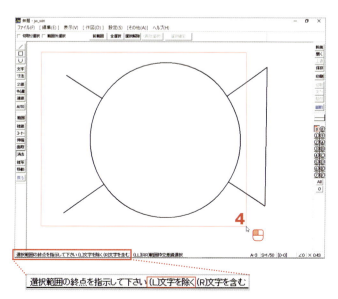

➡ 選択範囲枠に全体が入る2本の斜線と円が選択色になる。

POINT｜選択範囲枠に全体が入る線・円が消去対象として選択され、選択色になります。選択範囲枠から一部がはみ出した線や円は選択されません。このように操作対象を選択範囲枠で囲んで指定することを「範囲選択」と呼びます。

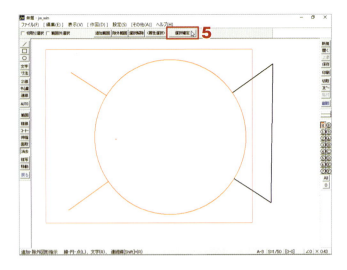

● 選択色で表示されている要素（線2本と円）を消去対象として確定しましょう。

5 コントロールバー「選択確定」ボタンを。

➡ 選択色の線・円が消去される。

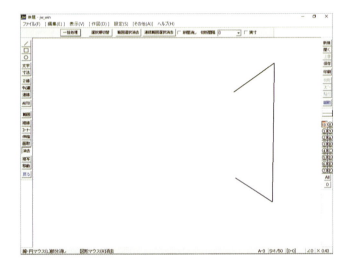

STEP 10　Jw_cad を終了する

● Jw_cadを終了しましょう。

1 メニューバー[ファイル]-「Jw_cadの終了」を。

➡ 「無題への変更を保存しますか?」と表記されたメッセージウィンドウが開く。

POINT｜このまま終了すると、作図ウィンドウの図は破棄されます。作図ウィンドウの図を残しておくには図面ファイルとして保存する必要があります。そのため、保存するか否かを確認するメッセージが表示されます。

2 練習で作図した図を残す必要はないため、「いいえ」ボタンを。

➡ Jw_cadが終了する。

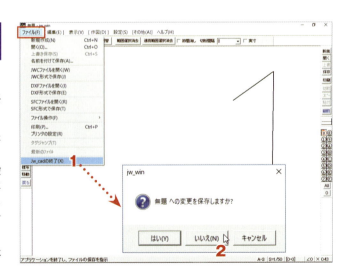

LESSON 2

表（回路名番）をかき、保存する

A4用紙に縮尺1/1で、以下の回路名番の表を作図しましょう。また、作図した表を図面ファイルとして保存しましょう。

STEP 1 用紙サイズA4、縮尺1/1に設定する

● Jw_cadは前回終了時の用紙サイズと縮尺で起動します。起動したJw_cadの用紙サイズをA4、縮尺を1/1に設定しましょう。

1. ステータスバー「用紙サイズ」ボタンを🖱し、表示されるリストから「A-4」を🖱で選択する。
2. ステータスバー「縮尺」ボタンを🖱。
3. 「縮尺・読取 設定」ダイアログの「分母」ボックスに「1」を入力し、「OK」ボタンを🖱。

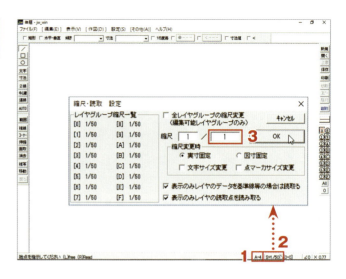

STEP 2 水平線・垂直線を作図する

●「／」コマンドのコントロールバー「水平・垂直」にチェックを付けることで、作図線の角度が水平方向(0°/180°)または垂直方向(90°/270°)に固定されます。

1. 「／」コマンドのコントロールバー「水平・垂直」を🖱し、チェックを付ける。
2. 始点として右図の位置で🖱。
3. マウスポインタを右に移動し、終点として右図の位置で🖱。

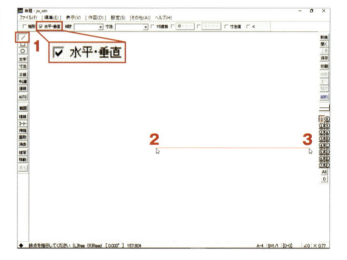

● 作図した水平線の左端点から上へ垂直線を作図しましょう。

4. 始点として水平線の左端点を🖱(Read)。
5. 終点として右図の位置で🖱。

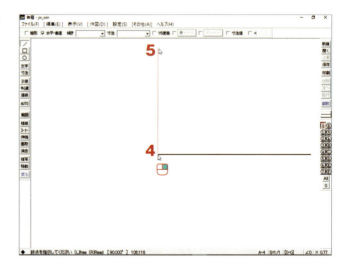

STEP 3 線を平行複写する

● 垂直線を126mm右に平行複写しましょう。平行複写は「複線」コマンドで、複写の間隔と複写する線（基準線）を指示して行います。

1 「複線」コマンドを選択する。

2 コントロールバー「複線間隔」ボックスに「126」を入力する。

POINT 「複線間隔」ボックスの数値は色反転しているため、入力ボックスを🖱せず、直接キーボードから「126」を入力できます。

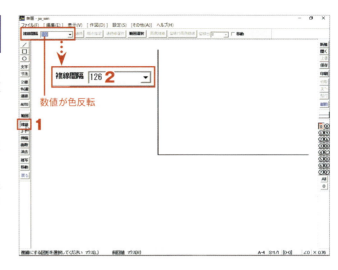

3 平行複写の基準線として垂直線を🖱。

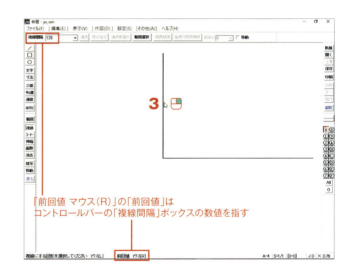

➡ 垂直線が基準線として選択色になり基準線から126mm離れたマウスポインタ側に平行線が仮表示される。操作メッセージは「作図する方向を指示してください」になる。

❓ 基準線を🖱しても平行線が仮表示されない
→ p.248 Q14

POINT この段階で基準線の左右にマウスポインタを移動することで、平行線がマウスポインタの側に仮表示されます。次の **4** の操作で、平行線をどちら側に作図するかを指示します。

4 マウスポインタを基準線の右側におき、基準線の右側に平行線が仮表示された状態で作図方向を決める🖱。

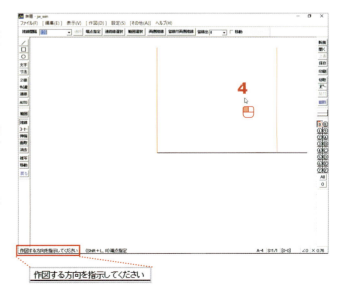

➡ 作図方向が確定し、基準線から126mm右に垂直線が平行複写される。

● 水平線を81mm上に平行複写しましょう。

5 コントロールバー「複線間隔」ボックスに「81」を入力する。

6 基準線として水平線を🖰。

❓ 基準線を🖰するところを誤って🖰した → p.247 Q12

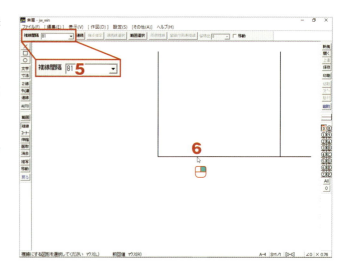

➡ 水平線が基準線として選択色になり基準線から81mm離れたマウスポインタ側に平行線が仮表示される。

7 基準線の上側で、作図方向を決める🖰。

➡ 作図方向が確定し、基準線から81mm上に水平線が平行複写される。

以降、平行複写された線を「複線」と呼びます。

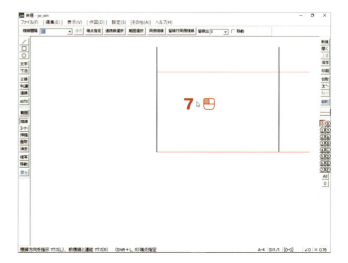

STEP 4 作図した部分を拡大表示する

● 4本の線を作図した部分を拡大表示しましょう。拡大表示は、🖰↘（両ドラッグ）で拡大する範囲を指示します。

1 拡大する範囲の左上にマウスポインタをおき🖰↘ 拡大 （マウスの左右両方のボタンを押したまま右下方向へマウスを移動する）。

2 表示される拡大範囲枠で作図した図を右図のように囲み、マウスボタンをはなす。

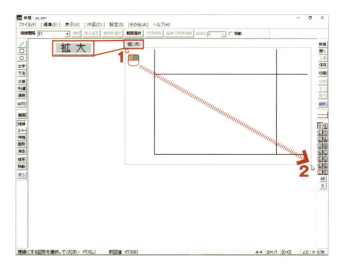

➡ 拡大範囲枠で囲んだ部分が作図ウィンドウに拡大表示される。

❓ 🖱↘したら図が消えた。または図が移動した → p.247 Q13

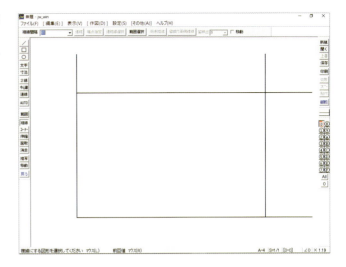

STEP 5 1つ前の表示範囲に戻す

● 前項で拡大表示する前の表示範囲に戻しましょう。

1 作図ウィンドウで🖱✓|前倍率|（マウスの左右両方のボタンを押したまま左下方向へマウスを移動し、|前倍率|が表示されたらボタンをはなす）。

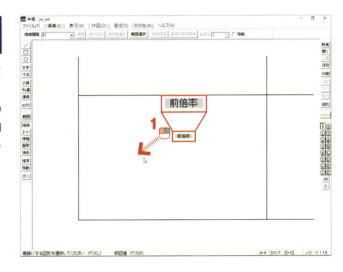

➡ 拡大表示前の表示範囲になる。

POINT 作図ウィンドウで🖱✓|前倍率|することで、拡大（または縮小）する1つ前の表示範囲が作図ウィンドウに表示されます。また、🖱↘|拡大|や🖱✓|前倍率|などの操作を「ズーム操作」と呼びます。

● 再度、🖱✓|前倍率|を行い、前項で拡大した表示範囲に戻しましょう。

2 作図ウィンドウで🖱✓|前倍率|。

➡ 前項で拡大した範囲の表示になる。

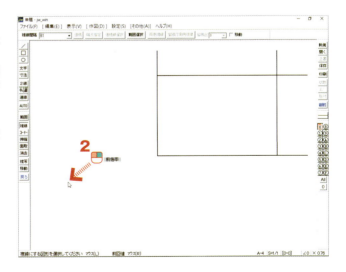

STEP 6 線を縮める

● 作図した4本の線で長方形を作ります。はじめに左の垂直線を上の水平線まで縮めて左上の角を作りましょう。

1 「伸縮」コマンドを選択する。

POINT 「伸縮」コマンドでは、はじめに伸縮の対象線を🖱️し、次にその伸縮位置を指示することで線を伸縮します。線を縮める場合、伸縮の対象線を🖱️する位置が重要です。次に指示する伸縮位置に対し、線を残す側で🖱️します。

2 伸縮の対象線として左の垂直線を右図の位置で🖱️。

➡ 🖱️した位置に水色の が仮表示され、ステータスバーには「伸縮点指示」と操作メッセージが表示される。

3 伸縮する位置(伸縮点)として、上の水平線との交点を🖱️(Read)。

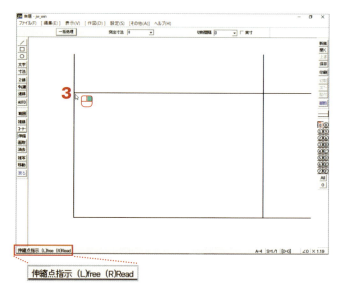

➡ **2**で🖱️した側を残し、**3**の位置まで**2**の垂直線が縮む。

❓ 反対側が残った → p.249 Q15

● 右の垂直線も上の水平線まで縮めましょう。

4 伸縮の対象線として、右の垂直線を、上の水平線との交点より下側で🖱️。

5 伸縮する位置(伸縮点)として、水平線との交点を🖱️(Read)。

❓ 水平線が短くて交差していないため、交点がない → p.249 Q16

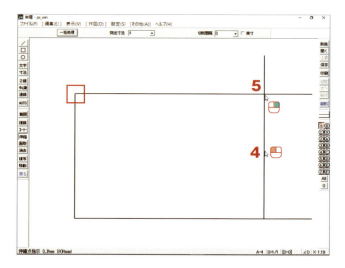

➡ **4**で🖱した側を残し、**5**の位置まで垂直線が縮む。

● 次項で別の方法で右上の角を作る練習をするため、右上の角を伸縮前に戻しましょう。

6 「戻る」コマンドを🖱。

➡ **4**、**5**で行った伸縮操作が取り消され、伸縮前に戻る。

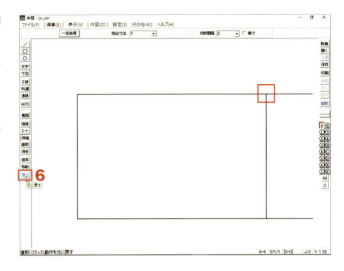

STEP 7 2本の線の角を作る

● 右上の角を作りましょう。

1 「コーナー」コマンドを選択する。

POINT 「コーナー」コマンドは、指示した2本の線の交点に角を作ります。2本の線を🖱する位置が重要です。2本の線の交点に対し、線を残す側で🖱します。一方の線が短くて交差していない場合にも、その線を延長してできる交点（仮想交点）に対して、線を残す側で🖱してください。

2 線(A)として水平線を右図の位置で🖱。

➡ 🖱した線が選択色になり、🖱位置に水色の が仮表示される。

3 線【B】として垂直線を右図の位置で🖱。

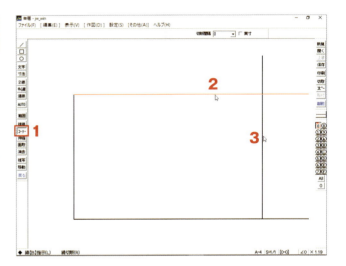

➡ 2本の線の🖱した側を残し、交点に角が作られる。

● 右下の角を作りましょう。

4 線(A)として水平線を交点より左側で🖱。

➡ 🖱した線が選択色になり、🖱位置に水色の が仮表示される。

5 線【B】として垂直線を🖱。

➡ 2本の線の🖱した側を残し、交点に角が作られる。

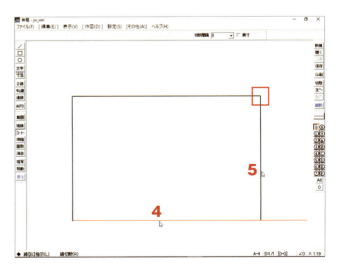

STEP 8 中心線を作図する

● 左辺と右辺の中心線を上辺から下辺まで作図しましょう。

1 「中心線」コマンドを選択する。

POINT 「中心線」コマンドは、2線間（または2点間、線と点間）の中心線を任意の長さで作図します。対象とする線は🖱、点は🖱で指示します。

2 1番目の線として左辺を🖱。

3 2番目の線として右辺を🖱。

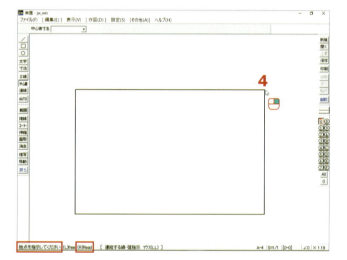

➡ **2**と**3**の中心線の作図位置が確定し、ステータスバーの操作メッセージは「始点を指示してください」になる。

4 中心線の始点として右上角を🖱(Read)。

➡ **4**の位置からマウスポインタまで中心線が仮表示される。

5 中心線の終点として右下角を🖱(Read)。

➡ **2**と**3**の中心線が**4**から**5**まで作図される。

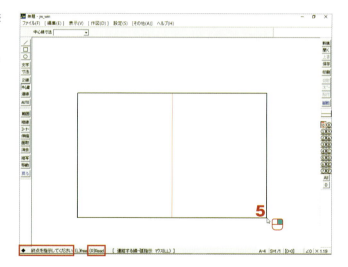

STEP 9 複線を作図する

● 左辺から9mm右に複線を作図しましょう。

1. 「複線」コマンドを選択する。
2. コントロールバー「複線間隔」ボックスに「9」を入力する。
3. 基準線として左辺を🖱。
4. 基準線の右側で、作図方向を決める🖱。
   ➡ 左辺から9mm右に複線が作図される。

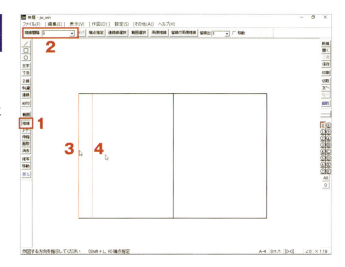

● 作図した線から、さらに9mm右に複線を作図しましょう。

5. 基準線として4で作図した線を🖱。
6. 基準線の右側で、作図方向を決める🖱。

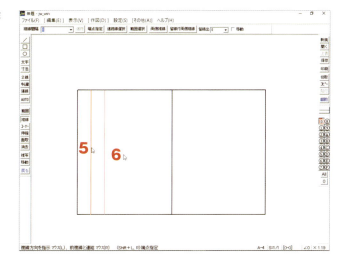

やってみよう！

上記 3 〜 6 と同様にして、右図のように、中心線から右へ9mm間隔で2本の複線を作図しましょう。

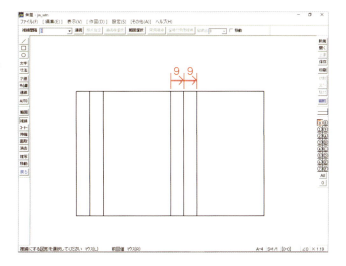

STEP 10 分割線を作図する

● 上辺と下辺の間を9等分する線を作図しましょう。

1 メニューバー[編集]−「分割」を選択する。

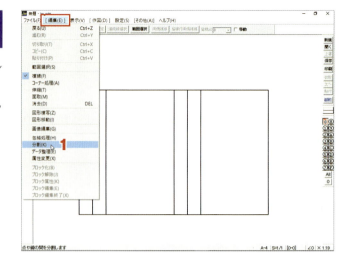

2 コントロールバー「等距離分割」が選択されていることを確認する。

3 「分割数」ボックスに「9」を入力する。

POINT｜「分割」コマンドは、2つの線・円・点間を指定数で分割する線（または円・点）を作図します。

4 線（A）として上辺を🖱。

5 線【B】として下辺を🖱。

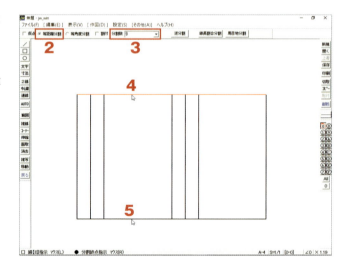

➡ 右図のように**4**と**5**の間を9つに等分割する線が作図される。

6 表の左上から🖱↘拡大 し、拡大範囲枠で表を右図のように囲み、マウスボタンをはなす。

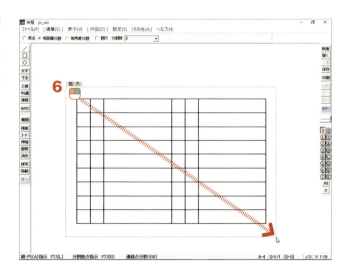

62　Jw_cad電気設備設計入門［Jw_cad8対応版］

STEP 11　書込線を補助線種にする

● 文字記入位置の目安の線を、印刷されない「補助線種」で作図しましょう。線や円は、書込線の線種で作図されます。書込線の線種を「補助線種」に指定しましょう。

1 「線属性」コマンドを🖱で選択する。

　➡ 「線属性」ダイアログが開く。

POINT　「線属性」ダイアログでは、書込線の線種や線色を指定します。「補助線種」は印刷されない線種です。

2 「補助線種」ボタンを🖱。

　➡ 「補助線種」ボタンが凹表示になり、書込線の線種になる。

3 「OK」ボタンを🖱。

　➡ ダイアログが閉じ、「線属性」バーの表示が「補助線種」に変わる。

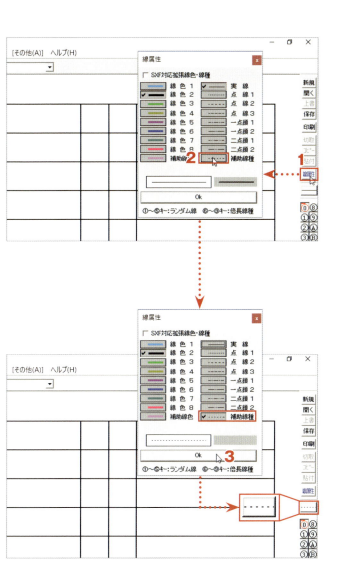

STEP 12　作図補助の線を作図する

● 文字を記入する際の目安として、表の各行の中心線を作図しましょう。

1 「中心線」コマンドを選択する。

2 1番目の線として上辺を🖱。

3 2番目の線として次の水平線を🖱。

➡ **2**と**3**の中心線の作図位置が確定し、ステータスバーの操作メッセージは「始点を指示してください」になる。

4 中心線の始点として左上角を🖱。

➡ **4**の位置からマウスポインタまで中心線が仮表示される。

5 中心線の終点として右上角を🖱。

➡ **2**と**3**の中心線が**4**から**5**まで作図される。

● ここで作図した中心線は、「分割」コマンドでも作図できます。次の行の中心線は「分割」コマンドで作図しましょう。

6 メニューバー[編集]-「分割」を選択する。

7 コントロールバー「分割数」ボックスに「2」を入力する。

8 線（A）として右図の線を🖱。

9 線【B】として右図の線を🖱。

➡ **8**と**9**の間を2分割する線が作図される。

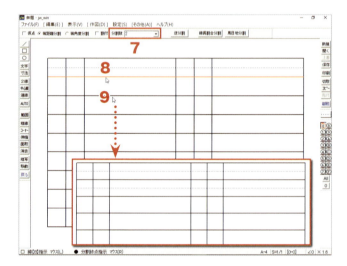

やってみよう！

「分割」または「中心線」コマンドを利用して、残りの行の中心線と左から2列の中心線を右図のように作図しましょう。
また、「複線」コマンド（→p.55）で、2列目の縦罫線から3mm右に複線を作図しましょう。

STEP 13 図面ファイルとして保存する

● ここまで作図した図を、Cドライブの「jw-dens」フォルダーに名前「01」として保存しましょう。

1 メニューバー［ファイル］-「名前を付けて保存」を選択する。

→「ファイル選択」ダイアログが開く。左側のフォルダーツリーでは、「C」ドライブ下の「JWW」フォルダーが開いており、「JWW」フォルダー内の図面ファイルが右側に一覧表示される。

● 図面ファイルの保存場所を指定しましょう。

2 保存場所として「jw-dens」フォルダーを🖱️。

→「jw-dens」フォルダーが開き、その中の図面ファイルが右側に表示される。

❓「jw-dens」フォルダーがない → p.249 Q17

● 開いたフォルダーに図面を保存しましょう。

3 「新規」ボタンを🖱️。

→「新規作成」ダイアログが開き、「名前」ボックスでは入力ポインタが点滅する。

4 図面の名前（ファイル名）として「01」を入力する。

POINT　「新規作成」ダイアログの「名前」ボックスでは入力ポインタが点滅しているため、「名前」ボックスを🖱️せずに、直接キーボードから入力できます。名前を入力後、Enterキーを押す必要はありません。Enterキーを押すと「OK」ボタンを🖱️したことになり、ダイアログが閉じ、図面が保存されます。

5 「OK」ボタンを🖱️。

→「jw-dens」フォルダーに「01.jww」というファイル名で保存され、「ファイル選択」ダイアログが閉じる。

POINT　Jw_cadの図面ファイルは、**4**で入力した名前の後ろに拡張子と呼ぶ「jww」が付きます。このことからJw_cadの図面ファイルを「JWWファイル」や「JWW形式のファイル」とも呼びます。

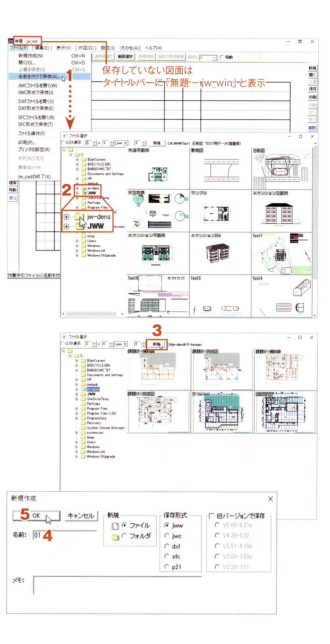

LESSON 2 表（回路名番）をかき、保存する

STEP 14 半径3.2mmの円を作図する

● 回路番号の円を実線で作図しましょう。はじめに書込線を実線にしましょう。

1 「線属性」コマンドを🖱。

2 「線属性」ダイアログの「実線」ボタンを🖱で選択し、「OK」ボタンを🖱。

→ 書込線が「実線」になる。

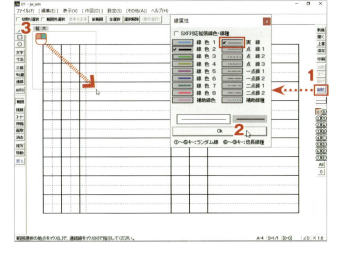

● 表の左上部分を拡大表示しましょう。

3 表の左上から🖱＼拡大　して表示される拡大範囲枠で右図の範囲を囲み、拡大表示する。

● 左上枠中心に半径3.2mmの円を作図しましょう。

4 「○」コマンドを選択する。

5 コントロールバー「半径」ボックスに「3.2」を入力する。

POINT 「半径」ボックスで入力ポインタが点滅している場合、「半径」ボックスを🖱せずに、そのままキーボードから数値を入力できます。

→ 半径3.2mmの円がマウスポインタに中心を合わせ仮表示される。

6 円の作図位置として、左上枠の中心線交点を🖱。

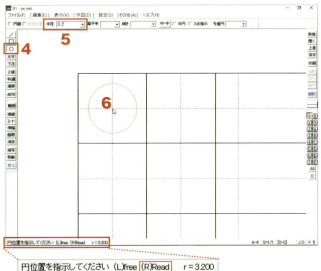

→ 🖱位置に中心を合わせ半径3.2mmの円が作図される。

POINT 円の作図後もマウスポインタには半径3.2mmの円が仮表示され、円の作図位置をクリック指示することで、続けて同じ大きさの円を作図できます。

7 円の作図位置として、2行目枠の中心線交点を🖱。

● 表示画面をスクロールして、3行目以降にも円を作図しましょう。

8 キーボードの↓キーを押す。

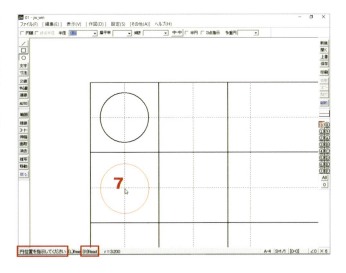

➡ 画面が右図のようにスクロールされ、隠れていた3行目の枠中心点が表示される。

❓ ↓キーを押しても画面がスクロールしない → p.250 Q18

9 円の作図位置として、3行目枠の中心線交点を🖱。

10 同様にして、適宜、↓キーで画面をスクロールし、下から2行目まで円を作図する。

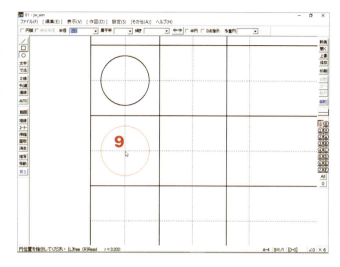

● 一番下の行には、二重円（半径3.2mmの円とそこから0.7mm内側の円）を作図しましょう。

11 コントロールバー「多重円」ボックスを🖱し、「-0.7」を入力する。

POINT｜コントロールバー「多重円」ボックスに-（マイナス）数値を入力することで、作図する円から指定数値内側にもう1つ円を作図します。

12 円の作図位置として最下行の中心線交点を🖱。

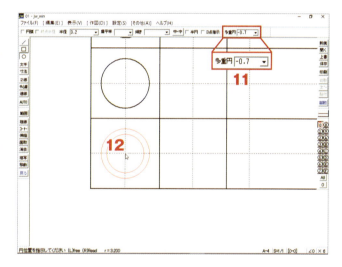

STEP 15 用紙全体を表示する

● ここでいったん、作図ウィンドウを用紙全体の表示にしましょう。以下の操作は、マウスポインタに円が仮表示された状態で行えます。

1 作図ウィンドウで🖱／全体（マウスの左右両方のボタンを押したまま右上方向にマウスを移動し、全体が表示されたらボタンをはなす）。

➡ 作図ウィンドウに用紙全体が表示される。

POINT｜作図ウィンドウで🖱／全体とすることで用紙全体表示になります。🖱／全体に限らず、🖱／前倍率、🖱／拡大などの両ドラッグによるズーム操作は、コマンドの操作途中でも行えます。

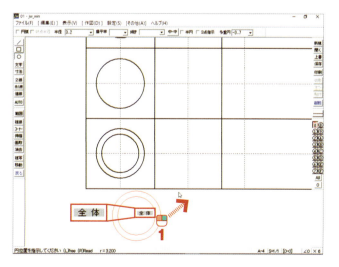

● 表の左上を拡大表示しましょう。マウスポインタに円が仮表示されたまま、拡大操作を行ってかまいません。

2 表の左上にマウスポインタをおいて🖱\拡大し、表示される拡大範囲枠で左上部分を右図のように囲み、マウスボタンをはなす。

→ 拡大範囲枠で囲んだ範囲が作図ウィンドウに拡大表示される。

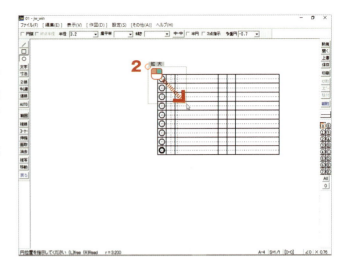

LESSON 2 表（回路名番）をかき、保存する

STEP 16 文字を枠中心に記入する

● 「文字」コマンドで記入文字を入力した後、記入位置を指示します。1行目の円中心に4mm角の大きさで文字「1」を記入しましょう。

1 「文字」コマンドを選択する。

● 文字は書込文字種の大きさで記入されます。はじめに書込文字種を4mm角に変更しましょう。

2 コントロールバー「書込文字種」ボタンを🖱。

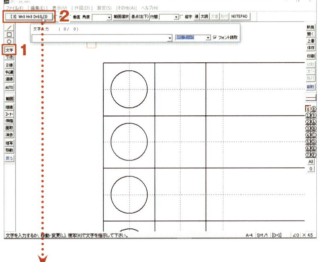

→ 「書込み文字種変更」ダイアログが開く。

POINT｜文字種は、文字サイズが固定された「文字種[1]」～「文字種[10]」の10種類と、文字ごとにサイズを指定して記入できる「任意サイズ」があります。文字のサイズを決める「幅」「高さ」「間隔」は図面の縮尺に関わらず、実際に印刷される幅・高さ・間隔(mm)で指定します。図面の縮尺により印刷される長さが変化する実寸に対し、文字のサイズ指定のように縮尺に左右されない寸法をJw_cadでは「図寸」（図面寸法）と呼びます。

3 幅4.0、高さ4.0の「文字種[4]」を🖱で選択する。

➡「書込み文字種変更」ダイアログが閉じ、コントロールバー「書込文字種」ボタンの表記が現在の書込文字種「[4] W=4 H=4 D=0.5 (2)」に変わる。

4 「文字入力」ボックスに「1」を入力する。

➡ マウスポインタに、入力した1文字分の文字外形枠が仮表示される。

POINT│文字の外形枠に対するマウスポインタの位置を基点と呼びます。文字の基点は、文字の記入位置を指示する前にコントロールバー「基点」ボタンを🖱し、以下の9個所に変更できます。

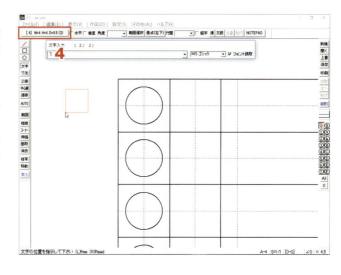

● 中心線交点に文字の中央を合わせて記入するため、基点を文字の中心に変更しましょう。

5 コントロールバー「基点」ボタンを🖱。

6 「文字基点設定」ダイアログで「中中」を🖱。

➡「文字基点設定」ダイアログが閉じ、文字の基点が「(中中)」になる。

7 文字の記入位置として、1行目の中心線の交点を🖱。

➡ **7**の交点に中心を合わせ、文字「1」が書込文字種で記入される。

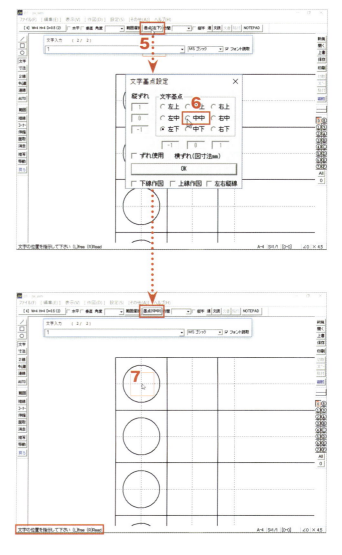

LESSON 2 表（回路名番）をかき、保存する

69

● 同様に、2行目以降の円中心に番号を記入しましょう。

8 「文字入力」ボックスに「3」を入力する。

9 文字の記入位置として、2行目の中心線の交点を🖱。

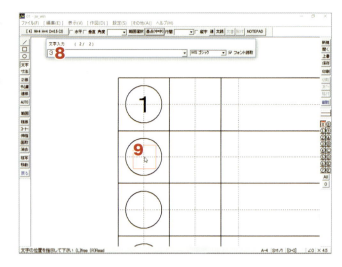

10 「文字入力」ボックスに「5」を入力し、文字の記入位置として、3行目の中心線の交点を🖱。

● 4行目以降の数字を記入するため、画面をスクロールします。「文字」コマンド選択時は、矢印キーでの画面スクロールができません。🖱で画面を移動しましょう。

11 右図の位置で🖱 移動 (両クリック)。

POINT 作図ウィンドウで🖱(両クリック)すると 移動 と表示され、🖱位置が作図ウィンドウの中心になるよう、表示画面が移動します。

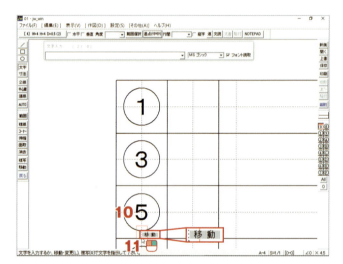

→ **11**の位置が作図ウィンドウの中心になるよう、表示画面が移動する。

12 「文字入力」ボックスに「7」を入力する。

13 文字の記入位置として、4行目の中心線の交点を🖱。

14 同様にして、適宜🖱[移動]で表示画面を移動しながら、5行目以降の円内にも数値「9」「11」「13」「15」「17」を記入する。

POINT | 2桁の数値は、半角で入力してください。数字を入力後、[変換]キーを押して半角文字に変換します。

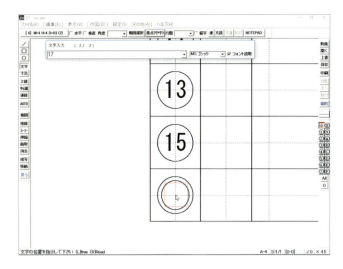

● 最下行の2列目に、3mm角の大きさで文字「200V」を記入しましょう。

15 コントロールバー「書込文字種」ボタンを🖱。

16 「書込み文字種変更」ダイアログで、幅3.0、高さ3.0の「文字種[3]」を🖱で選択する。

→「書込み文字種変更」ダイアログが閉じ、コントロールバー「書込文字種」ボタンの表記が現在の書込文字種「[3] W=3 H=3 D=0.5（2）」に変わる。

17 「文字入力」ボックスに「200V」を半角文字で入力する。

18 文字の記入位置として、最下行2列目の中心線の交点を🖱。

- 1つ上の行に文字「100V」を記入しましょう。
19 「文字入力」ボックスに「100V」を入力し、文字の記入位置として、上の行の中心線の交点を🖱。

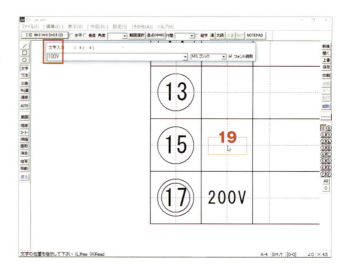

STEP 17 文字を複写する

- 「文字」コマンドで「文字入力」ボックスに入力せずに図面上の文字を🖱することで、その文字を複写できます。次の行には、前項**19**で記入した「100V」を複写しましょう。

1 「文字」コマンドで、記入済みの文字「100V」を🖱。

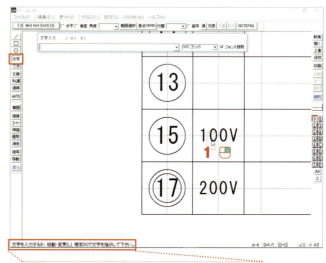

→ 現在の基点（中中）をマウスポインタに合わせ、「100V」の文字外形枠が仮表示される。「文字入力」ダイアログのタイトルは「文字変更・複写」になり、入力ボックスには「100V」が色反転して表示される。操作メッセージは「文字の位置を指示して下さい」になる。

2 複写位置として、次の行の中心線交点を🖱。

→ 🖱位置に文字「100V」が複写される。

POINT│文字要素は、1回の記入操作で記入した1行の文字を最小単位として、複写・移動・消去などが行われます。

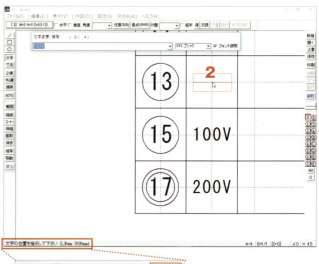

● 他の行にも「100V」を複写しましょう。

3 🖱️[移動]で、適宜画面表示を移動し、複写対象の文字「100V」を🖱️。

4 複写先の中心線交点を🖱️。

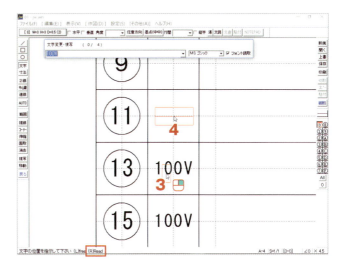

5 同様にして（**3 - 4**）、残りの行にも文字「100V」を複写する。

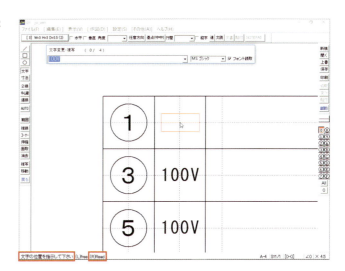

STEP 18 3列目の文字を記入する

● 文字の基点を左中にして、各行の3列目の文字を記入しましょう。

1 コントロールバー「基点」ボタンを🖱️。

2 「文字基点設定」ダイアログで「左中」を🖱️。

　→ ダイアログが閉じ、「基点」ボタンの表記が「基点（左中）」になる。

3 「文字入力」ボックスに、1行目の文字「1階　玄関・廊下・和室」を入力する。

4 文字の記入位置として、1行目の補助線交点を🖱️。

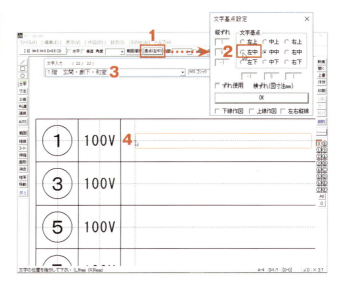

LESSON 2　表（回路名番）をかき、保存する

73

➡ **4**の位置に左中を合わせ文字「1階　玄関・廊下・和室」が記入される。

5 「文字入力」ボックスに2行目の文字「1階　台所」を入力する。

6 文字の記入位置として、2行目の補助線交点を🖱。

7 同様にして（**5**－**6**）、p.53の完成図を参考に、同じ列の3行目以降の文字も記入する。

HINT　履歴リストの利用

同じ図面ファイルの以前に入力した文字は、「文字入力」ボックスの⏷ボタンを🖱して表示される履歴リストから選択入力できます。
4行目の「2階　洋室」を記入した後、次の行の「2階　洋室Ａエアコン」を記入する際、次のように履歴リストを利用できます。

1 「文字入力」ボックスの⏷ボタンを🖱し、表示される履歴リストの「2階　洋室」を🖱。

➡「文字入力」ボックスに選択した「2階　洋室」が色反転して表示される。

2 「文字入力」ボックスの文字「2階　洋室」の最後尾を🖱。

➡ 文字「2階　洋室」の後ろに入力ポインタが移動し、点滅する。

3 キーボードから「Ａエアコン」を入力し、「2階　洋室Ａエアコン」に変更する。

4 文字の記入位置を🖱。

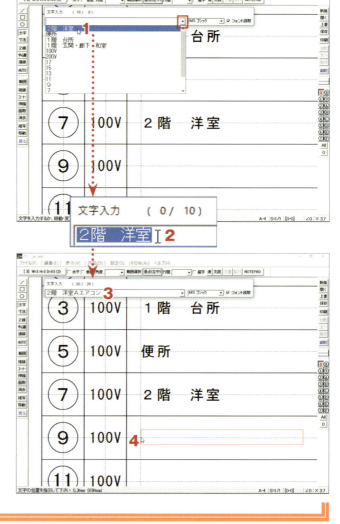

STEP 19 回路番号と文字をまとめて複写する

● ここまで作図した左側の回路番号・文字を右側に複写しましょう。

1 🖱/全体で用紙全体を表示したうえ、表全体を拡大表示(→p.56)する。

2 「複写」コマンドを選択する。

● 複写する対象を範囲選択しましょう。

3 選択範囲の始点として表の左上で🖱。

　➡ 3の位置を対角とする選択範囲枠がマウスポインタまで表示される。

4 表示される選択範囲枠で右図のように表の左半分を囲み終点を🖱(文字を含む)。

POINT 選択範囲枠に全体が入る線、円要素と文字要素が複写対象として選択色になります。選択範囲枠からはみ出した線は選択されません。

　❓ 文字が選択色にならない → p.250 Q19

● 選択色の要素を複写対象として確定しましょう。

5 複写する線、円、文字要素が選択色になっていることを確認し、コントロールバー「選択確定」ボタンを🖱。

　➡ 複写対象が確定し、マウスポインタに複写の基準点を合わせ複写要素が仮表示される。

POINT 5の「選択確定」ボタンを🖱する段階で作図ウィンドウに仮表示される赤い○の位置が自動的に複写の基準点になります。

● 現在の基準点では正確な位置に複写できません。正確な位置に複写するために複写の基準点を表の左下角に変更しましょう。

6 コントロールバー「基点変更」ボタンを🖱。

LESSON 2 表(回路名番)をかき、保存する

➡ ステータスバーに「基準点を指示して下さい」と操作メッセージが表示される。

7 複写の基準点として表の左下角を🖱。

POINT｜複写の基準点は選択色の複写対象以外の点を指示することもできます。複写先として、どの位置を点指示するかを想定したうえで、基準点を決めてください。

➡ **7**の位置を基準点として複写要素が仮表示され、ステータスバーには「複写先の点を指示して下さい」と操作メッセージが表示される。

8 複写先の点として右図の交点を🖱。

➡ **8**の位置に基準点を合わせ、右図のように複写される。マウスポインタには複写要素が仮表示され、操作メッセージは「複写先の点を指示して下さい」と表示される。

❓ 文字が複写されない → p.250 Q19

POINT｜他のコマンドを選択するまでは、次の複写先をクリック指示することで同じ複写要素を続けて複写できます。

9 「複写」コマンドを終了するため、「／」コマンドを選択する。

➡ 「／」コマンドになり、選択色で表示されていた複写対象は元の色に戻る。

STEP 20 文字を書き換える

● 右側に複写した文字を書き換えましょう。「文字」コマンドで「文字入力」ボックスに入力せずに既存の文字を🖱することで、その文字を書き換えできます。複写した回路番号を書き換えましょう。

1 「文字」コマンドを選択する。

2 右側に複写した回路番号の文字「1」を🖱（移動・変更）。

➡「文字入力」ダイアログのタイトルが「文字変更・移動」になり、文字入力ボックスには「1」が色反転して表示される。またマウスポインタには現在の基点（左中）で文字外形枠が仮表示される。

3 キーボードから「2」を入力し、「文字変更・移動」ボックスを「2」に変更する。

4 [Enter]キーを押し、文字変更を確定する。

➡ 文字「1」が「2」に変更される。

5 回路番号の文字「3」を🖱。

6 「文字変更・移動」ボックスの文字を「4」に変更し、[Enter]キーを押して文字変更を確定する。

7 p.53の完成図を参考に、同様にして（**5**～**6**）、右側に複写した回路番号「5」「7」「9」「11」「13」「15」「17」を「6」「8」「10」「12」「14」「16」「18」に変更する。

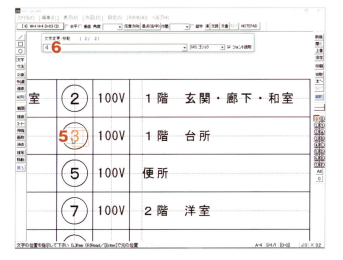

- 1行目の「1階　玄関・廊下・和室」の「玄関・廊下・和室」を「居間」に書き換えましょう。

8 右側の1行目の「1階　玄関・廊下・和室」を🖱(移動・変更)。

→「文字入力」ダイアログのタイトルが「文字変更・移動」になり、文字入力ボックスには「1階　玄関・廊下・和室」が色反転して表示される。またマウスポインタには現在の基点(左中)で文字外形枠が仮表示される。

9 「文字変更・移動」ボックスの文字「玄」の前を🖱し、入力ポインタを移動する。

10 Delete キーを押し、「玄関・廊下・和室」を消す。

POINT 入力ポインタから後ろの文字は Delete キーで、前の文字は Backspace キーで消します。

11 「居間」を入力し、「1階　居間」に変更する。

12 コントロールバー「基点(左中)」を確認し、Enter キーを押して文字変更を確定する。

POINT 文字は、現在の文字基点を基準に変更されます。変更前と変更後で文字数が変わる場合は、基点に注意をしてください。

- 2行目「1階　台所」を「1階　洗面所・浴室」に書き換えましょう。

13 2行目の「1階　台所」を🖱(移動・変更)。

14 「文字変更・移動」ボックスの「台所」を「洗面所・浴室」に書き換え、Enter キーを押して文字変更を確定する。

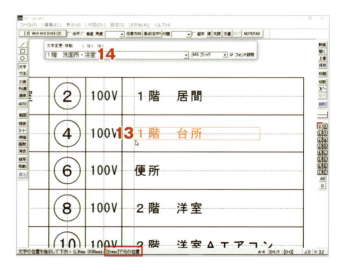

● 3行目「便所」を「2階　洋室・廊下」に書き換えましょう。

15 3行目の「便所」を🖱(移動・変更)。

16 「文字変更・移動」ボックスの▼ボタンを🖱。

17 表示される履歴リストのスクロールバーを🖱↓し、リストをスクロールして前に記入した「2階　洋室」を🖱で選択する。
➡「文字変更・移動」ボックスに「2階　洋室」が入力され、色反転する。

18 「文字変更・移動」ボックスに入力された「2階　洋室」の後ろを🖱。

19 「・廊下」を入力し、「2階　洋室・廊下」に変更してEnterキーを押して確定する。

20 p.53の完成図を参照し、同様にして、残りの名称を変更する。

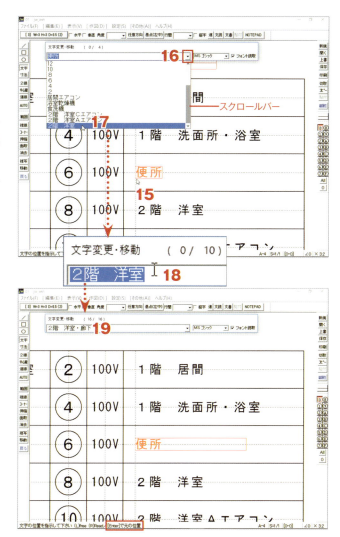

HINT 図面上の文字を消すには

文字を消すには、「消去」コマンドで消す文字を🖱します。「消去」コマンドでは文字も線も🖱で消すため、文字ではなく付近の線が消されることがあります。
このような場合、コントロールバー「選択順切替」ボタンを🖱し、文字を優先的に消す【文字】優先選択消去に切り替えたうえで消去対象の文字を🖱します。
再度、「選択順切替」ボタンを🖱すると、文字以外の要素を優先的に消す線等優先選択消去に切り替わります。

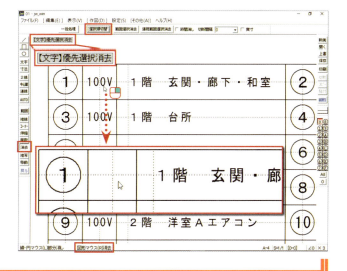

STEP 21 重複した線を1本に整理する

● p.75で行った複写により、線が二重に作図された個所があります。これらの重複した線を1本にしましょう。

POINT 　同じ位置に重なった同じ線を1本にする「データ整理」コマンドがあります。データ整理では重なった線の他、「伸縮」コマンドや「コーナー」コマンドで🖱して切断された線も1本に連結できます。

1 　メニューバー［編集］－「データ整理」を選択する。

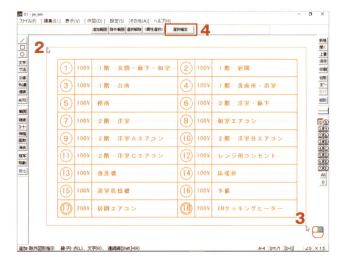

● データ整理の対象として表全体を範囲選択しましょう。

2 　範囲選択の始点として表の左上で🖱。

3 　表示される選択範囲枠で表全体を囲み、終点を🖱(文字を含む)。

→ 選択範囲枠内に全体が入る線、円、文字要素が選択色になる。

● 選択色の要素をデータ整理の対象として確定しましょう。

4 　コントロールバー「選択確定」ボタンを🖱。

● 整理方法を指定し、データ整理をしましょう。

5 　コントロールバー「連結整理」ボタンを🖱。

POINT 　「連結整理」では、重複した同じ線や文字を1つにする他、「伸縮」コマンドや「コーナー」コマンドで🖱して切断された同じ線や同一点で連続して作図された同一線上の線（画面上1本の直線に見えるが、実際は複数の連続線）も1本に連結します。「重複整理」を選択した場合には、重複した線の整理のみで、線の連結処理は行いません。

→ 線が整理され、画面左上に－（マイナス数値）で、整理された線本数が表示される。

❓ 表示される数字が右図と異なる
　　→ p.250　Q20

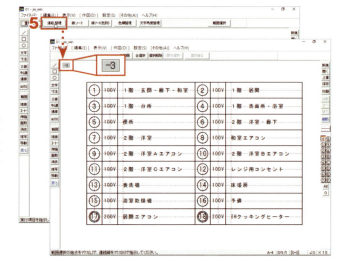

STEP 22 図面を A4 用紙に印刷する

● 完成した図面をA4用紙に印刷しましょう。プリンタの電源を入れて印刷の準備をしたうえで、以下の印刷操作を行ってください。

1 🖱/全体し、用紙全体を表示する。
2 「印刷」コマンドを選択する。
   ➡「印刷」ダイアログが開く。
3 「印刷」ダイアログで、プリンタ名を確認し、「OK」ボタンを🖱。

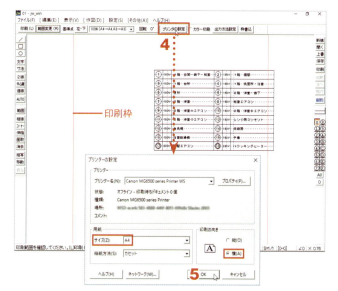

➡ 現在設定されているプリンタの用紙サイズ、用紙の向きで、赤い印刷枠が表示される。

4 用紙サイズと印刷の向きを確認、変更するため、コントロールバー「プリンタの設定」ボタンを🖱。
   ➡「プリンターの設定」ダイアログが開く。
5 「プリンターの設定」ダイアログで用紙サイズ「A4」、印刷の向き「横」を選択し、「OK」ボタンを🖱。

➡ 印刷枠がA4・横になる。

POINT 印刷枠は、指定プリンタの印刷可能な範囲を示します。指定用紙サイズより小さく、プリンタ機種によっても、その大きさは異なります。

● 用紙の中央に表を印刷するために、印刷枠の中央に表が収まるよう印刷枠の位置を変更しましょう。

6 コントロールバー「範囲変更」ボタンを🖱。

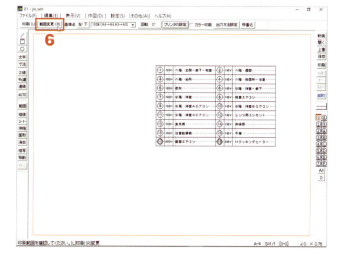

➡ 印刷枠の左下角がマウスポインタについて動く。コントロールバーには「印刷範囲を指示してください」と操作メッセージが表示される。

● 印刷枠に対するマウスポインタの位置を基準点と呼びます。印刷枠の中央に表を収めるため、基準点を印刷枠の中心に変更しましょう。

7 コントロールバーの基準点「左・下」ボタンを4回🖱し、「中・中」にする。

POINT | コントロールバー基準点「左・下」ボタンを🖱することで、印刷枠に対するマウスポインタの位置（基準点）を中・下⇒右・下⇒左・中⇒中・中⇒…の9個所に変更できます。

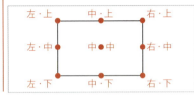

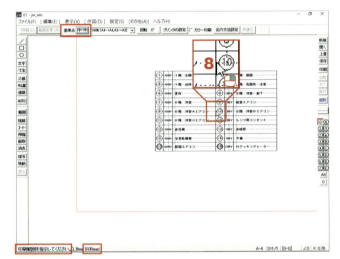

8 表の中心点（回路番号⑩の左罫線と補助線の交点）にマウスポインタを合わせ🖱。

➡ 8の位置を中心として印刷枠の位置が確定する。

● 印刷枠全体が見えるよう、作図ウィンドウを縮小表示しましょう。

9 作図ウィンドウで🖱↖ 縮小 （左上方向に両ドラッグし、縮小 が表示されたらマウスボタンをはなす）。

POINT | 🖱↖ 縮小 で、画面を縮小表示します。

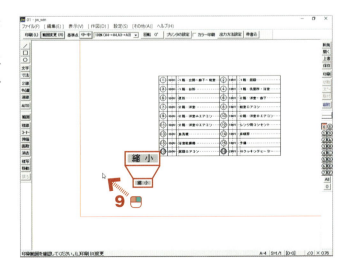

10 コントロールバー「印刷」ボタンを🖱。

→ 図面が印刷される。印刷完了後も「印刷」コマンドのままである。

POINT｜再度コントロールバー「印刷」ボタンを🖱することで、もう1枚図面を印刷できます。コントロールバーの「印刷(L)」「範囲変更(R)」の表記(L)と(R)は、🖱と🖱を指します。「印刷(L)」ボタンを🖱せずに作図ウィンドウで🖱しても「印刷」ボタンを🖱したことになり、図面が印刷されます。「印刷」コマンド選択時は、作図ウィンドウで誤って🖱しないよう注意してください。

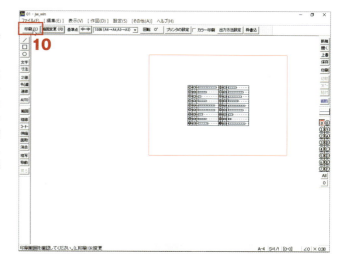

STEP 23　図面を上書き保存する

● ここまで作図した図面を図面ファイル「01」に上書き保存しましょう。

1　メニューバー［ファイル］－「上書き保存」を選択する。

→ 図面が上書き保存される。

POINT｜**1**の操作の代わりにツールバーの「上書」コマンドを🖱することでも、上書き保存されます。

STEP 24　Jw_cad を終了する

● Jw_cadを終了しましょう。

1　タイトルバー右端の ❌ （閉じる）ボタンを🖱。

→ Jw_cadが終了する。

POINT｜メニューバー［ファイル］－「Jw_cadの終了」を選択する代わりにタイトルバーの❌（閉じる）ボタンを🖱することでもJw_cadを終了できます。

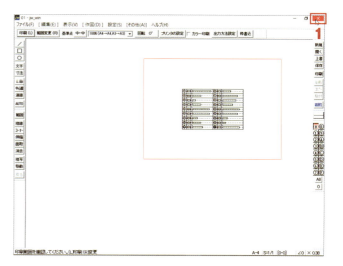

POINT　印刷された線の太さについて

前ページで印刷した図面の線はすべて同じ太さです。これはすべての線を同じ線色（黒）で作図したためです。
Jw_cadには、これまで作図した線色（黒）を含め8色の標準線色があります。8色の線色を使い分けることで、細線・中線・太線など8種類の線の太さを表現できます。印刷する線の太さは線色ごとにmm単位で指定できるため、黒で作図した線を今より太く、あるいは細く印刷することも可能です。
また、これまではすべて実線で作図しましたが、Jw_cadでは破線・一点鎖線・二点鎖線など8種類の線種が用意されています。次節LESSON 3からは、線色・線種を使い分けて作図します。

POINT　ズーム操作のまとめ

作図ウィンドウの拡大表示・縮小表示などのズーム操作は両ドラッグで行います。

縮小表示→p.82

用紙全体を表示→p.67

拡大・縮小する前の範囲を表示→p.57

表示される拡大範囲枠で囲んだ範囲を拡大表示→p.56

両クリックした位置が作図ウィンドウの中心になるように表示画面を移動する→p.70

「基本設定」の「一般（2）」タブでの設定（→p.41の**10**）をすることで、キーボードからズーム操作が可能になります。ただし、「文字」コマンドの選択時は、ズーム操作のキーを押す前にTabキーを押す必要があります。

拡大表示
　PageUp（PgUp）キーを押す

縮小表示
　PageDown（PgDn）キーを押す

用紙全体表示
　Homeキーを押す

画面スクロール
　↑↓→←キーを押す

ノートパソコンなどのキーボードでは、矢印キーがPgUpキー・PgDnキー・Homeキーを兼ねている場合がある。その場合の拡大表示（または縮小表示、用紙全体表示）は、Fnキーを押しながらPgUp（またはPgDn、Home）キーを押す。

LESSON 3

保存した図面を開き、盤図をかき加える

LESSON 2で保存した図面「01」を開き、以下の盤図を作図しましょう。

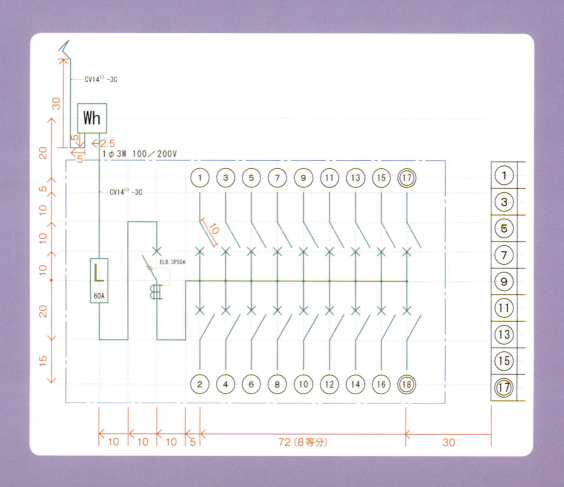

STEP 1 図面ファイルを開く

● 前のLESSON2で保存した図面ファイル「01」を開きましょう。

1 メニューバー［ファイル］-「開く」を選択する。

POINT | **1**の操作の代わりにツールバーの「開く」コマンドを選択しても同じです。

➡ 「ファイル選択」ダイアログが開く。左側のフォルダーツリーでは、前回（→p.65）「ファイル選択」ダイアログで指定したCドライブの「jw-dens」フォルダーが開き、右側にはそのフォルダー内の図面ファイルが一覧表示される。

2 図面ファイル「01」の枠内で🖰🖰。

❓ 保存したはずの図面ファイル「01」がない→p.250 Q21

➡ 図面ファイル「01」が開き、作図ウィンドウに表示される。

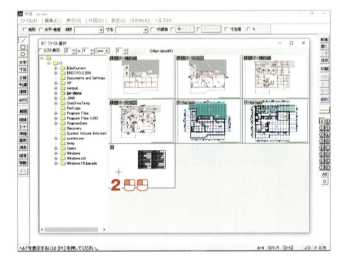

STEP 2 既存の表を右に移動する

● 用紙の左に盤図を作図するスペースを作るため、既存の表を右端に移動しましょう。「移動」コマンドの操作手順は、「複写」コマンドとほぼ同じです。はじめに移動する対象を範囲選択します。

1 「移動」コマンドを選択する。

2 範囲選択の始点として表の左上で🖰。

➡ **2**の位置を対角とする選択範囲枠がマウスポインタまで表示される。

3 選択範囲枠で表全体を囲み、終点を🖰（文字を含む）。

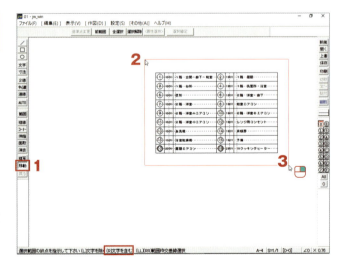

➡ 選択範囲枠に全体が入る要素が移動対象として選択色になり、自動的に決められた基準点が赤い○で表示される。

❓ 文字が選択色にならない → p.250 Q19

◉ 選択色の要素を移動対象として確定しましょう。

4 コントロールバー「選択確定」ボタンを🖱。

自動的に決められた基準点(赤い○)

➡ 移動対象が確定し、赤い○の位置を基準点として移動要素がマウスポインタに仮表示される。ステータスバーには「移動先の点を指示して下さい」と操作メッセージが表示される。

5 移動先として、仮表示の表の右辺を用紙の右端に寄せて🖱。

➡ 5の位置に表が移動される。マウスポインタには移動要素の表が仮表示された状態である。

❓ 文字が移動されない → p.250 Q19

◉ この状態で、別の移動先をクリック指示することで、表をさらに移動できます。移動操作を確定し終了するには、他のコマンドを選択します。

6 「／」コマンドを選択し、「移動」コマンドを終了する。

STEP 3 盤図作図のための補助線を作図する

● 表の左側に盤図を作図するための目安となる補助線を作図しましょう。

1 「線属性」コマンドを選択する。

2 「線属性」ダイアログで「補助線種」ボタンを🖱で選択し、「OK」ボタンを🖱。

3 「／」コマンドのコントロールバー「水平・垂直」にチェックを付ける。

4 始点として、表の⑨の行の中心線端点を🖱。

5 終点として右図の位置で🖱。

● 表の左辺から30mm左に複線を作図しましょう。

6 「複線」コマンドを選択する。

7 コントロールバー「複線間隔」ボックスに「30」を入力する。

8 基準線として表の左辺を🖱。

9 基準線の左側で作図方向を決める🖱。

● さらに左に72mm、5mm、10mmの間隔で複線を作図しましょう。

10 基準線として**9**で作図した線を🖱。

→ **10**の線から30mmはなれたマウスポインタ側に複線が仮表示され、コントロールバー「複線間隔」ボックスの数値は色反転する。

POINT 基準線を🖱した後でも複線間隔を指定できます。

11 キーボードから「72」を入力する。

➡ コントロールバー「複線間隔」ボックスの数値が「72」になる。基準線から仮表示の複線までの間隔も72mmになる。

12 基準線の左側で作図方向を決める🖱。

13 同様にして**12**で作図した線から5mm左に複線を作図する。

14 さらに10mm左に複線を作図する。

● 直前に作図した複線から同じ間隔（10mm）で同じ方向（左）に、さらに2本の複線を作図しましょう。

15 コントロールバー「連続」ボタンを🖱。

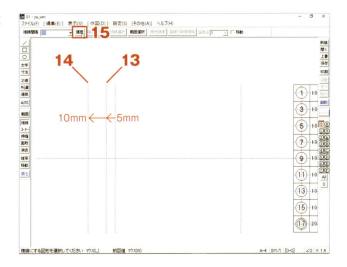

➡ **14**で作図した線から10mm左に複線が作図される。

POINT｜コントロールバー「連続」ボタンを🖱することで、直前に作図した複線と同じ間隔で同じ方向に🖱した回数分の複線を作図します。

16 コントロールバー「連続」ボタンを🖱。

➡ **15**で作図した線から10mm左に複線が作図される。

● 水平線から上に10mm間隔で3本の複線を作図しましょう。

17 水平線から10mm上に複線を作図する。

18 コントロールバー「連続」ボタンを2回🖱し、さらに2本の複線を同間隔（10mm）で同方向（上側）に作図する。

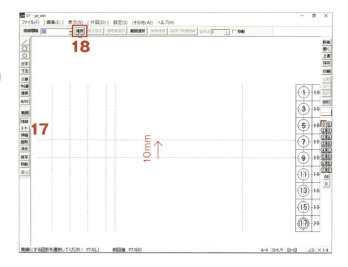

● 残りの補助線を作図しましょう。

19 直前に作図した水平線から5mm上に複線を作図する。

20 はじめに作図した水平線から20mm下に、さらに15mm下に複線を作図する。

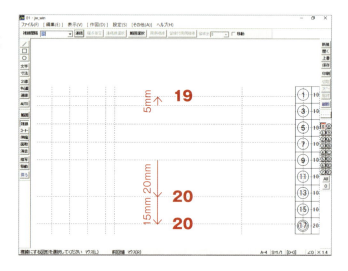

STEP 4 書込線の線色・線種を変更する

● 線色2（黒）で作図した表の罫線よりも太い線で盤図を作図するため、書込線を線色7にしましょう。

1 「線属性」コマンドを選択する。

2 「線属性」ダイアログの「線色7」ボタンを🖱。

POINT｜Jw_cadには、8色の標準線色があり、8色の線色を使い分けることで、細線・中線・太線など8種類の線の太さを表現できます。

3 「実線」ボタンを🖱。

4 「OK」ボタンを🖱。

➡ ダイアログが閉じ、「線属性」バーの表示が「線色7（深緑）・実線」に変わる。

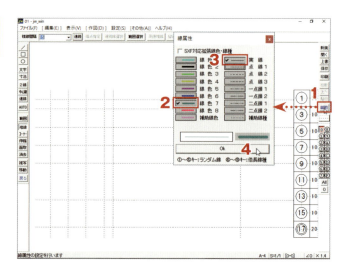

STEP 5 指定寸法の長方形を作図する

● 電流制限器の長方形（横6mm×縦15mm）を作図しましょう。

1 「□」コマンドを選択する。

2 コントロールバー「寸法」ボックスに「6,15」を入力する。

POINT │「寸法」ボックスには「横，縦」の順に「，」（カンマ）で区切った2数を入力します。

➡ 横6mm、縦15mmの長方形（矩形）が、その中心にマウスポインタを合わせて仮表示され、ステータスバーに「矩形の基準点を指示して下さい」と操作メッセージが表示される。

3 矩形の基準点として右図の交点を🖱。

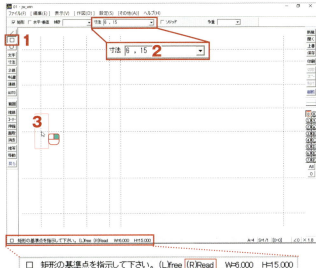

➡ 操作メッセージは「矩形の位置を指示して下さい」になる。

4 マウスポインタを右下に移動する。

➡ 矩形の仮表示も右下に移動し、右図のように**3**の交点に矩形の左上角を合わせた状態になる。

POINT │「□」コマンドでは、矩形の基準点を指示後、マウスポインタを移動することで矩形の下図9個所のいずれかを**3**で指示した基準点に合わせて作図します。

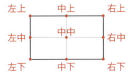

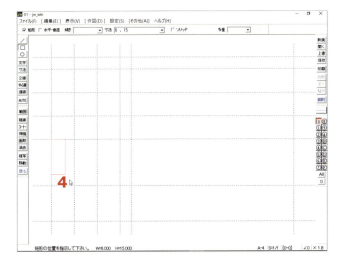

5 マウスポインタを動かし、**3**で指示した矩形の基準点に仮表示の矩形の中心「中中」を合わせた状態で🖱。

STEP 6 矩形内に文字を記入する

● 前項で作図した矩形内に、文字種8で「L」を、文字種2で「60A」を記入しましょう。

1 「文字」コマンドを選択する。

2 コントロールバー「書込文字種」ボタンを🖱。

3 「書き込み文字種変更」ダイアログで「文字種[8]」を🖱。

4 🖱＼拡大 で、前項で作図した長方形を囲み、拡大表示する。

5 「文字入力」ボックスに「L」(半角)を入力する。

6 コントロールバー「基点」ボタンを🖱。

7 「文字基点設定」ダイアログの「ずれ使用」にチェックを付ける。

8 文字の基点として「中上」を🖱。

➡ 7の指定をしたため、文字の基点「(中上)」から1mm上にマウスポインタを合わせ、文字外形枠が仮表示される。

9 文字の記入位置として上辺の中点を🖱。

➡ 9の点から1mm下に文字の基点「(中上)」を合わせ、文字「L」が記入される。

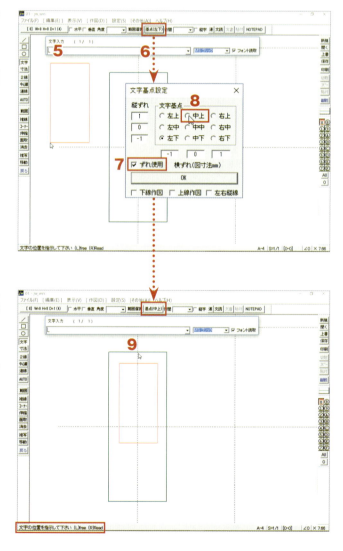

10 「書込文字種」を文字種[2]に変更する。

11 「文字入力」ボックスに「60A」を入力する。

12 コントロールバー「基点」ボタンを🖱し、「文字基点設定」ダイアログの「ずれ使用」にチェックが付いた状態で、文字の基点として「中下」を🖱。

13 文字の記入位置として下辺の中点を🖱。

➡ **13**の点から1mm上に文字の基点「(中下)」を合わせ、文字「60A」が記入される。

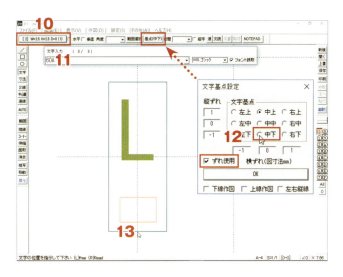

● 作図ウィンドウでの表示範囲を、p.92の**4**での拡大操作前の範囲にしましょう。

14 作図ウィンドウで🖱/前倍率。

➡ 作図ウィンドウに拡大操作前の範囲が表示される。

POINT　ずれ使用

「文字基点設定」ダイアログの「ずれ使用」にチェックを付けた場合、基点から「縦ずれ」「横ずれ」ボックスの数値分ずれた位置を文字の記入位置として指示します。

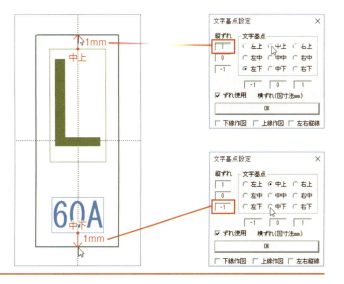

STEP 7 連続線を作図する

● 配線を作図しましょう。

1 「連線」コマンドを選択する。

2 コントロールバー「丸面辺寸法」ボックスが空白であることを確認する。

POINT 「連線」コマンドは、クリック指示した点をつなぐ連続線を作図します。コントロールバー「丸面辺寸法」ボックスに数値が入力されている場合は、ボックス右の ▼ボタンを🖱し、「（無指定）」（空白に同じ）を🖱で選択してください。

3 始点として、右図の交点を🖱。

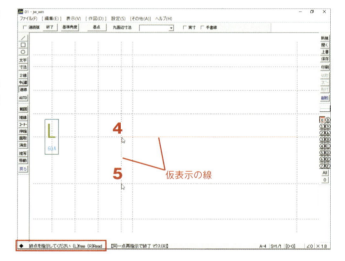

➡ 始点からマウスポインタまで赤い点線が仮表示され、操作メッセージは「終点を指示してください」になる。

4 終点として右図の交点を🖱。

➡ 3-4間に赤い線、4からマウスポインタまで赤い点線が仮表示され、操作メッセージは「終点を指示してください」になる。

5 終点として4の下の交点を🖱。

仮表示の線

➡ 3-4間に線が作図され、4-5間に赤い線、5からマウスポインタまで赤い点線が仮表示される。

6 終点として、5の左隣の交点を🖱。

➡ 4-5間に線が作図される。

7 終点として、6の上の交点を🖱🖱。

POINT 連続線の作図を完了するには、最後の点をダブルクリックします。またはコントロールバーの「終了」ボタンを🖱します。

● 電流制限器からの配線も同様に作図しましょう。

8 始点として、電流制限器の下辺の中点を🖱。

9 終点として、**8**の下の交点を🖱。

10 終点として、**9**の右隣の交点を🖱。

11 終点として、右図の交点を🖱。

12 終点として、**11**の右隣の交点を🖱。

13 終点として、**12**の下の交点を🖱🖱。

STEP 8　2 線間を等分割する補助線を作図する

● 間隔72mmの2本の線の間を8つに等分割する補助線を作図しましょう。「分割」コマンドを利用します。

1 書込線を「線色2・補助線種」にする。

2 メニューバー[編集]-「分割」を選択する。

3 コントロールバー「分割数」ボックスに「8」を入力する。

4 線（A）として右図の補助線を🖱。

5 線【B】として右図の補助線を🖱。

　→ **4**、**5**の線の間を8つに等分割する補助線が作図される。

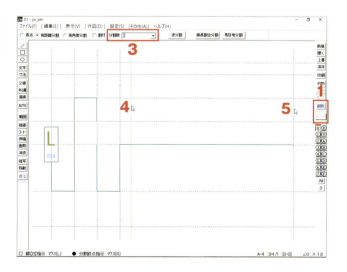

STEP 9 回路①を作図する

● ①の回路の配線を作図しましょう。

1. 書込線を「線色7・実線」にする。
2. 「／」コマンドを選択する。
3. 始点・終点として補助線交点を🖱して、右図の線2本を作図する。

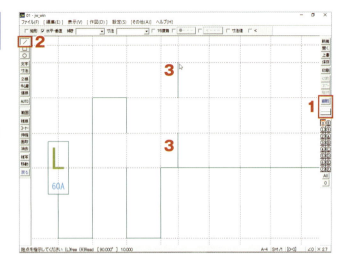

● ブレーカーの斜線を長さ10mmで作図しましょう。

4. コントロールバー「寸法」ボックスを🖱し、「10」を入力する。
5. コントロールバー「15度毎」にチェックを付ける。

POINT 「寸法」ボックスで作図する線の長さを指定できます。「15度毎」にチェックを付けることで、0°⇒15°⇒30°…と15°ごとに固定された線を作図します。

6. 始点として右図の交点を🖱。

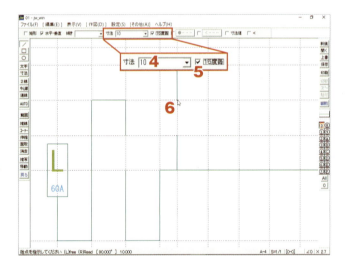

➡ 6を始点とした長さ10mmの線が、マウスポインタに従い、15度ごとの角度で仮表示される。

7. 終点として、垂直線から30度の角度で線を仮表示した状態で🖱。

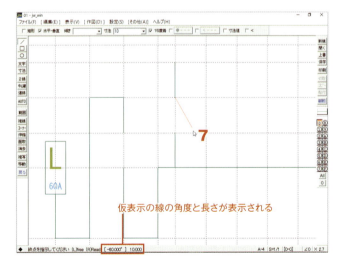

仮表示の線の角度と長さが表示される

● 記号「×」を作図しましょう。

8 コントロールバー「寸法」ボックスに「2」を入力し、「15度毎」のチェックを外す。

9 コントロールバー「水平・垂直」にチェックを付け、「傾き」ボックスに「45」を入力する。

POINT 「水平・垂直」にチェックを付け「傾き」ボックスに角度を指定すると、水平線・垂直線から指定角度傾いた線を作図できます。

10 始点として右図の交点を🖱。

11 終点として、マウスポインタを左上に移動して左上に2mmの線が仮表示された状態で🖱。

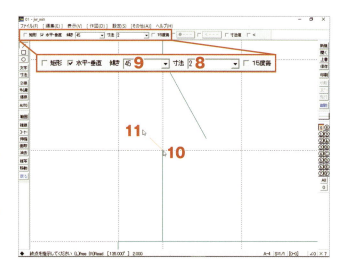

12 始点として、右図の交点を🖱。

13 終点として、マウスポインタを左下に移動して左下に2mmの線が仮表示された状態で🖱。

14 同様にして、残り2本の線を作図し、記号「×」にする。

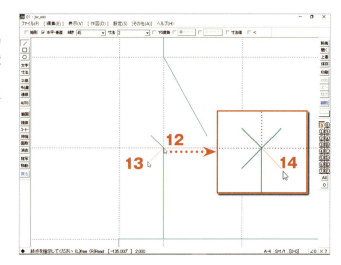

● 実点を作図しましょう。

15 メニューバー[作図]−「点」を選択する。

POINT 「点」コマンドでは指定位置に実点(印刷される点)や仮点(印刷されない点)を作図します。コントロールバー「仮点」にチェックを付けない状態では書込線色の実点を作図します。実点の大きさは、印刷前に「基本設定」コマンド(→p.116)で指定します。

16 点を作図する位置として、右図の交点を🖱。

➡ 🖱位置に書込線(線色7)の実点が作図される。

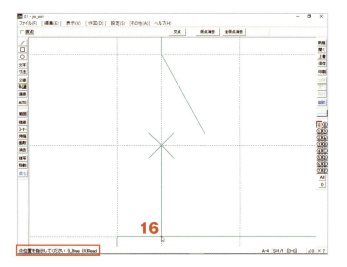

STEP 10 作図した回路を複写する

● 作図した回路①を複写することで、残りの回路を作図します。

1 「複写」コマンドを選択する。

2 範囲選択の始点を🖱。

3 表示される選択範囲枠で複写対象を右図のように囲み、終点を🖱。

POINT｜選択範囲枠で囲む範囲に文字がないため、終点は🖱(文字を除く)、🖱(文字を含む)のいずれでも結果は同じです。

4 コントロールバー「基準点変更」ボタンをを🖱。

POINT｜コントロールバー「基準点変更」ボタンを🖱することで複写対象が確定し、基準点を指示する段階になります(「選択確定」ボタンを🖱し、「基点変更」ボタンを🖱した状態と同じ)。

➡ 選択色で表示されていた要素が複写対象として確定し、操作メッセージは「基準点を指示して下さい」になる。

5 複写の基準点として右図の交点を🖱。

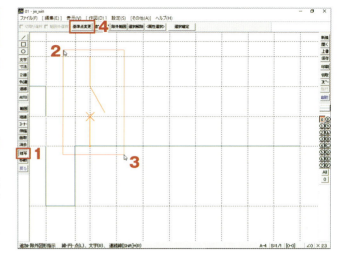
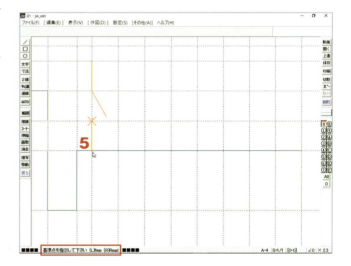

➡ 5の点を基準点として複写要素がマウスポインタに仮表示され、操作メッセージは「複写先の点を指示して下さい」になる。

6 複写先として右隣の交点を🖱。

➡ 6の位置に複写される。

● さらに右側にもう7つ複写しましょう。

7 コントロールバー「連続」ボタンを🖱。

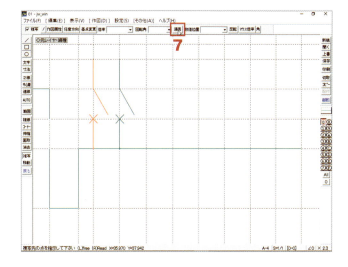

➡ 右側にもう1つ複写される。

POINT コントロールバー「連続」ボタンを🖱することで、🖱した回数分、同じ方向に同じ距離で続けて複写できます。

8 コントロールバー「連続」ボタンを6回🖱して、残りの回路を複写する。

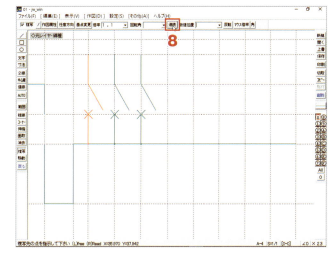

● 現在、選択色で表示されている複写対象を解除し、あらためて複写対象として上側の9つの回路を範囲選択して下側に反転複写しましょう。

9 「複写」コマンドを🖱。

➡ あらためて「複写」コマンドが選択され、選択色で表示されていた複写対象が解除されて元の色に戻る。

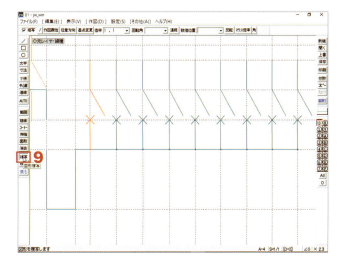

10 範囲選択の始点を🖱。
11 表示される選択範囲枠で9つの回路を右図のように囲み、終点を🖱。
　➡ 選択範囲枠に全体が入る要素が選択色になる。
12 コントロールバー「選択確定」ボタンを🖱。
　➡ 自動的に決められた基準点で、複写要素がマウスポインタに仮表示される。

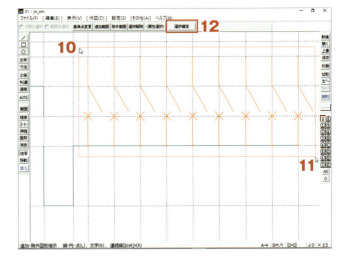

● 反転複写の指示をしましょう。
13 コントロールバー「反転」ボタンを🖱。
14 反転の基準線として右図の水平線を🖱。

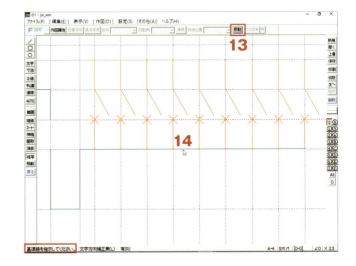

　➡ 右図のように反転複写される。
15 「／」コマンドを選択し、「複写」コマンドを終了する。

● ここまでを上書き保存しましょう。
16 「上書」コマンドを🖱。
　➡ 上書き保存される。

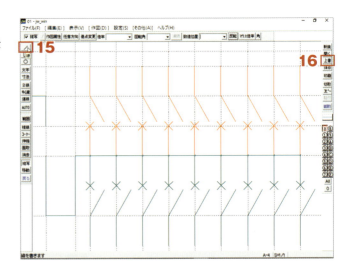

STEP 11 電力量計作図のための補助線を作図する

● 電力量計を作図するための目安となる補助線を作図しましょう。

1 書込線を「線色2・補助線種」にする。
2 「複線」コマンドを選択し、右図の水平線から20mm上に複線を作図する。

● 左端の垂直線から2.5mm左に、**2**で作図した水平線と交差する複線を作図しましょう。

3 コントロールバー「複線間隔」ボックスに「2.5」を入力する。
4 基準線として左端の垂直線を🖱。

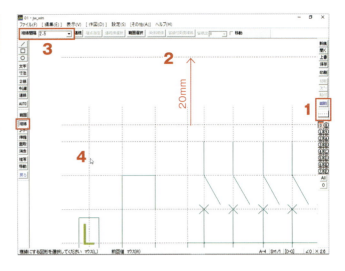

→ 基準線と同じ長さの複線が仮表示される。

5 コントロールバー「端点指定」ボタンを🖱。

POINT 複線の作図方向を指示する段階で、コントロールバー「端点指定」ボタンを🖱し、始点・終点を指示することで基準線とは異なる長さの複線を作図できます。

→ 操作メッセージは「【端点指定】始点を指示してください」になる。

6 端点指定の始点として右図の位置で🖱。

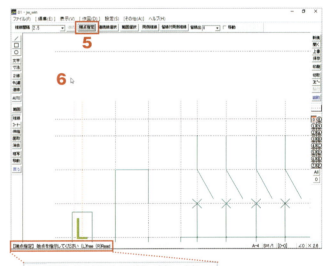

【端点指定】始点を指示してください (L)free (R)Read

→ **6**の位置からマウスポインタまで複線が仮表示され、操作メッセージは、「【端点指定】◆終点を指示してください」になる。

7 端点指定の終点として右図の位置で🖱。

【端点指定】◆　終点を指示してください (L)free (R)Read

➡ 操作メッセージは「作図する方向を指示してください」になる。

8 基準線の左側で作図方向を決める🖱。

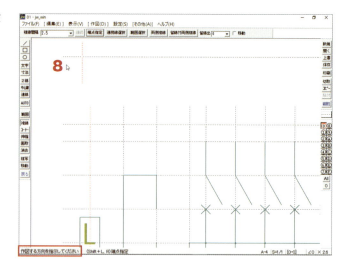

STEP 12 図形を読み込み、配置する

● 電力量計などの電気シンボルを「図形」として用意しておくことで、毎回同じ記号を作図しなくとも「図形」コマンドで読み込み、配置できます。電力量計の図形を読み込み、配置しましょう。

1 メニューバー[その他]-「図形」を選択する。

➡ 図形を選択するための「ファイル選択」ダイアログが開く。

● 左側のフォルダーツリーで図形が収録されているフォルダー（Cドライブの「jw-dens」フォルダー下「S1盤図用」フォルダー）を開きましょう。

2 フォルダーツリーの「jw-dens」フォルダーを🖱🖱。

❓「jw-dens」フォルダーがない → p.249 Q17

3 「jw-dens」フォルダー下に表示された「S1盤図用」フォルダーを🖱。

➡「S1盤図用」フォルダーが開き、右側にはフォルダー内に収録されている図形が一覧表示される。

POINT 図形一覧には、図形名と図形の姿図が表示されます。図形姿図上の赤い○は図形の基準点を示します（実際の図形に赤い○はありません）。

●「電力量計」を読み込みましょう。

4 「電力量計_箱」の枠内にマウスポインタをおき、🖱🖱。

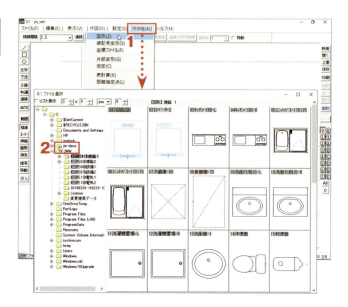

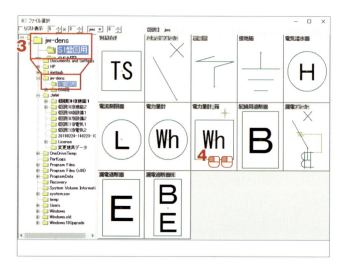

➡ マウスポインタに基準点を合わせて図形が仮表示される。ステータスバーには「【図形】の複写位置を指示してください」と操作メッセージが表示される。

5 配置位置として前項で作図した補助線の交点を🖱。

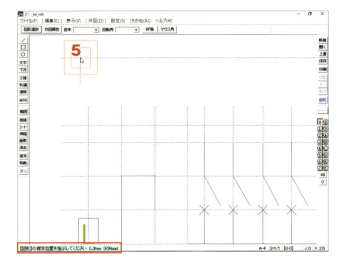

➡ 🖱位置に基準点を合わせて図形が作図される。マウスポインタには同じ図形が仮表示されている。

POINT｜他の図形を選択するか、他のコマンドを選択するまでは、配置位置をクリック指示することで、続けて同じ図形を作図できます。

◉ 他の図形「漏電ブレーカー」を読み込み、配置しましょう。

6 コントロールバー「図形選択」ボタンを🖱。

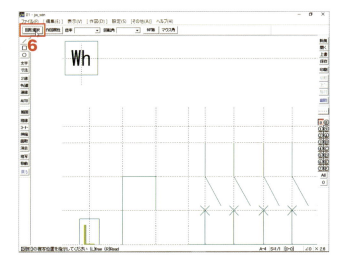

➡ 図形を再選択するための「ファイル選択」ダイアログが開く。

7 「漏電ブレーカー」を🖱🖱で選択する。

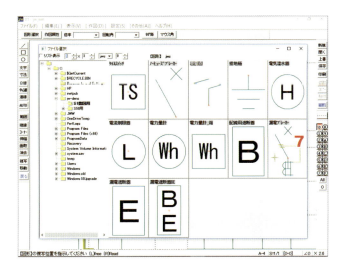

LESSON 3 保存した図面を開き、盤図をかき加える

103

➡ 選択した図形がマウスポインタに仮表示される。

8 配置位置として右図の交点を🖱。

➡ 🖱位置に基準点を合わせて図形が作図される。マウスポインタには同じ図形が仮表示されている。

9 「／」コマンドを選択し、「図形」コマンドを終了する。

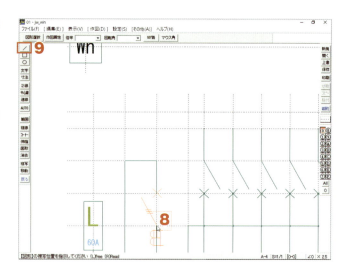

POINT 付録CD-ROMの図形について

● 図形のサイズ

図形は登録時の実寸法で管理されます。ここで読み込み配置した図形「電力量計_箱」の実寸法は、横10mm×縦10mmです。図形は実寸法で扱われるため、この図形をS=1/100の図面に読み込み配置すると、実際に印刷される大きさは、実寸法（10mm×10mm）の1/100の0.1mm×0.1mmになります。S=1/100の図面では、同じ図形を電気シンボルとして使うことはできません。
そのため、本書付録には、図面の縮尺別にS=1/50用、S=1/100用、S=1/200用の図形を用意しています（→p.9）。

● 読み取りできる点

一般に矩形の辺上には🖱（Read）で読み取れる点はありません。付録CD-ROMに収録した電気シンボル図形には、配線を作図する際に便利なよう、辺上や円周上に🖱で読み取れる点があります。前ページで配置した図形「電力量計_箱」は、各辺を4等分する位置に🖱で読み取りできる点があります。

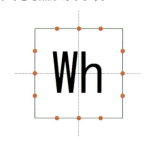

● 1要素として扱われるブロック図形

ここで読み込み、配置した図形「電力量計_箱」や「漏電ブレーカー」には、複数の線・円要素を1要素として扱う、「ブロック図形」（→p.233）という特殊な性質が備わっています。そのため、「消去」コマンドで、配置した図形「電力量計_箱」の1辺を🖱すると、図形全体が消去されます。

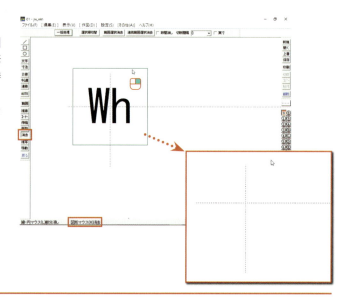

STEP 13 配線を作図する

● 電力量計回りの配線を作図しましょう。

1. 書込線を「線色7・実線」にする。
2. 「／」コマンドを選択し、コントロールバー「水平・垂直」にチェックを付ける。
3. 始点として、電流制限器上辺と補助線の交点を🖱。
4. 終点として、電力量計の右下角を🖱。

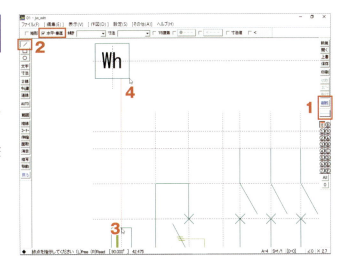

5. コントロールバー「寸法」ボックスを🖱し、「5」を入力する。
6. 始点として、電力量計下辺の右図の位置を🖱（Read）。

POINT 一般に矩形の辺上には🖱Readできる点はありません。この図形は、各辺を4等分する位置を🖱で読み取りできるように作成しています。前ページの「POINT」参照。

7. 終点として、下側に5mmの垂直線を表示した状態で🖱。

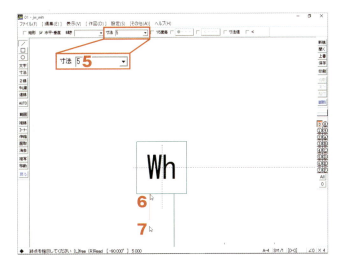

8. 作図した線の下端点を🖱し、左に5mmの長さの水平線を作図する。
9. コントロールバー「寸法」ボックスに「30」を入力する。
10. 8で作図した水平線の左端点を🖱し、上に30mmの長さの垂直線を作図する。

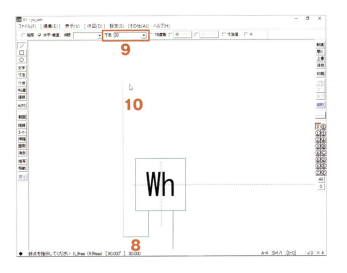

105

STEP 14 図形「受電点」を読み込み、配置する

● 図形「受電点」を読み込み、配置しましょう。

1. メニューバー［その他］－「図形」を選択する。
2. 「ファイル選択」ダイアログから「受電点」を🖱🖱で選択する。
   ➡ マウスポインタに基準点を合わせて図形が仮表示される。ステータスバーには「【図形】の複写位置を指示してください」と操作メッセージが表示される。

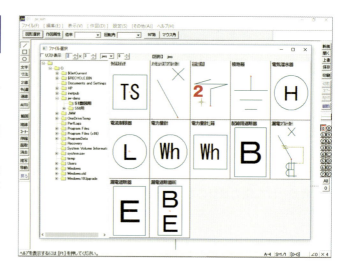

● 角度を45°傾けて配置しましょう。

3. コントロールバー「回転角」ボックスを🖱し、「45」を入力する。
   ➡ マウスポインタの図形が45°傾いて仮表示される。
4. 作図位置として右図の端点を🖱。
   ➡ 45°傾いた図形が作図される。
5. 「／」コマンドを選択し、「図形」コマンドを終了する。

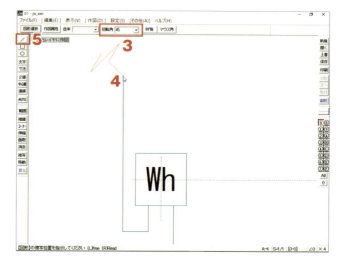

STEP 15 回路番号を記入する

● 回路番号は、p.66〜のように「○」コマンドと「文字」コマンドで作図できますが、それよりも少ない手順で作図できる「線記号変形」コマンドを使います。

1. メニューバー［その他］－「線記号変形」を選択する。
2. 「ファイル選択」ダイアログのフォルダーツリーで「jw-dens」フォルダーを🖱🖱。

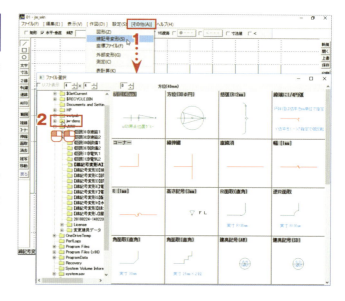

3 「jw-dens」フォルダー下に表示される「S1盤図用」フォルダーを⊟⊟。

➡「S1盤図用」フォルダー内の線記号変形がツリー表示される。

4 「【線記号変形O】○1～32」を⊟で選択する。

5 右側に表示される記号一覧から「○1」を⊟⊟で選択する。

スクロールバーでツリーの表示部分を左右にスクロールできる

● 選択した線記号「○1」は、書込線色で作図されます。書込線を「線色2・実線」にしましょう。

6 「線属性」コマンドを選択し、書込線を「線色2・実線」にする。

➡ ステータスバーに「位置をマウスで指示してください」と操作メッセージが表示される。

7 記号の作図位置として、右図の補助線交点を⊟。

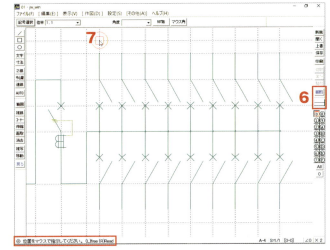

➡ 7の位置に記号の円中心を合わせ①が作図される。画面左上には○2と表示される。

POINT 「【線記号変形O】○1～32」では、記号(「○1」)を作図後、自動的に次の記号(「○2」)が選択されます。

8 記号「○2」の作図位置として、右図の補助線交点を⊟。

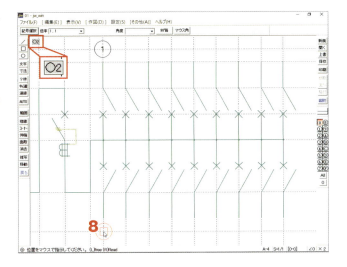

LESSON 3 保存した図面を開き、盤図をかき加える

107

➡ 8の位置に記号の円中心を合わせ②が作図される。画面左上には○3と表示される。

9 記号「○3」の作図位置として、右図の補助線交点を🖱。

10 同様にして、p.85の完成図を参考に、記号「○4」～「○16」までの作図位置を順次🖱して作図する。

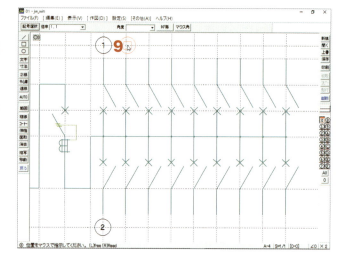

● 二重円の回路番号17と18は、別の線記号を選択して作図しましょう。

11 コントロールバー「記号選択」ボタンを🖱。

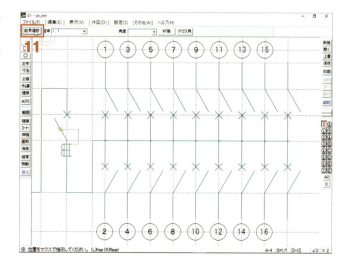

12 「ファイル選択」ダイアログのフォルダーツリーで「【線記号変形P】◎1～32」を選択する。

13 右端のスクロールバーの▼ボタンを🖱し、記号一覧をスクロールする。

POINT 右側にスクロールバーがあるときは、画面に表示されている以外にも記号があります。スクロールバーをドラッグするか、あるいは上下にある▼▲ボタンを🖱することで、画面がスクロールしてそれらの記号が表示されます。

14 「◎17」を🖱🖱で選択する。

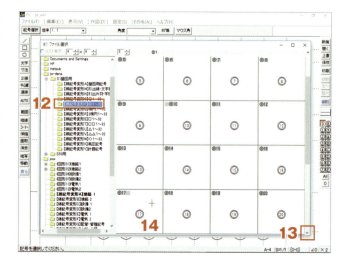

15 記号「◎17」の作図位置として、右図の補助線交点を🖱。

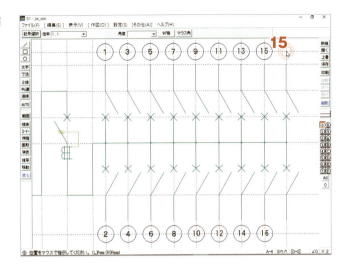

➡ **15**の位置に記号の円中心を合わせ「◎17」が作図される。画面左上には◎18と表示される。

16 記号「◎18」の作図位置として、右図の補助線交点を🖱。

17 「／」コマンドを選択し、「線記号変形」コマンドを終了する。

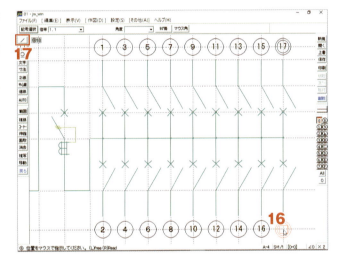

HINT 32以降の回路番号の作図方法

線記号変形O～Wのいずれの回路番号も、1～32までが用意されています。32は、作図位置をクリック指示すると、「32」が入力された「文字入力」ボックスが表示されます。

回路番号「32」を作図する場合は、そのまま Enter キーを押します。

他の番号を作図する場合は、「文字入力」ボックスの数字を変更したうえ、Enter キーを押します。

STEP 16 対角を指定して長方形を作図する

● 屋内配線部を囲む長方形を「線色6・一点鎖2」で作図しましょう。

1 「線属性」コマンドを選択し、書込線を「線色6・一点鎖2」にする。

2 「□」コマンドを選択する。

POINT 「□」コマンドでは、コントロールバー「寸法」ボックスに数値を指定せずに、対角の2点を指示することで長方形を作図できます。

3 コントロールバー「寸法」ボックスの▼ボタンを🖱し、表示されるリストから「（無指定）」を🖱で選択する。

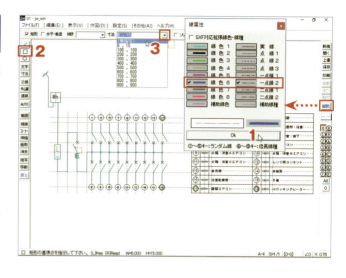

➡ コントロールバー「寸法」ボックスが数値を指定していない状態の「（無指定）」になり、ステータスバーには「始点を指示してください」と操作メッセージが表示される。

4 始点として、右図の位置で🖱。

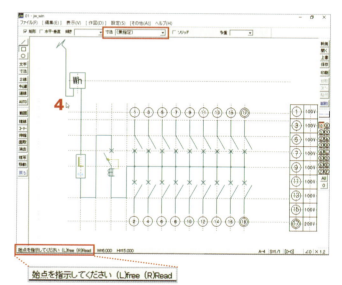

➡ **4**の位置を対角とする長方形がマウスポインタまで仮表示される。

5 右図のように屋内配線部分を囲み、終点を🖱。

➡ **4**、**5**を対角とした長方形が、書込線の線色6・一点鎖2で作図される。

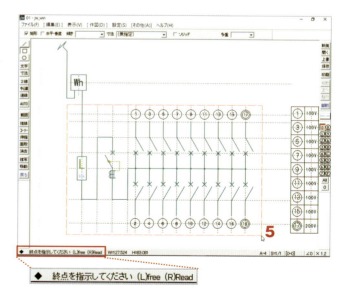

STEP 17 文字を記入する

● 文字「1φ3W 100/200V」を文字種[3] で記入しましょう。

1 「文字」コマンドを選択し、書込文字種を「文字種[3]」にする。

2 「文字入力」ボックスに「1φ3W 100/200V」を入力する。

POINT 「φ」は、「ふぁい」と入力して変換キーを何度か押すことで変換候補に表示されます。

3 コントロールバー「基点」ボタンを🖱。

4 「文字基点設定」ダイアログで「ずれ使用」にチェックが付いた状態で、「左下」を🖱。

→ 4の指定をしたため、文字の基点「(左下)」から左に1mm、下に1mmの位置にマウスポインタを合わせ文字外形枠が仮表示される。

5 文字の記入位置として右図の交点を🖱。

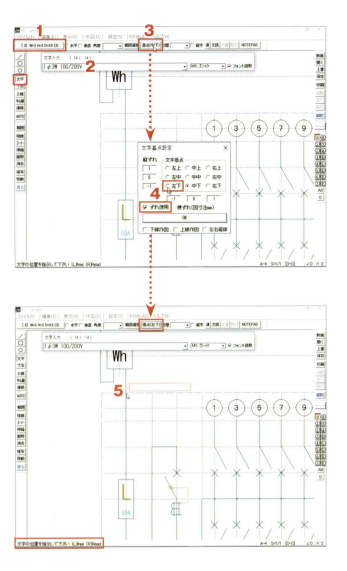

● 漏電ブレーカーの脇に文字「ELB.3P50A」を文字種[1]で記入しましょう。

6 書込文字種を「文字種[1]」にする。

7 「文字入力」ボックスに「ELB.3P50A」を入力する。

8 文字の記入位置として右図の位置で🖱。

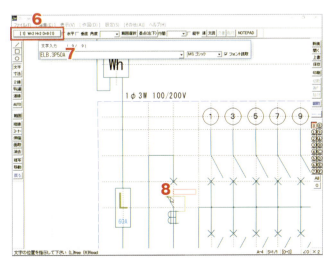

LESSON 3 保存した図面を開き、盤図をかき加える

111

STEP 18 引出線付きの文字を記入する

● 「文字」コマンドと「/」コマンドを使っても作図できますが、それよりも少ない手数で作図できる「線記号変形」を利用しましょう。

1 メニューバー [その他] - 「線記号変形」を選択する。

2 「ファイル選択」ダイアログのフォルダーツリーで「【線記号変形N】引出片羽・字種2」を🖱️で選択する。

3 右側の記号一覧で「右引出・文字右」を🖱️🖱️。

● 引出線は書込線の線色・線種で作図されます。書込線を「線色1・実線」にしましょう。

4 書込線を「線色1・実線」にする。

● この記号は引出線の先端の位置と文字の書き始めの位置を指示して作図します。

5 先端の位置として、右図の配線と補助線の交点を🖱️。

➡ 5の位置を引出線の先端としてマウスポインタまで引出線と文字の外形枠が仮表示される。

6 文字の記入位置として右図の位置で🖱️。

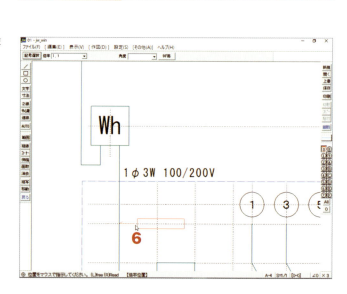

➡ 引出線が書込線で作図され、「文字入力」ボックスが表示される。

● 文字「CV14□−3C」を入力しましょう。

7 「文字入力」ボックスに「CV14^u□−3C」を入力し、Enterキーを押して確定する。

POINT　14の右上に小さい□を記入するには、14に続けて、半角文字の「^」(ヘキー)と半角小文字の「u」を入力し、その後ろに上付けする文字「□」を入力します。「□」は「しかく」と入力して変換します。

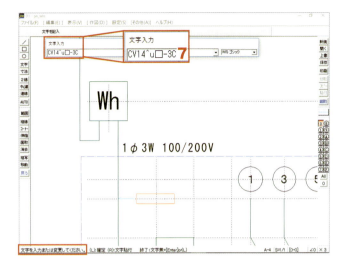

➡ 右図のように、引出線付きの文字が記入される。

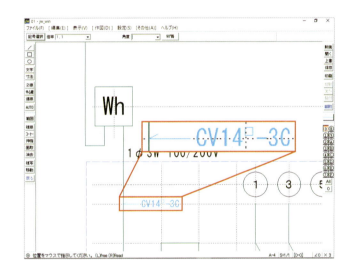

HINT　Jw_cad独自の特殊文字について

7で記入した上付文字のほかにも、右図の入力方法で丸付き文字などを記入できます。
これらの文字はJw_cad独自の入力・表示方法によるものです。そのため、この図面を他のCADに渡した場合には、上付き文字の「□」は入力した「^u□」と表示され上付き文字にはなりません。他のCADに図面を渡す場合にはご注意ください。

半角文字で入力

● 丸付き文字
○や□に続けて「^o」(オー)と1文字を入力することで、○や□に「^o」の後ろの文字を重ねて1文字のように表示します。

113

● 他の線記号または他のコマンドを選択するまでは、同じ線記号を続けて作図できます。同じ内容の引出線付き文字を屋外の配線上にも作図しましょう。この配線上には🖱️で読み取りできる点がありませんが、次の手順（**8**－**9**）で配線上を点指示できます。

8 先端の位置として、右図の配線にマウスポインタを合わせ🖱️←（右ボタンを押したまま左方向にマウスを移動）し、時計の文字盤を模したクロックメニューと 線上点・交点 が表示されたらボタンをはなす。

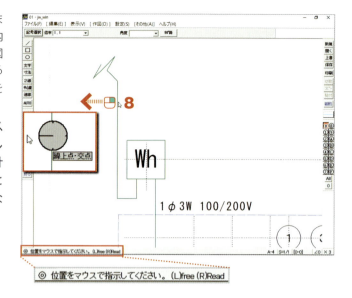

→ ステータスバーの操作メッセージが「線上点指示」になる。

● 🖱️←した配線上のどこ（上下の位置）を引出線の始点位置にするかを指示しましょう。

9 右図の位置で🖱️。

POINT｜点指示時に線を🖱️←AM9時 線上点・交点 し、次に位置を指示することで、🖱️（Read）できる点の存在しない線上の位置を点指示できます。

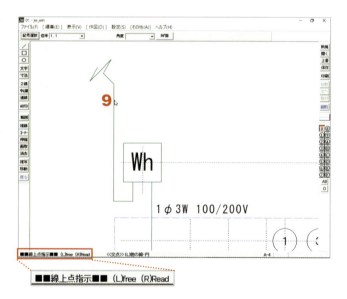

→ **8**で指示した配線上の**9**の位置を引出線の先端としてマウスポインタまで引出線と文字の外形枠が仮表示される。

10 文字の記入位置を🖱️。

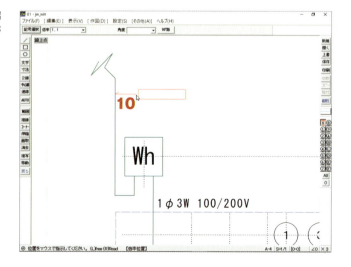

➡ 引出線が書込線で作図され、「文字入力」ボックスが表示される。

11 「文字入力」ボックスの▼ボタンを🖱し、表示される履歴リストから「CV14^u□ー3C」を🖱で選択する。

POINT | 同じ図面ファイルで前に入力した文字は、「文字入力」ボックスの▼ボタンを🖱で表示される履歴リストから🖱で選択することで入力できます。

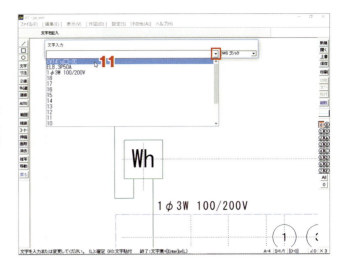

12 Enterキーを押して確定する。

➡ 右図のように作図される。

● ここまでを上書き保存しましょう。

13 「上書」コマンドを🖱し、上書き保存する。

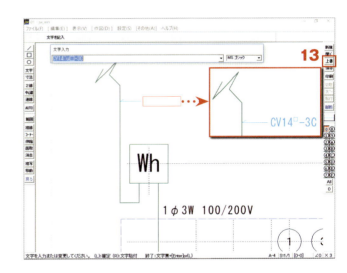

HINT クロックメニューについて

8の🖱←で表示された時計の文字盤を模したメニューを「クロックメニュー」と呼びます。
クロックメニューは時計の各時間にメニューを割り当てています。🖱と🖱の区別、ドラッグ方向の区別、時計の針の指した時間とそのメニュー名から、以降では、**8**で行った操作を「🖱←AM9時 線上点・交点」と記載します。

本書ではp.40で「クロックメニューを使用しない」設定をしているため、上下左右へ🖱ドラッグした際に表示されるクロックメニュー以外のものは表示されません。上下左右への🖱ドラッグによるクロックメニューには、🖱で読み取りできる点の存在しない線上や円周上、線・円の中心点などを読み取るためのメニューが割り当てられています。

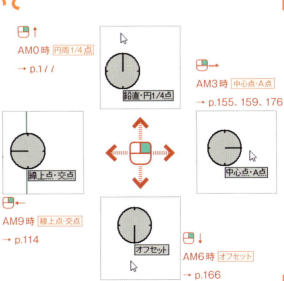

🖱↑
AM0時 円周1/4点
→ p.177

🖱→
AM3時 中心点・A点
→ p.155、159、176

🖱←
AM9時 線上点・交点
→ p.114

🖱↓
AM6時 オフセット
→ p.166

LESSON 3 保存した図面を開き、盤図をかき加える

STEP 19 印刷時の線の太さを設定する

● 図面を印刷する前に、この図で使い分けた線色1、2、4、6、7の印刷時の線の太さ（印刷線幅）を以下の幅に設定しましょう。

　線色1　0.08mm　　線色2　0.15mm
　線色4　0.25mm　　線色6　0.3mm
　線色7　0.32mm

1 メニューバー［設定］-「基本設定」を選択する。

2 「jw_win」ダイアログの「色・画面」タブを🖱。

3 「線幅を1/100mm単位とする」を🖱し、チェックを付ける。

POINT 印刷線幅をmm単位で指定するため、**3**のチェックを付け、各線色の「線幅」ボックスに「印刷時の線幅×100」の数値を入力します（0.1mmで印刷するには10）。

➡ 各線色の「線幅」ボックスの数値がmm単位指定に変わる。

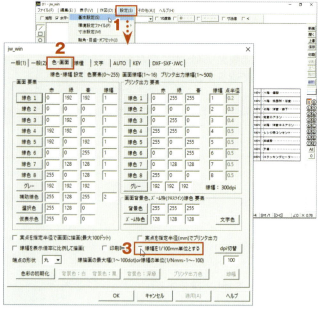

● 「色・画面」タブの右「プリンタ出力要素」欄で線色ごとに印刷線幅やカラー印刷時の印刷色を指定します。「線色1」の「線幅」ボックスが「8」になったことを確認し、線色2の線幅を0.15mmに指定しましょう。

4 「線色2」の「線幅」ボックスを🖱し、既存の数値を消し「15」を入力する。

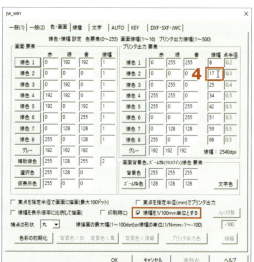

● 線色4、6、7の印刷線幅も指定しましょう。

5 同様に、「線色4」「線色6」「線色7」の「線幅」ボックスを「25」「30」「32」に変更する。

● 線色7で作図した実点の大きさを半径0.6mmに指定しましょう。

6 「実点を指定半径（mm）でプリンタ出力」を🖱し、チェックを付ける。

POINT **6**のチェックを付けることで、線色ごとの「点半径」ボックスが入力可能になり、実点の大きさ（半径）をmm単位で指定できます。

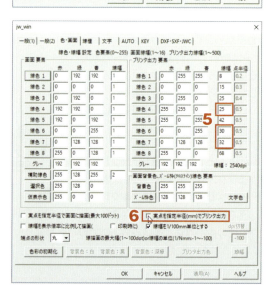

7 「線色7」の「点半径」ボックスの数値を「0.6」に変更する。

8 「OK」ボタンを🖱。

➡ 印刷線幅が確定し、ダイアログが閉じる。

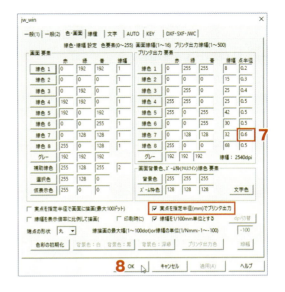

STEP 20 図面を印刷する

● 図面を印刷しましょう。

1 「印刷」コマンドを選択し、開いた「印刷」ダイアログの「OK」ボタンを🖱。

2 コントロールバー「プリンタの設定」ボタンを🖱し、用紙サイズ「A4」、印刷の向き「横」を指定する。

● LESSON2で印刷したときの印刷範囲のままになっています。印刷範囲を変更しましょう。

3 コントロールバー「範囲変更」ボタンを🖱。

➡ 印刷枠の中・中がマウスポインタについて動く。コントロールバーには「印刷範囲を指示してください」と操作メッセージが表示される。

4 盤図と表の両方が印刷枠に入る位置で、印刷範囲を決める🖱。

POINT 「印刷」コマンドでは印刷色を反映して図面が表示されるため、コントロールバー「カラー印刷」にチェックがない場合はすべての線が印刷色の黒で表示されます。

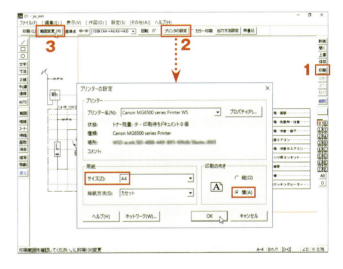

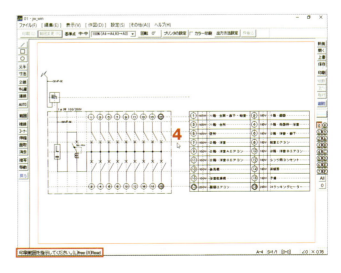

5 コントロールバー「印刷」ボタンを🖱し、印刷する。

6 「上書」コマンドを🖱し、上書き保存する。

POINT　p.116のSTEP 19で指定した印刷線の太さや上記で指定した印刷範囲もともに上書き保存されます。ただし、前ページSTEP 20の**2**の指定（印刷用紙サイズと向き）は保存されません。

7 Jw_cadを終了する。

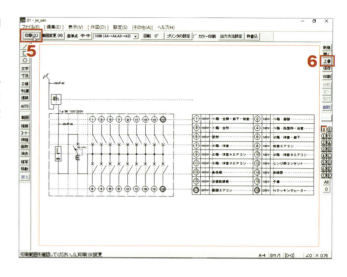

POINT　図形と線記号の大きさ

図形は、実寸法で管理されます。S＝1/1の図面において半径50mmの円は、S＝1/10の図面に配置すると、実寸法は変わらず半径50mmですが、印刷される大きさは半径5mmになります。

それとは異なり、線記号は基本的に図寸（図面寸法の略。印刷したときの寸法のこと）で管理されます。図寸で管理される線記号は、図面の縮尺に関わりなく、常に同じ大きさ（図寸）で印刷されます。

図形や線記号の大きさを変更して作図するには、どちらもコントロールバー「倍率」ボックスに、元の大きさを1倍とした「横倍率, 縦倍率」を指定します。横と縦が同じ倍率の場合は、「0.5,0.5」の代わりに「0.5」と1数を入力しても同じです。

● 図形を半分の大きさで配置する　　● 線記号を半分の大きさで作図する

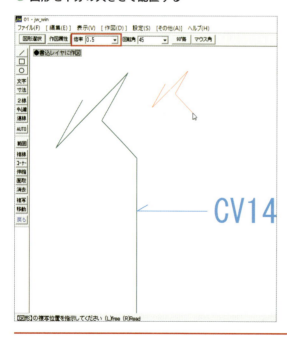

HINT 線記号変形の利用

LESSON 3では、Jw_cadの基本的なコマンド操作の習得を目的として、盤図を作図しました。そのため、LESSON 3での作図手順は必ずしも効率のよいものではありません。p.96 STEP 9では、「/」コマンドを使用してブレーカーを作図しましたが、「線記号変形」コマンドを利用すれば、もっと簡単に作図できます。

1 「連線」コマンドで配線を作図する。

2 メニューバー[その他]-「線記号変形」を選択する。

3 「S1盤図用」フォルダ下の「【線記号変形A】盤図用記号」を🖱。

4 「ブレーカー」を🖱🖱で選択する。

POINT｜**4**で選択した線記号は、対象線を🖱指示したあと、記号の位置を指示することで、🖱した線を選択した線記号の形状に変形します。

5 指示直線(1)として、配線を右図の位置で🖱。

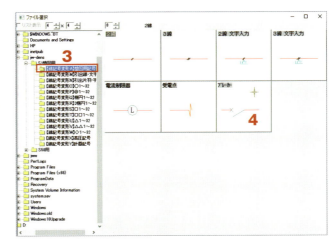

➡🖱した線が仮表示色になり、**4**の線記号がマウスポインタに従い仮表示される。

POINT｜**5**で線を🖱した位置を境に、上と下では、マウスポインタに仮表示される線記号の表示が変わります。

6 記号を作図する位置として、右図の補助線交点を🖱。

POINT｜**5**で線を🖱した位置から、電流の流れる側で記号の位置を指示してください。

➡**5**の線が、**4**で選択した線記号に変形作図される。

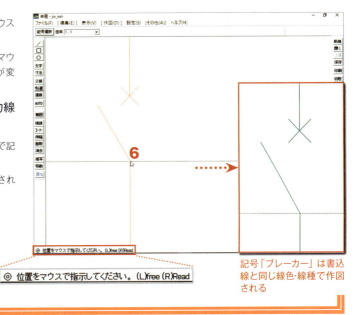

記号「ブレーカー」は書込線と同じ線色・線種で作図される

HINT 高圧単線結線図用の線記号データ付録

高圧単線結線図も、LESSON 3で盤図を作図したように、「連線」コマンドと「図形」コマンドや「線記号変形」コマンドを利用して作図できます。
本書では、「S1盤図用」フォルダ下に高圧単線結線図用の線記号データを用意しています。「ファイル選択」の一覧画面では、下図のように、垂直方向の配線上に配置する記号は左を上とした向きで表示されます。また、水平方向の配線上に作図する記号は、その名前の先頭に「＊」を付けています。

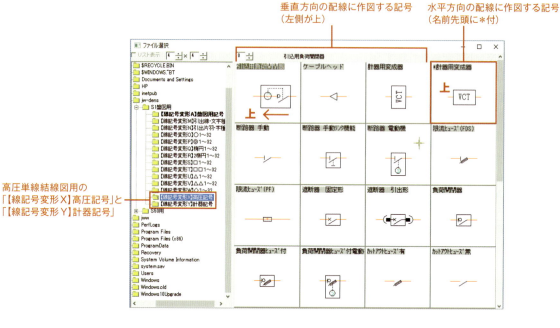

高圧単線結線図用の
「【線記号変形X】高圧記号」と
「【線記号変形Y】計器記号」

前ページの「HINT」と同様、配線を🖱し、下側または右側（電流の流れる方向）で記号の作図位置を指示することで、これらの記号を作図できます。

1 指示直線（1）として、配線を🖱。

➡🖱した線が仮表示色になり、線記号がマウスポインタに従い仮表示される。

2 記号を作図する位置として、**1**より下側で🖱。

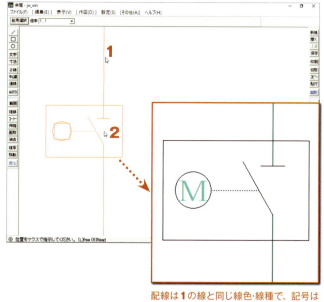

配線は**1**の線と同じ線色・線種で、記号は書込線と同じ線色で作図される

LESSON 4

設備図作図の準備

CADでは、建築図、照明器具、コンセント、配線など、図面の各部分を複数の透明なシートに描き分け、それらのシートを重ね合わせて、1枚の図面にすることができます。この透明なシートに該当するものをレイヤと呼びます。Jw_cadでは画面右下のレイヤバーに、レイヤ番号0～9、A～Fまでの16枚のレイヤが用意されています。次の単元LESSON5からは、このレイヤに図面の各部を描き分けて電灯コンセント設備図を作図します。

LESSON4では、LESSON5での電灯コンセント設備図の作図準備として、レイヤについての基礎知識と基本操作を学習します。また、LESSON5で作図する図面の途中段階の図面と完成図を開き、印刷します。

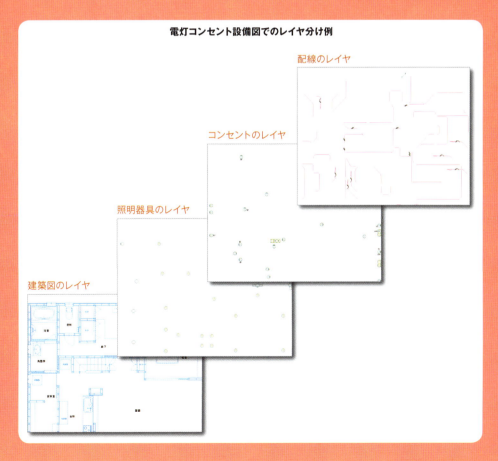

電灯コンセント設備図でのレイヤ分け例

STEP 1 課題図面を開く

● LESSON5で作図する課題図面を開きましょう。図面を開く前に、基本設定を確認します。

1 メニューバー[設定]-「基本設定」を選択する。

2 「一般(1)」タブの「ファイル読込項目」の3つにチェックが付いていることを確認する。チェックが付いていない場合は、🖱してチェックを付ける。

POINT 「ファイル読込項目」の3つのチェックが付いていないと、これから開く図面で設定している印刷線幅などの情報が読み込まれません。

3 「OK」ボタンを🖱。

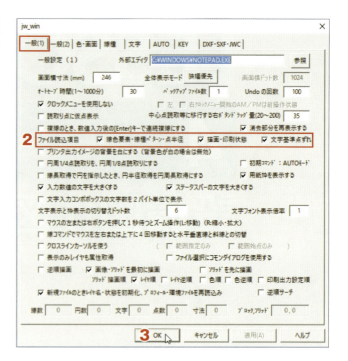

● 「jw-dens」フォルダーに収録されている課題図面「課題1F-完成図」を開きましょう。

4 「開く」コマンドを選択する。

POINT メニューバー[ファイル]-「開く」を選択しても同じです。

5 「jw-dens」フォルダーの「課題1F-完成図」を🖱🖱し、開く。

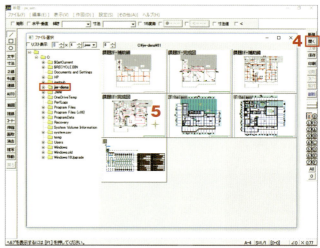

収録図面について

「jw-dens」フォルダーにはLESSON5で作図する電灯コンセント設備図の参考図面と建築図面が収録されています。
ここでは、1階、2階の参考図面「課題1F-完成図」「課題1F-補助線」「課題2F-完成図」「課題2F-補助線」を印刷しておきましょう。

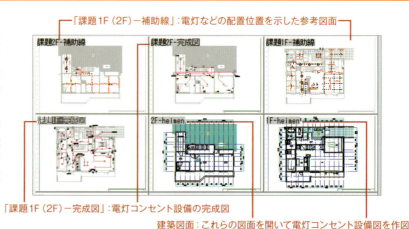

「課題1F(2F)-補助線」:電灯などの配置位置を示した参考図面
「課題1F(2F)-完成図」:電灯コンセント設備図の完成図
建築図面:これらの図面を開いて電灯コンセント設備図を作図

STEP 2 課題図面を印刷する

● 開いた図面をA3用紙に印刷しましょう。

1 「印刷」コマンドを選択する。
2 「印刷」ダイアログで、「プリンター名」を確認し、「OK」ボタンを🖱。

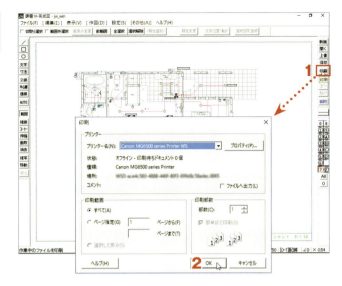

3 コントロールバー「プリンタの設定」ボタンを🖱。
4 「プリンターの設定」ダイアログで用紙サイズ「A3」、印刷の向きを「横」にし、「OK」ボタンを🖱。

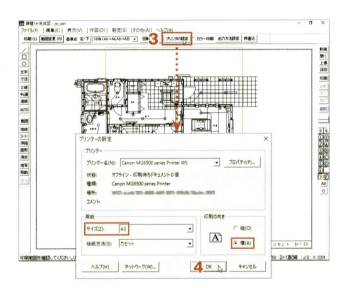

● カラープリンタに印刷する場合は、線色の使い分けがわかるよう、カラーで印刷しましょう。

5 コントロールバー「カラー印刷」を🖱し、チェックを付ける。

POINT 「カラー印刷」にチェックを付けることで、図面がカラーで印刷されます。カラー印刷色の設定・変更方法については、p.228を参照。

6 印刷枠に図面が入っていることを確認し、コントロールバー「印刷」ボタンを🖱。
　➡ 印刷枠内の図面がA3用紙に印刷される。

同様にして、「課題1F−補助線」「課題2F−完成図」「課題2F−補助線」も印刷しましょう。

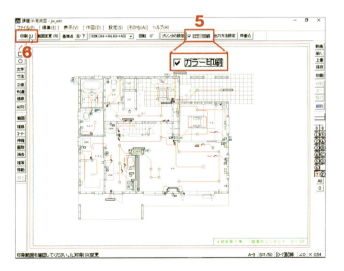

LESSON 4 設備図作図の準備

HINT　A4用紙に印刷するには

プリンタがA4までの対応の場合には、電灯コンセント図を作図する平面図部分だけを等倍で印刷しましょう。
前ページの **4** で用紙サイズ「A4」、印刷の向きを「横」にし、**5** の後に以下の操作を行ってください。

6 コントロールバー「範囲変更」ボタンを🖱。

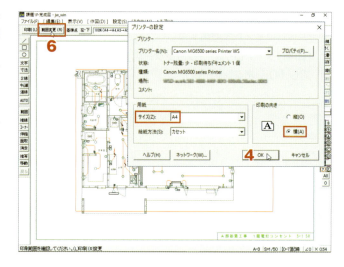

➡ マウスポインタを動かすことで印刷枠が動く状態になる。

7 印刷したい平面図の範囲が印刷枠に入る位置で🖱し、印刷枠の位置を決める。

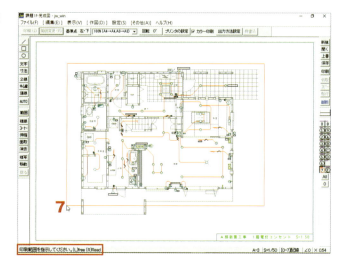

8 コントロールバー「印刷」ボタンを🖱。

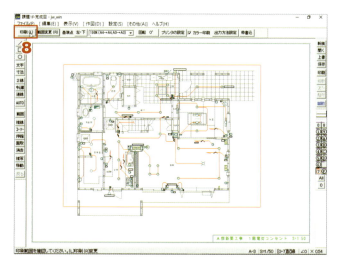

POINT　レイヤについて

Jw_cadでは画面右下のレイヤバーに、レイヤ番号0～9、A～Fまでの16枚のレイヤが用意されています。
各レイヤは、作図ウィンドウでの表示・非表示指示が可能です。非表示のレイヤに作図されている線・円・文字などの要素は印刷されないうえ、消去などの編集操作もできません。
このようなレイヤ機能を利用することにより、確実で効率のよい作図が可能になります。ここでは、「課題1F-完成図」を開き、レイヤの性質とレイヤ操作について学習します。

レイヤに線・円など（左半分のバー）や文字（右半分のバー）の要素が存在することを示す

レイヤバー

書込レイヤ（凹表示）

「書込レイヤ」ボタンに書込レイヤの番号とレイヤ名が表示される

STEP 3　レイヤバーと書込レイヤ

● 「課題1F-完成図」を開き、線を1本かきましょう。

1　「開く」コマンドを選択し、「課題1F-完成図」を開く。
2　レイヤバーの「D」レイヤボタンを🖱。

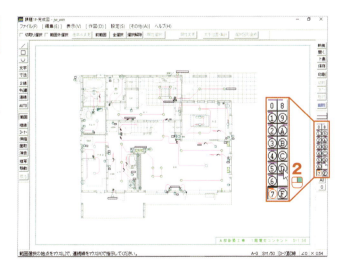

LESSON 4　設備図作図の準備

➡ 「D」レイヤボタンが凹表示になる。

POINT｜レイヤバーのレイヤ番号ボタンが凹表示されているレイヤを「書込レイヤ」と呼びます。これから作図する線・円・円弧・点や文字などの要素は、書込レイヤに作図されます。

● 書込レイヤ（「D」レイヤ）に線を1本作図しましょう。

3　「／」コマンドを選択し、右図のように1本の斜線を作図する。

● この図面がどのようにレイヤ分けされているかを確認しましょう。

➡ 「D」レイヤボタンの上左半分に赤いバーが表示される。

POINT｜レイヤボタン上の赤いバーは、そのレイヤに線や円などの要素が存在していることを示します。そのレイヤに線・円・円弧・点などの要素がある場合には上の左半分に、文字要素がある場合は、上の右半分にバーが表示されます。

4　レイヤバーの書込レイヤ「D」レイヤボタンを🖱。

POINT｜レイヤバーの書込レイヤボタンを🖱することで、各レイヤのレイヤ名と作図されている要素が一覧できるレイヤ一覧ウィンドウが開きます。

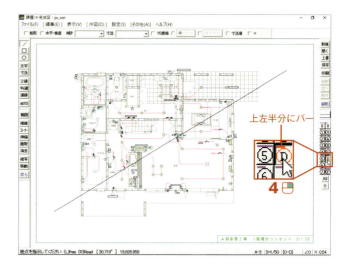

➡ レイヤ一覧ウィンドウが開く。

● **3**で作図した線が書込レイヤのDレイヤに作図されていることが確認できます。レイヤ一覧ウィンドウを閉じましょう。

5　レイヤ一覧ウィンドウ右上の❌（閉じる）ボタンを🖱。

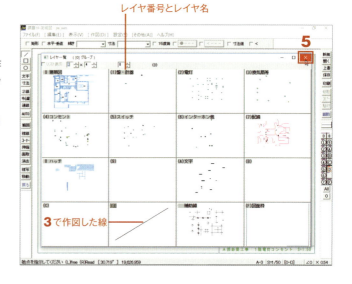

STEP 4 非表示レイヤ

● 書込レイヤ以外のレイヤボタンを🖱し、表示状態の変化を見てみましょう。変化がわかりやすいよう、建物部分を拡大表示して、以下の操作を行ってください。

1 レイヤバーの「7」レイヤボタンを🖱。

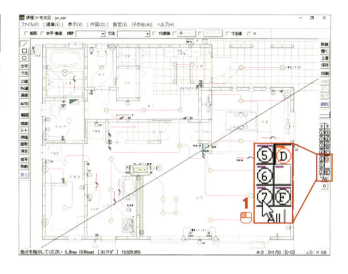

➡ 「7」レイヤボタンの番号「7」が消え、作図ウィンドウにマウスポインタを移動すると、「7」レイヤに作図されている配線が作図ウィンドウから消える。

POINT レイヤボタンの番号が表示されていないレイヤを「非表示レイヤ」と呼びます。非表示レイヤに作図されている要素は、作図ウィンドウに表示されず、印刷もされません。また、消去などの編集操作の対象にもなりません。

2 🖱\\|拡大|で、廊下・階段付近を拡大表示する。

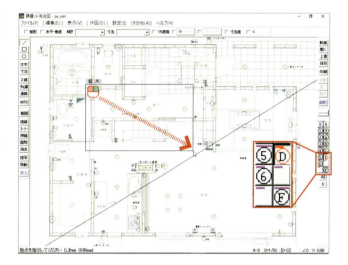

POINT レイヤ操作を誤った場合は

レイヤ操作は、作図操作とは違い「戻る」コマンドで元に戻すことはできません。
上記の**1**で「7」レイヤボタンを誤って🖱した場合、「7」レイヤが書込レイヤになります。書込レイヤを非表示にすることはできません。その場合は、他のレイヤ(その前に書込レイヤであった「D」レイヤなど)を🖱し、書込レイヤにした後、**1**の操作をやり直してください。

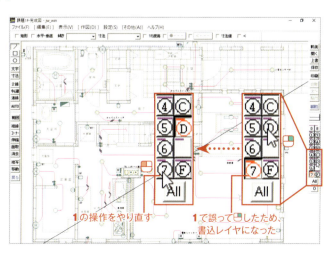

STEP 5 表示のみレイヤ

● 前項で非表示レイヤにした「7」レイヤボタンを🖱し、表示状態を変更しましょう。

1 レイヤバーの番号が表示されていない「7」レイヤボタンを🖱。

→「7」レイヤボタンに数字「7」が表示され、作図ウィンドウにマウスポインタを移動すると、「7」レイヤに作図されている配線がグレーで表示される。

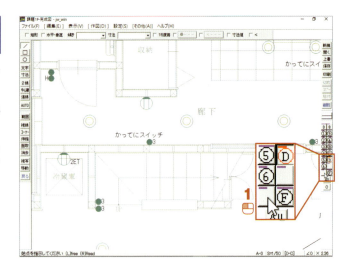

POINT | レイヤボタンの番号に○の付いていないレイヤを「表示のみレイヤ」と呼びます。表示のみレイヤの要素は作図ウィンドウでグレー表示され、印刷はされますが、消去・複写などの編集操作の対象にはなりません。

2 「消去」コマンドを選択し、グレーで表示されている配線を🖱。

→ 図形がありません と表示され、消去されない。

POINT | 表示のみレイヤの要素を消去することや、複写することはできません。ただし、複線の基準線として指示することや、その端点・交点を読み取ることは可能です。

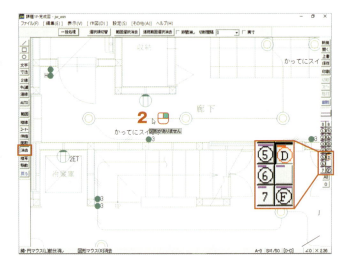

● グレーで表示されている線を「複線」コマンドの基準線として指示しましょう。

3 「複線」コマンドを選択し、基準線としてグレーで表示されている右図の配線を🖱。

❓ 図形がありません と表示され、基準線を指示できない → p.251 Q23-1

→ 🖱した線が基準線として選択色になり、コントロールバー「複線間隔」ボックスで指定の間隔で複線が仮表示される。

4 基準線の上側で方向を決める🖱。

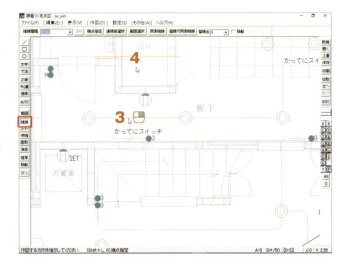

STEP 6 編集可能レイヤ

● 前項で表示レイヤにした「7」レイヤボタンを🖱し、表示状態を変更しましょう。

1 レイヤバーの「7」レイヤボタンを🖱。

→ 「7」レイヤボタンの「7」に○が付き、作図ウィンドウにマウスポインタを移動すると、「7」レイヤに作図されていた配線が元の線色で表示される。

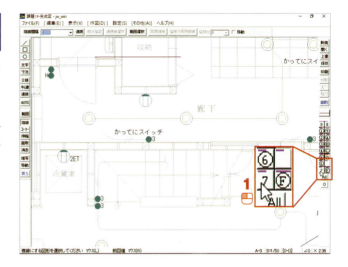

POINT レイヤボタンの番号に○が付いているレイヤを「編集可能レイヤ」と呼びます。編集可能レイヤに作図されている要素は作図時の線色で表示され、消去・複写などすべての編集操作の対象になります。

2 「消去」コマンドを選択し、右図の配線を🖱。

→ 🖱した線が消去される。

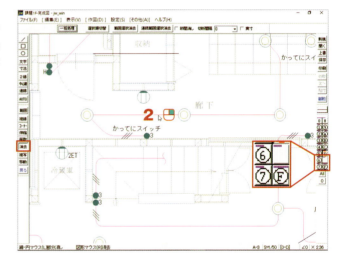

STEP 7 レイヤ一覧ウィンドウでのレイヤ操作

● レイヤ一覧ウィンドウを開きましょう。

1 レイヤバーの書込レイヤ「D」レイヤボタン🖱。

→ レイヤ一覧ウィンドウが開く。

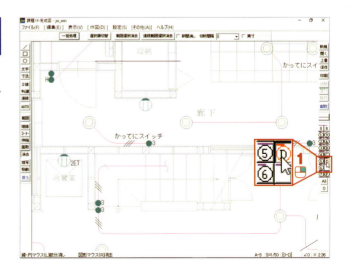

POINT　レイヤ一覧ウィンドウ

レイヤ一覧ウィンドウでは、書込レイヤ、編集可能レイヤ、表示のみレイヤ、非表示レイヤが下図のように表示されます。レイヤバーと同じ操作で、書込レイヤの変更やレイヤの表示状態の変更ができます。

表示のみレイヤ：レイヤ番号が（　）なし　　　　編集可能レイヤ：レイヤ番号が（　）付き

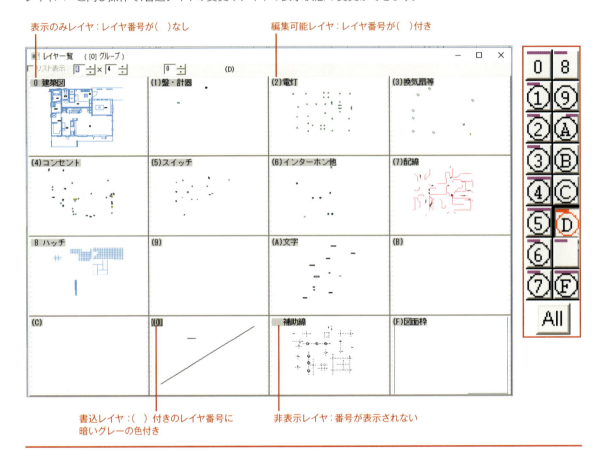

書込レイヤ：（　）付きのレイヤ番号に暗いグレーの色付き　　　非表示レイヤ：番号が表示されない

● レイヤ一覧ウィンドウで、「7：配線」レイヤを書込レイヤにしましょう。

2 レイヤ一覧ウィンドウの「7：配線」レイヤの枠内にマウスポインタをおき🖱。

POINT　レイヤ一覧ウィンドウが開いているときは、レイヤバーでのレイヤ操作は行えません。書込レイヤの変更や他のレイヤの表示状態変更は、レイヤ一覧ウィンドウで行います。書込レイヤは、レイヤバーでの操作と同じく🖱で指示します。

❓ レイヤ名が小さくて読みづらい → p.250 Q22

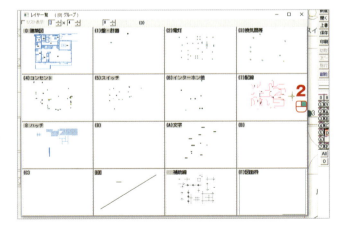

➡ 「7:配線」レイヤが書込レイヤになり、レイヤ番号部分が暗いグレーになる。それに連動してレイヤバーの「7」レイヤボタンも書込レイヤを表す凹表示になる。

● レイヤー覧ウィンドウで、「0:建築図」レイヤを非表示レイヤにしましょう。

3 レイヤー覧ウィンドウの「0:建築図」レイヤの枠内にマウスポインタをおき🖱。

POINT | レイヤ番号やレイヤ名以外の場所で🖱してください。

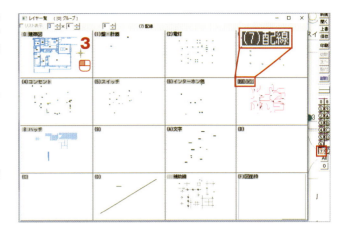

➡ 「0:建築図」レイヤの番号に（ ）が付き、編集可能レイヤになる。それに連動してレイヤバーの「0」レイヤボタンも編集可能レイヤの表示（○付き）になる。

POINT | レイヤバーでの操作と同様に、書込レイヤ以外のレイヤの枠内で🖱することで、そのレイヤの表示状態を表示のみ（番号に（ ）なし）⇒編集可能（番号に（ ）付き）⇒非表示（番号なし）に変更できます。

4 再度、「0:建築図」レイヤを🖱。

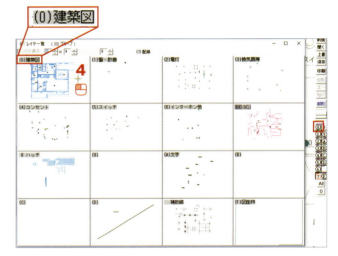

➡ 「0:建築図」レイヤの番号が消え、非表示レイヤになる。それに連動してレイヤバーの「0」レイヤボタンも非表示レイヤの表示（番号なし）になる。

● レイヤー覧ウィンドウを閉じましょう。

5 レイヤー覧ウィンドウ右上の❌（閉じる）ボタンを🖱。

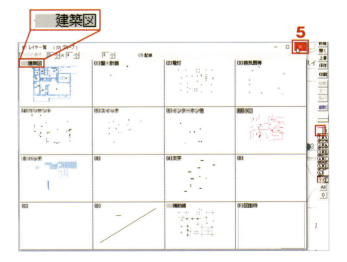

➡ **2**で書込レイヤにした「7：配線」のレイヤ番号とレイヤ名がステータスバーの「書込レイヤ」ボタンに表示される。**4**で「0：建築図」を非表示レイヤにしたため、「0：建築図」レイヤに作図されていた建築図が作図ウィンドウから消える。

6 🖱/全体 で、用紙全体表示にし、建築図が表示されていないことを確認する。

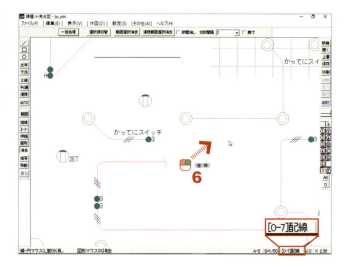

● 図面を保存せずにJw_cadを終了しましょう。

7 Jw_cadのタイトルバー右の ✕（閉じる）ボタンを🖱。

8 右図のメッセージウィンドウが表示されるので、「いいえ」ボタンを🖱。

➡ 図面を破棄してJw_cadが終了する。

POINT　プロテクトレイヤとその解除方法

レイヤ番号に ／ や ✕ の付いたレイヤをプロテクトレイヤと呼びます。プロテクトレイヤを書込レイヤにすることや、プロテクトレイヤに作図されている要素を消すこと、編集することはできません。

● プロテクトレイヤの解除

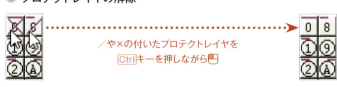

／や✕の付いたプロテクトレイヤを
[Ctrl]キーを押しながら🖱

● プロテクトレイヤの表示

✕の付いたプロテクトレイヤは
その表示状態を変更することもできない

● プロテクトレイヤの指定

[Ctrl]キーを押しながら🖱　　[Ctrl]キーと[Shift]キーを押しながら🖱

LESSON 5
電灯コンセント設備図 の作図

「jw-dens」フォルダーに用意してある建築図「1F-heimen」を開き、電灯・コンセント設備図を作図します。
p.123 で印刷した図面「課題1F-補助線」と「課題1F-完成図」を手元におき、参照しながら進めてください。

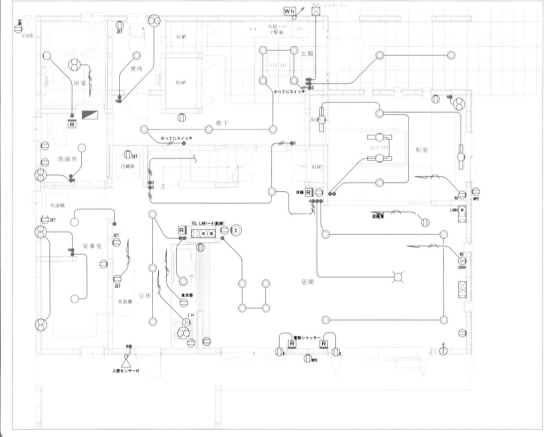

電灯コンセント設備図の完成図例

おおまかな作図の流れ

1 建築図面を開き、不要な要素を消す、線色・レイヤを変更するなどの加工を行い、別名で保存する。

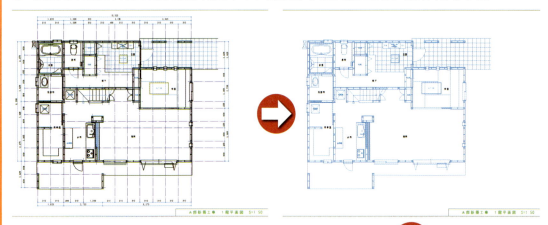

2 p.123で印刷した図面「課題1F－補助線」を参考にして、電灯などの配置目安となる補助線を作図する。

4 配線を作図し、矢印、条数などを作図する。

3 電灯、コンセント、スイッチなどを「図形」コマンドで配置する。

STEP 1 建築図面を開く

● 「jw-dens」フォルダーに収録されている1階平面図「1F-heimen」を開きましょう。

1. 「開く」コマンドを選択する。
2. 「ファイル選択」ダイアログの「jw-dens」フォルダーの「1F-heimen」を🖱🖱して開く。

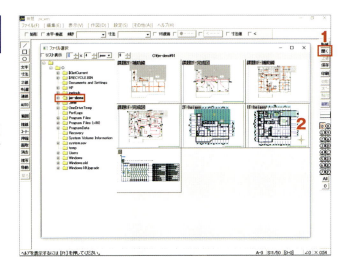

STEP 2 不要な要素を消去する

● 開いた図面のレイヤ分けを確認し、不要な要素(ここでは通り芯と寸法)を消しましょう。

1. レイヤバーの書込レイヤボタンを🖱。
   → レイヤ一覧ウィンドウが開く。

● 消去する要素のあるレイヤを書込レイヤまたは編集可能レイヤにし、消去しない要素のレイヤを非表示にしましょう。

2. 「0:通り芯」レイヤ枠内で🖱し、書込レイヤにする。

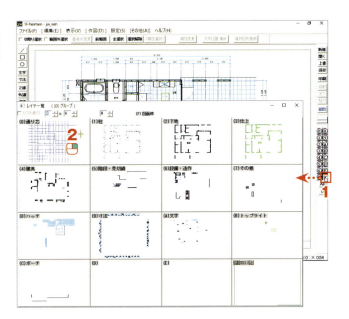

3. 消さずに残しておく要素のある「1」「2」「3」「4」「5」「6」「7」「8」「A」「B」「C」「F」レイヤを🖱し、非表示にする。
4. ✕(閉じる)ボタンを🖱し、レイヤ一覧ウィンドウを閉じる。
   → 「0」「9」レイヤの要素(通り芯、寸法)だけが作図ウィンドウに表示された状態になる。

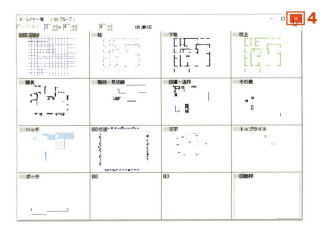

LESSON 5 電灯コンセント設備図の作図

135

● 表示されている要素をまとめて消去しましょう。

5 「消去」コマンドを選択し、コントロールバー「範囲選択消去」ボタンを🖱。

6 範囲選択の始点を🖱。

7 表示される選択範囲枠で図全体を囲み、終点を🖱（文字を含む）。

→ 選択範囲枠内に入るすべての要素が選択色になる。

8 コントロールバー「選択確定」ボタンを🖱。

→ 選択色の要素が消去される。

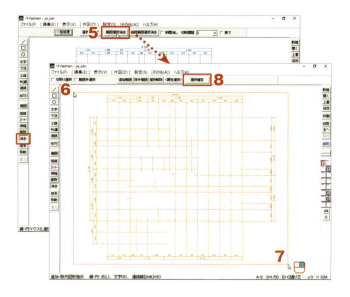

● すべてのレイヤを編集可能にしましょう。

9 レイヤバーの「All」ボタンを🖱。

POINT｜レイヤバーの「All」ボタンを🖱することで、書込レイヤ以外のすべてのレイヤが編集可能になります。

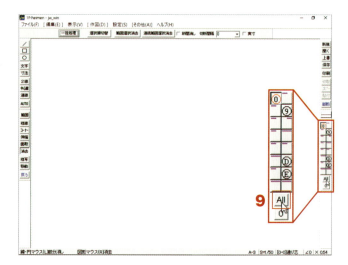

→ すべてのレイヤが編集可能（番号に○が付く）になり、作図ウィンドウにマウスポインタを移動すると、すべてのレイヤの要素が表示される。

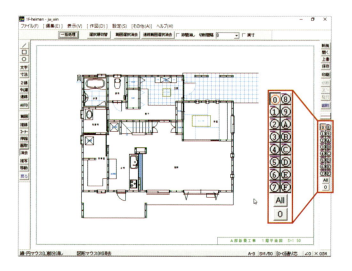

STEP 3 レイヤを変更する

● 複数のレイヤに分かれて作図されている建築図を1つのレイヤにまとめましょう。

1 レイヤバーの書込レイヤボタンを🖱し、レイヤ一覧ウィンドウを開く。

● 「F」レイヤに作図されている図面枠と「8」レイヤに作図されているハッチ以外の要素を「0」レイヤに変更しましょう。

POINT 「8:ハッチ」レイヤに作図されているタイルハッチングなどの線は、設備図面を作図する際に邪魔になる場合があります。そのような場合に、非表示にできるよう、他の建築図とは違うレイヤに作図されているままにしておきましょう。

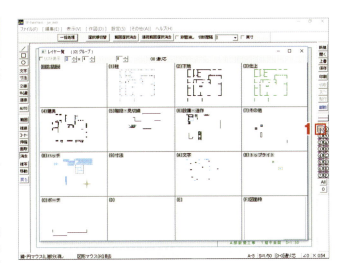

2 レイヤを変更しないハッチ要素が作図されているレイヤ「8」の枠内で🖱し、非表示にする。

3 ✕(閉じる)ボタンを🖱し、レイヤ一覧ウィンドウを閉じる。

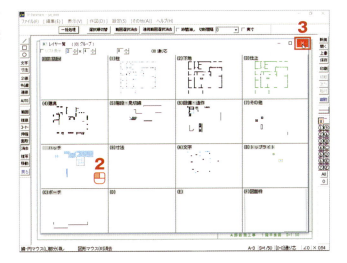

4 「範囲」コマンドを選択する。

5 範囲選択の始点を🖱。

6 表示される選択範囲枠で平面図を囲み、終点を🖱(文字を含む)。

　→ 選択範囲枠に入るすべての要素が選択色になる。

7 「0」レイヤが書込レイヤになっていることを確認したうえ、コントロールバー「属性変更」ボタンを🖱。

　→ 属性変更を指示するダイアログが開く。

8 「書込【レイヤ】に変更」を🖱してチェックを付け、「OK」ボタンを🖱。

　→ 選択色の要素が書込レイヤ「0」レイヤに変更される。

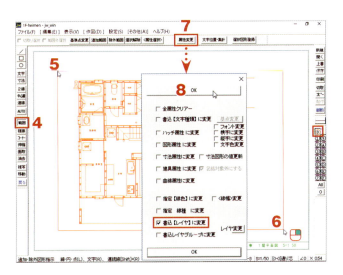

● レイヤ一覧ウィンドウを開いて変更結果を確認しましょう。

9 レイヤバーの書込レイヤ「0」レイヤボタンを🖱し、レイヤ一覧ウィンドウを開く。

10 「8」レイヤと「F」レイヤ以外の要素が「0」レイヤに変更されたことを確認する。

STEP 4 レイヤ名を設定する

● 設備図面用にレイヤ名を設定（変更）しましょう。はじめに「0」レイヤのレイヤ名「通り芯」を「建築図」に変更しましょう。

1 レイヤ名部分「0:通り芯」にマウスポインタを合わせ🖱。

→ 「レイヤ名設定」ダイアログが開き、「レイヤ」ボックスには、現在のレイヤ名「通り芯」が色反転して表示される。

2 キーボードから「建築図」を入力し、「OK」ボタンを🖱。

→ 「0」レイヤのレイヤ名が「建築図」になる。

● 他のレイヤのレイヤ名も変更しましょう。

3 同様にして（**1**-**2**）、他のレイヤ名を右図のように変更する。

POINT 「B」「C」レイヤのようにレイヤ名を消す場合には、**1**と同様にレイヤ名を🖱し、表示される「レイヤ名設定」ダイアログの「レイヤ」ボックスのレイヤ名を消し、「OK」ボタンを🖱してください。

4 「8:ハッチ」を2回🖱し編集可能レイヤにする。

5 ✕（閉じる）ボタンを🖱し、レイヤ一覧ウィンドウを閉じる。

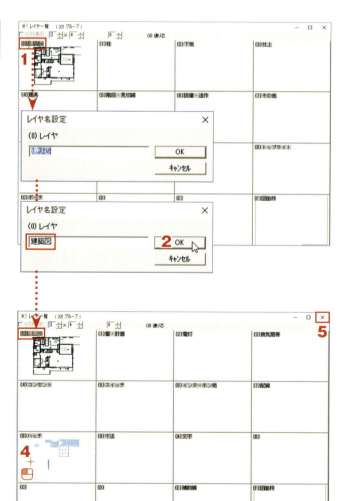

1：盤・計器　2：電灯　3：換気扇等　4：コンセント
5：スイッチ　6：インターホン他　7：配線　E：補助線

138　Jw_cad電気設備設計入門［Jw_cad8対応版］

STEP 5 線色を変更する

● 建築図の線を細線で印刷するため、建築図の線色をすべて線色1に変更しましょう。

1 「範囲」コマンドで、範囲選択の始点を🖱。
2 表示される選択範囲枠で平面図を囲み、終点を🖱（文字を含む）。
   ➡ 選択範囲枠に入るすべての要素が選択色になる。

● 選択色の要素をどのように変更するかを指定しましょう。

3 コントロールバー「属性変更」ボタンを🖱。

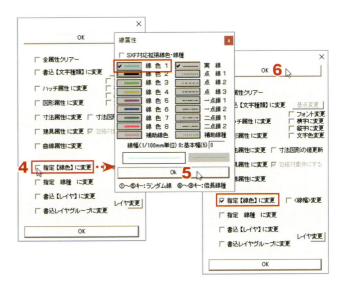

   ➡ 属性変更を指示するダイアログが開く。
4 「指定【線色】に変更」を🖱。
   ➡ 変更後の線色を指示するための「線属性」ダイアログが開く。
5 変更後の線色として「線色1」ボタンを🖱で選択し、「Ok」ボタンを🖱。
   ➡ 「線属性」ダイアログが閉じる。
6 属性変更のダイアログで「指定【線色】に変更」にチェックが付いていることを確認し、「OK」ボタンを🖱。

   ➡ 2で範囲選択した文字以外の要素が線色1に変更される。

POINT | 2で対象に文字要素を含める指示をしましたが、線色の変更操作では、文字の色は変更されません。また、印刷される文字の太さは、フォントによるため、文字の色は関係ありません。

LESSON 5 電灯コンセント設備図の作図

STEP 6 文字のフォントを変更する

● 設備図での記入文字（MSゴシックで記入）と建築図の文字を区別するため、建築図の文字のフォントをMSゴシックよりも細く印刷されるMS明朝に変更しましょう。

1 「範囲」コマンドで、範囲選択の始点を🖱。

2 表示される選択範囲枠で変更するすべての文字を囲み終点を🖱（文字を含む）。

➡ 選択範囲枠内に入るすべての要素が選択色になる。

POINT この段階で文字以外の要素が選択されていても支障ありません。

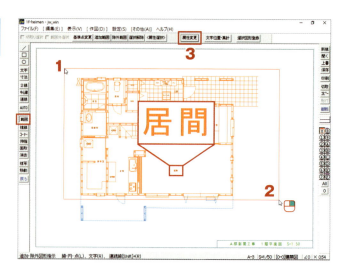

● 選択色の要素をどのように変更するかを指定しましょう。

3 コントロールバー「属性変更」ボタンを🖱。

4 表示される属性変更のダイアログの「フォント変更」を🖱。

➡変更後のフォントを指示するための「書込み文字種変更」ダイアログが開く。

5 「書込み文字種変更」ダイアログの「フォント」ボックスの▼ボタンを🖱し、表示されるリストから「MS明朝」を🖱で選択する。

6 「フォント」ボックスが「MS明朝」になったことを確認し、「書込み文字種変更」ダイアログの「OK」ボタンを🖱。

7 属性変更のダイアログの「フォント変更」にチェックが付いていることを確認し、「OK」ボタンを🖱。

➡ **2**で範囲選択した文字のフォントがMS明朝に変更される。

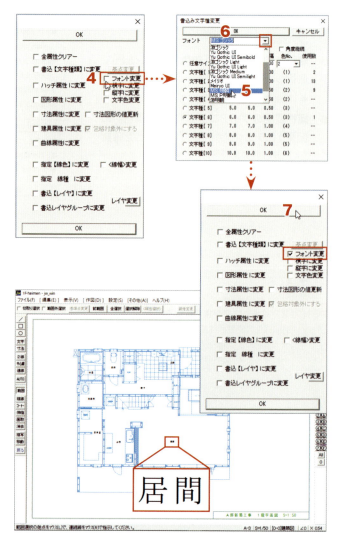

STEP 7 図面名を変更する

● 図面枠右下に記載されている図面名「A邸新築工事　1階平面図　S=1:50」を「A邸新築工事　1階電灯コンセント　S=1:50」に変更しましょう。

1　「文字」コマンドを選択する。
2　変更対象の文字「A邸新築工事　1階平面図　S=1:50」を🖱。

→「文字変更・移動」ボックスに2で🖱した文字「A邸新築工事　1階平面図　S=1:50」が色反転して表示される。

3　「文字変更・移動」ボックスの「平面図」の後を🖱し、入力ポインタを移動する。
4　Backspaceキーを3回押し、「平面図」を消す。
5　「電灯コンセント」を入力する。

→ 現在の「文字変更・移動」ボックスの文字数で、文字の外形枠が仮表示される。

● 現在の基点を基準に文字は書き換えられます。書き換えの前と後で文字数が異なる場合は、基点に注意しましょう。ここでは書き換えた文字が枠からはみ出ないよう文字の基点を「(中中)」に変更します。

6　コントロールバー「基点」ボタンを🖱。
7　「文字基点設定」ダイアログの「中中」を🖱で選択する。
8　Enterキーを押し、文字の変更を確定する。

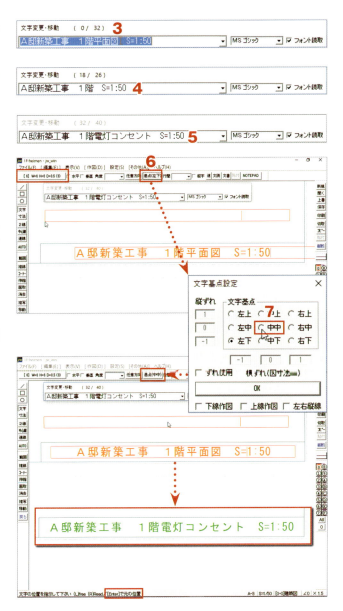

LESSON 5　電灯コンセント設備図の作図

141

STEP 8 印刷線幅を設定する

● 設備図面で使用する線色ごとの印刷線の太さを以下の太さに設定しましょう。

線色1	0.08mm	線色2	0.15mm
線色3	0.50mm	線色4	0.25mm
線色7	0.32mm	線色8	0.32mm

1. メニューバー［設定］－「基本設定」を選択する。「色・画面」タブの「実点を指定半径（mm）でプリンタ出力」と「線幅を1/100mm単位とする」にチェックを付け、「プリンタ出力要素」欄の「線幅」を右図のように変更して、「OK」ボタンを🖱。

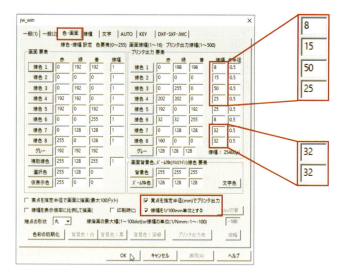

STEP 9 データ整理を行う

● 「データ整理」コマンドの「連結整理」を行い、同じレイヤに同じ線色・線種で重複して作図されている線と同一線上の複数の線を1本に整理しましょう。

1. メニューバー［編集］－「データ整理」を選択する。
2. コントロールバー「全選択」ボタンを🖱。

POINT｜コントロールバー「全選択」ボタンを🖱することで、編集可能なすべての要素を選択できます。

→ 編集可能なすべての要素が選択色になる。

3. コントロールバー「選択確定」ボタンを🖱。
4. コントロールバー「連結整理」ボタンを🖱。

→ 重複・連結整理され、画面左上に整理された線本数が表示される。

POINT｜別々のレイヤに異なる線色で作図されていた要素を1つのレイヤに集め、同じ線色に変更したため、多くの線が重複線として整理されます。

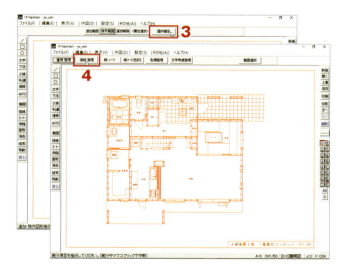

STEP 10 別の名前で保存する

● 開いた建築図面「1F-heimen」はそのまま残しておくため、加工したこの図面を名前「1F-denc」として同じ「jw-dens」フォルダーに保存しましょう。

1. メニューバー［ファイル］－「名前を付けて保存」を選択する。
2. 「ファイル選択」ダイアログで、「jw-dens」フォルダーが開いていることを確認し、「新規」ボタンを🖱。

➡「新規作成」ダイアログが開く。「名前」ボックスには現在開いている図面の名前「1F-heimen」が色反転して表示される。

● 名前を「1F-denc」に変更しましょう。

3. 「名前」ボックスの「1F-heimen」の最後尾を🖱。

➡ 🖱位置に入力ポインタが移動する。

4. Backspace キーを押し、「heimen」を消す。

5. 「denc」を入力し、「名前」ボックスの名前を「1F-denc」に変更する。
6. 「OK」ボタンを🖱。

➡「jw-dens」フォルダーに「1F-denc（.jww）」として保存される。

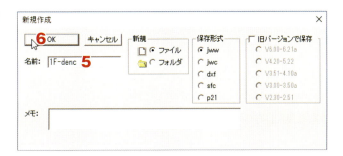

STEP 11 中心線を作図する

● 電灯を作図する目安となる補助線を「E：補助線」レイヤに作図しましょう。印刷した図面「課題1F－補助線」を手元に用意してください。

1 書込線を「線色2・補助線種」にする。
2 レイヤバーの「E」レイヤボタンを🖱し、書込レイヤにする。
3 「8」レイヤボタンを🖱し非表示レイヤに、「0」レイヤボタンを2回🖱し表示のみレイヤにする。

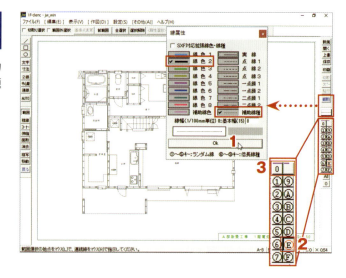

● 玄関ポーチ部分を拡大し、その幅を2分する中心線を作図しましょう。

4 「中心線」コマンドを選択する。
5 1番目の線として右図の外壁線を🖱。
6 2番目の線としてもう一方の外壁線を🖱。
7 中心線の始点として右図の位置で🖱。
8 終点として右図の位置で🖱。

❓ 表示のみレイヤのグレーの線が薄くて見づらい
→ p.251 Q24

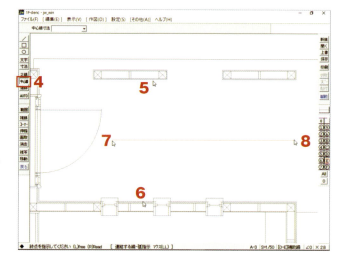

● 作図した中心線に交差するよう、玄関ポーチ外側の2枚の壁それぞれの幅を2分する線を作図しましょう。幅を2分する中心線は、1番目、2番目の点として、壁の左下角と右下角を指示します。

9 1番目の点として右図の左下角を🖱。

❓ 点がありません と表示され、点指示できない
→ p.251 Q23-2

10 2番目の点として右図の右下角を🖱。
11 中心線の始点として右図の位置で🖱。
12 終点として右図の位置で🖱。

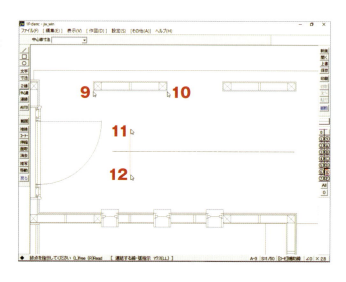

● もう一方の壁の幅を2分する線も作図しましょう。

13 1番目の点として右図の左下角を🖱。
14 2番目の点として右図の右下角を🖱。
15 中心線の始点として右図の位置で🖱。
16 終点として右図の位置で🖱。

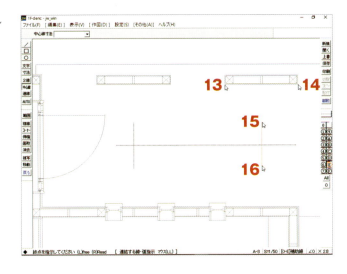

STEP 12 連続した複線を作図する

● 玄関の電灯を作図する目安として、トップライト外形から80mm外側に矩形を作図しましょう。

1 「複線」コマンドを選択する。
2 コントロールバー「複線間隔」ボックスに「80」を入力する。
3 基準線としてトップライト外形の上辺を🖱。
4 基準線の上側で作図方向を決める🖱。

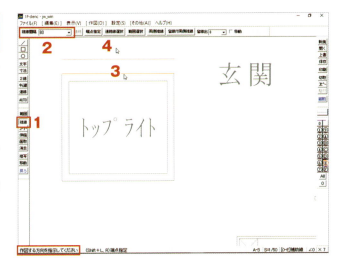

5 次の基準線として左辺を🖱。

POINT　2本目以降の複線の作図方向を決めるときの操作メッセージに「前複線と連結　マウス(R)」が表示されます。作図方向を決めるクリックを🖱で行うことで、1つ前の複線と今回の複線の交点に角を作り、連結した複線を作図します。

6 基準線の左側で作図方向を決める🖱（前複線と連結）。

➡ **4**で作図した複線との交点に角を作り連結した複線が作図される。

7 次の基準線として下辺を🖱。

8 基準線の下側で作図方向を決める🖱（前複線と連結）。

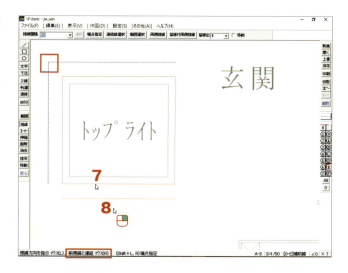

➡ **6**で作図した複線との交点に角を作り、連結した複線が作図される。

❓ 作図方向指示を誤って🖱した → p.252 Q25

❓ 作図方向指示を🖱したのに1つ前の複線との角ができない → p.252 Q26

9 次の基準線として右辺を🖱。

10 基準線の右側で作図方向を決める🖱（前複線と連結）。

➡ **8**で作図した複線との交点に角を作り、連結した複線が作図される。

● 最初に作図した上辺の複線と最後に作図した右辺の複線は自動的には連結されません。「コーナー」コマンドで角を作りましょう。

11 「コーナー」コマンドを選択する。

12 線（A）として上辺の複線を🖱。

13 線【B】として右辺の複線を🖱。

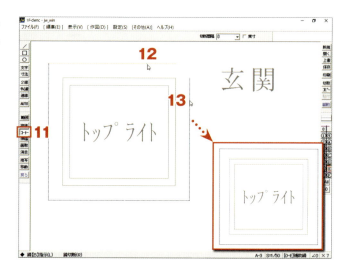

STEP 13 線を等分割する点を作図する

● はじめに、廊下の幅の中心線を端から端まで作図しましょう。

1 「中心線」コマンドを選択する。
2 1番目の線として廊下の壁の仕上線を🖱。
3 2番目の線として、もう一方の壁の仕上線を🖱。
4 中心線の始点として、廊下左端の角を🖱。
5 終点として、廊下右端の角を🖱。

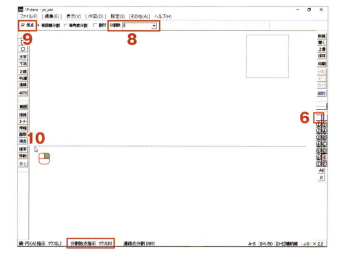

● 作図した中心線の端から端を6等分する点を作図しましょう。

6 レイヤバーの「0」レイヤボタンを2回🖱し、建築図を非表示にする。
7 メニューバー[編集]-「分割」を選択する。
8 コントロールバー「分割数」ボックスに「6」を入力する。
9 コントロールバー「仮点」を🖱してチェックを付ける。
10 分割始点として線の左端点を🖱。

POINT 「分割」コマンドで(線ではなく)点を指示した場合、指示した2点間を等分割する点を作図します。コントロールバー「仮点」にチェックを付けることで、仮点(印刷されない)が作図されます。

11 分割終点として線の右端点を🖱。

➡ 操作メッセージが「分割する線・円を指示してください。マウス(L) …」に変わる。

12 分割する線として補助線を🖱。

POINT この場合、12で作図ウィンドウで🖱しても結果は同じです。

➡ 補助線の両端点間を6等分する仮点が作図され、作図ウィンドウ左上に分割距離が表示される。

STEP 14 不要な仮点を消す

● 電灯の配置位置として必要な点は、両端と中央の3つです。不要な2つの点を消しましょう。仮点は「消去」コマンドでは消せません。以下の操作で消してください。

1 メニューバー [作図]－「点」を選択する。
2 コントロールバー「仮点消去」ボタンを🖱。
3 消去する仮点として左から2番目の仮点を🖱。
　➡ 🖱した仮点が消える。
4 右から2番目の仮点を🖱し、消去する。

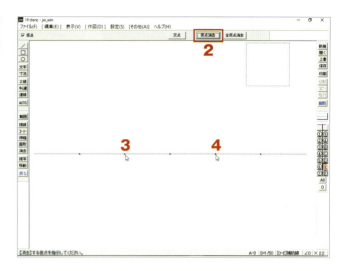

STEP 15 基準線と長さの異なる複線を作図する

●「0」レイヤの建築図を表示のみにし、居間入口の電灯のための補助線を作図しましょう。

1 レイヤバーの「0」レイヤボタンを🖱し、「0:建築図」を表示のみレイヤにする。
2 「複線」コマンドを選択し、コントロールバー「複線間隔」ボックスに「100」を入力する。
3 基準線として右図の壁仕上線を🖱。
　➡ 3の線と同じ長さの複線が仮表示される。
4 コントロールバー「端点指定」ボタンを🖱。
　➡ 操作メッセージは「【端点指定】始点を指示してください」になる。
5 端点指定の始点として右図の位置で🖱。
　➡ 5の位置からマウスポインタまで複線が仮表示され、操作メッセージは、「【端点指定】◆終点を指示してください」になる。
6 端点指定の終点として右図の位置で🖱。
　➡ 操作メッセージは「作図する方向を指示してください」になる。
7 基準線の下側で作図方向を決める🖱。

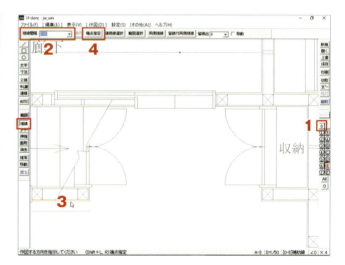

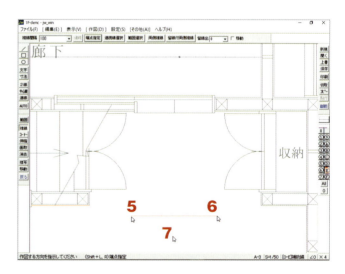

8 「中心線」コマンドを選択する。
9 1番目の点として左の角を🖱。
10 2番目の点として右の角を🖱。
11 中心点の始点として右図の位置で🖱。
12 終点として右図の位置で🖱。

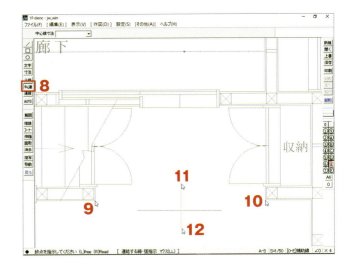

STEP 16 残りの補助線を作図する

● p.123で印刷した図面「課題1F－補助線」に記載されている寸法を参考に、残りの必要な個所に補助線および仮点を作図しましょう。いずれもp.144～148で学習した方法を利用して作図できます。

1 「中心線」「分割」「複線」「／」コマンドを適宜利用し、補助線または仮点を作図する。
2 「上書」コマンドを🖱し、上書き保存する。

STEP 17 「1」レイヤに図形「電力量計」を配置する

●「1:盤・計器」レイヤを書込レイヤにし、図形として用意されている電力量計を配置しましょう。

1 レイヤバーの「1」レイヤボタンを🖱。
　→「1:盤・計器」レイヤが書込レイヤになる。
2 メニューバー[その他]－「図形」を選択する。
3 「ファイル選択」ダイアログのフォルダーツリーで「jw-dens」フォルダー下に表示される「S50用」フォルダーを🖱🖱。

POINT 「S50用」フォルダーには、S＝1/50用の電気シンボル図形が収録されています。

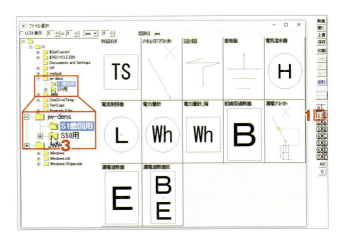

149

➡ 「S50用」フォルダー下に、その中のフォルダーがツリー表示される。

4 「09》開閉器・計器」フォルダーを🖱。

● 右側に一覧表示される図形の数15（5×3）を25（5×5）に変更しましょう。

5 右図の数値ボックスの▲ボタンを2回🖱し、数値を「5」に変更する。

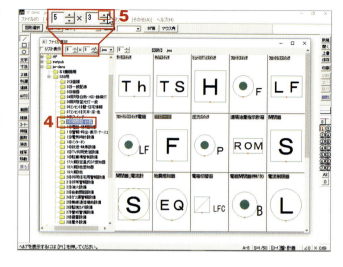

➡ 図形の表示数が25（5×5）になる。

● 図形「電力量計_箱」を選択して、玄関脇の外壁上に作図しましょう。

6 「電力量計_箱」を🖱🖱で選択する。

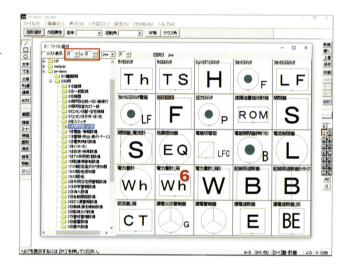

➡ **6**で選択した図形がマウスポインタに仮表示される。画面左上には●書込レイヤに作図と表示される。

POINT 画面左上の●書込レイヤに作図は、図形が書込レイヤに作図されることを示します。

❓ ●書込レイヤに作図と表示されない。または◆元レイヤに作図と表示される → p.252 Q27

7 配置位置として、玄関脇の外壁とあらかじめ作図しておいた補助線の交点を🖱。

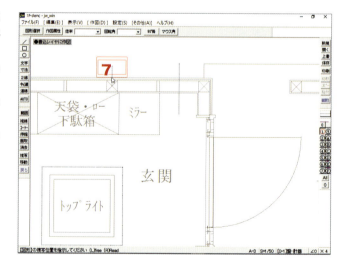

STEP 18 図形「立上」を配置する

● 続けて、「図形」コマンドで電力量計の脇に立上を作図しましょう。

1. コントロールバー「図形選択」ボタンを🖱。
2. 「ファイル選択」ダイアログのフォルダーツリーで「02》一般配線」フォルダーを🖱で選択する。
3. 右側のスクロールバーの▼ボタンを2回🖱。

POINT 右側にスクロールバーがあるときは、画面に表示されている以外にも図形があります。スクロールバーの▼ボタンを🖱することで図形一覧画面が1段ずつスクロールされます。▼ボタンを🖱する代わりにスクロールバーを🖱↓することでも、一覧画面をスクロールできます。

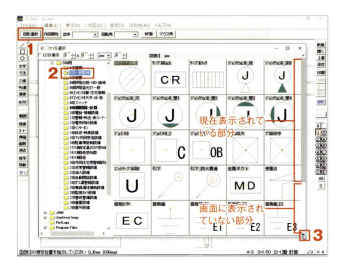

4. 「立上」を🖱🖱で選択する。
   ➡ 図形「立上」がマウスポインタに仮表示される。

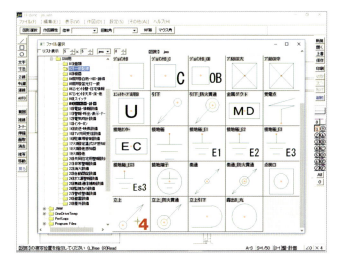

● 「立上」は「7:配線」レイヤに配置するため、書込レイヤを「7:配線」に変更しましょう。マウスポインタに図形を仮表示したままでも、レイヤバーでの操作は行えます。

5. レイヤバーの「7」レイヤボタンを🖱。
   ➡ 書込レイヤが「7:配線」になる。
6. 作図位置として右図の位置で🖱。

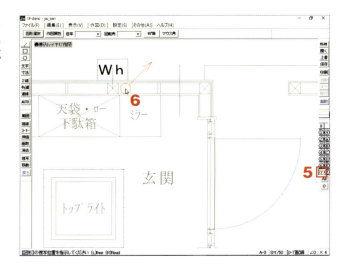

LESSON 5 電灯コンセント設備図の作図

STEP 19 図形「分電盤」を配置する

● 次に、分電盤を浴室入口の補助線交点に合わせて配置しましょう。分電盤は「1:盤・計器」レイヤに配置します。

1 レイヤバーの「1」レイヤボタンを🖱。

→ 書込レイヤが「1：盤・計器」になる。

2 コントロールバー「図形選択」ボタンを🖱。

3 「ファイル選択」ダイアログのフォルダーツリーで「01》盤類」フォルダーを🖱で選択する。

4 「分電盤」を🖱🖱で選択する。

→ 図形「分電盤」がマウスポインタに仮表示される。

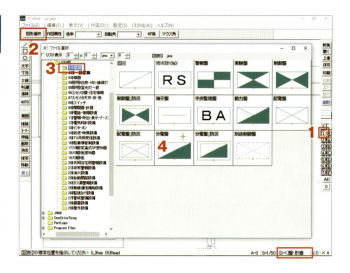

● 分電盤の向きを180°回転しましょう。

5 コントロールバー「90°毎」ボタンを🖱。

→ マウスポインタに仮表示される図形「分電盤」の向きが左に90°回転し、コントロールバー「回転角」ボックスが「90」になる。

POINT コントロールバー「90°毎」ボタンを🖱することで、図形の向きが左回りに90°⇒180°⇒270°⇒0°に変わります。「回転角」ボックスに表示される角度は、「ファイル選択」ダイアログで表示されている図形（登録時の図形）を0°とした角度です。

6 コントロールバー「90°毎」ボタンを再度🖱。

→ マウスポインタに仮表示される図形「分電盤」の向きがさらに左に90°回転し、コントロールバー「回転角」ボックスが「180」になる。

7 配置位置として、浴室入口に作図した補助線の交点を🖱。

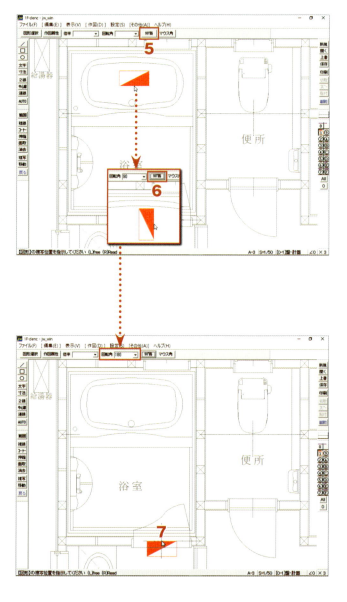

STEP 20 「2」レイヤに照明器具を配置する

● 「2」レイヤを書込レイヤにし、浴室のブラケットを配置しましょう。

1. レイヤバーの「2」レイヤボタンを🖱し、「2:電灯」を書込レイヤにする。「1」レイヤボタンを2回🖱し、表示のみレイヤにする。

POINT │ 作図画面での区別が付きやすいよう、図形の配置が完了したレイヤを表示のみにします。

2. コントロールバー「図形選択」ボタンを🖱。

3. 「ファイル選択」ダイアログの「04照明》白熱・HID・誘導灯」フォルダーを🖱で選択する。

4. 「壁白熱灯」を🖱🖱で選択する。

   ➡ 図形「壁白熱灯」がコントロールバー「回転角」ボックスの角度（180°）回転した状態でマウスポインタに仮表示される。

● 浴室左の壁に配置するため、この状態からさらに左に90°回転しましょう。

5. コントロールバー「90°毎」ボタンを🖱。

   ➡ 仮表示の図形がさらに左に90°回転し、コントロールバー「回転角」ボックスは「270」になる。

6. 配置位置として浴室左の壁の仕上線と補助線の交点を🖱。

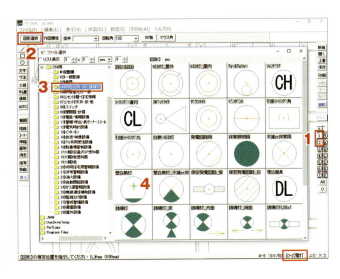

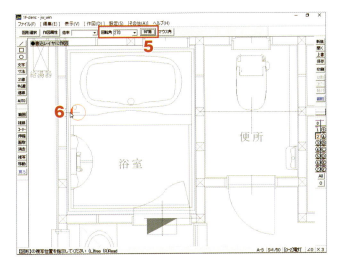

● 便所にダウンライトを配置しましょう。

7. コントロールバー「図形選択」ボタンを🖱し、「ファイル選択」ダイアログで「ダウンライト」を🖱🖱で選択する。

8. 配置位置として、便所の補助線交点を🖱。

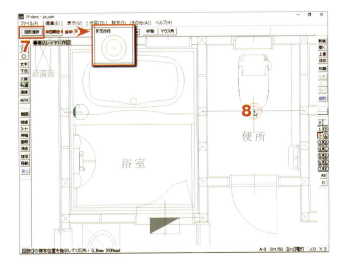

● 次の配置位置をクリック指示することで、同じ図形「ダウンライト」を続けて配置できます。廊下、玄関ほかにも配置しましょう。

9 配置位置として、廊下の仮点を順次🖱。

10 p.123で印刷した図面「課題1F－補助線」を参考に、他の個所（玄関、玄関ポーチ、和室、居間、台所）にもダウンライトを配置する。

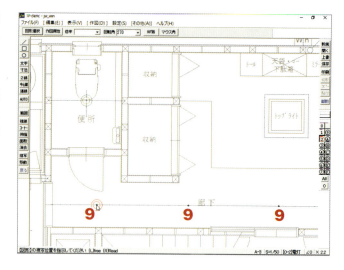

● 洗面所、家事室にシーリングライトを配置しましょう。

11 コントロールバー「図形選択」ボタンを🖱し、「ファイル選択」ダイアログで「白熱・HID灯」を🖱🖱で選択する。

12 配置位置として、洗面所の補助線交点を🖱。

13 同様に、家事室の2個所にも配置する。

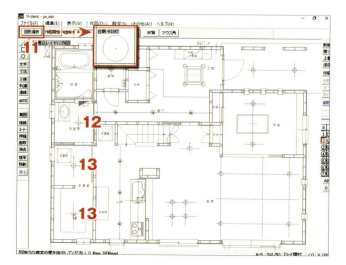

● 和室に壁付き蛍光灯を配置しましょう。

14 コントロールバー「図形選択」ボタンを🖱。

15 「ファイル選択」ダイアログの「05照明》蛍光灯一般」フォルダーを🖱で選択する。

16 スクロールバーの▼ボタンを何度か🖱し、図形一覧をスクロールする。

17 「壁FL20×1B」を🖱🖱で選択する。

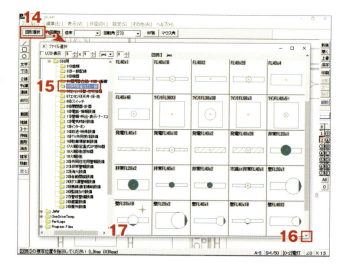

18 コントロールバー「90°毎」ボタンを🖱すことで、適宜角度を調整し、右図の4個所に配置する。

19 上書き保存する。

POINT｜マウスポインタに図形が仮表示されている状態でも「上書」コマンドを🖱することで、上書き保存できます。上書き後もマウスポインタに図形は仮表示されており、「図形」コマンドの操作の続きを行えます。

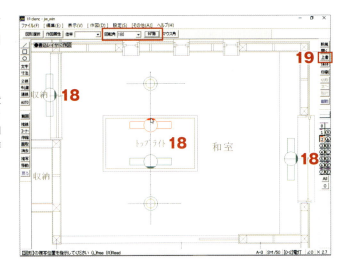

STEP 21 「3」レイヤに換気扇を配置する

● 続けて、「図形」コマンドで換気扇、シーリングファンを「3:換気扇等」レイヤに配置しましょう。はじめに浴室中央に換気扇を配置しましょう。

1 レイヤバーの「3」レイヤボタンを🖱し、「3:換気扇等」を書込レイヤに、「2」レイヤボタンを2回🖱し、「2:電灯」を表示のみレイヤにする。

2 コントロールバー「図形選択」ボタンを🖱。

3 「ファイル選択」ダイアログの「03》機器」フォルダーを🖱で選択する。

4 「換気扇」を🖱🖱で選択する。

5 コントロールバー「90°毎」ボタンを🖱し、換気扇の角度を調整する。

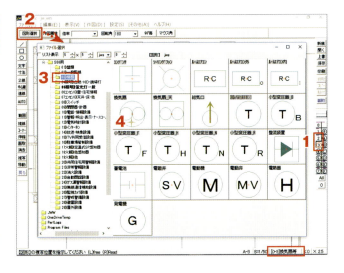

● 浴室の中央に🖱(Read)できる点はありませんが、クロックメニューを利用することで、浴室の対角2点の中心を点指示できます。

6 配置位置として、浴室左上柱中心にマウスポインタを合わせ🖱→AM3時 中心点・A点 。

POINT｜既存の点にマウスポインタを合わせ🖱→AM3時 中心点・A点 し、次に2点目を🖱することで、2点間の中心を点指示できます。この機能は「図形」コマンドに限らず、他のコマンドの点指示時にも共通して利用できます。

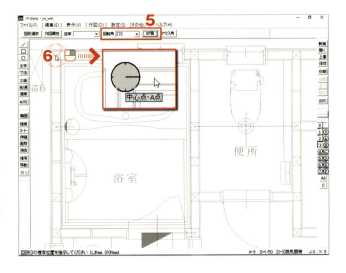

➡ **6**で🖱️→した点が2点間中心のA点になり、「2点間中心◆◆B点指示◆◆」と、もう一方の点指示を促す操作メッセージが表示される。

7 B点として、浴室右下の柱中心を🖱️。

➡ **6**と**7**で指示した2点間の中心に、基準点を合わせ、「換気扇」が配置される。

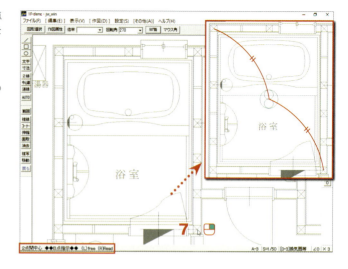

● 続けて、洗面所の換気扇を間柱と柱の中間に配置しましょう。

8 配置位置として、右図の間柱右下角にマウスポインタを合わせ🖱️→AM3時 中心点・A点。

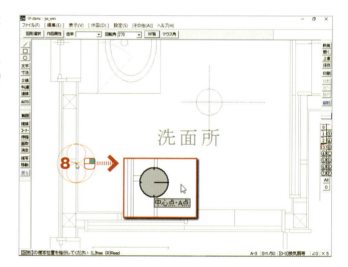

➡ 🖱️→した点が2点間中心のA点になり、「2点間中心　◆◆B点指示◆◆」と、もう一方の点指示を促す操作メッセージが表示される。

9 B点として、右図の柱右上角を🖱️。

➡ **8**と**9**で指示した2点間の中心に、基準点を合わせ、「換気扇」が配置される。

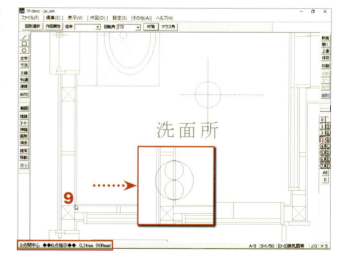

● 家事室、台所、便所、和室の換気扇も配置しましょう。

10 前ページ**8**−**9**と同様にして、🖱→AM3時 中心点・A点 を利用して、家事室の換気扇（2個所）を配置する。

11 台所、便所、和室の換気扇を、適宜角度を調整して配置する。

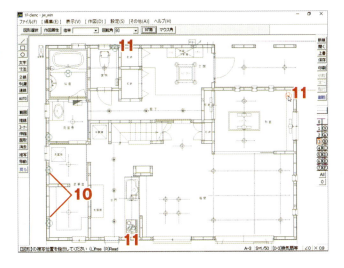

● 居間の給気口を配置しましょう。

12 コントロールバー「図形選択」ボタンを🖱し、「ファイル選択」ダイアログで「給気口」を🖱🖱で選択する。

13 角度を調整し、配置位置として、右図の柱右下角にマウスポインタを合わせ🖱→AM3時 中心点・A点 。

14 B点として、右図の間柱左上角を🖱。

➡ **13**と**14**で指示した2点間の中心に、基準点を合わせ、「給気口」が配置される。

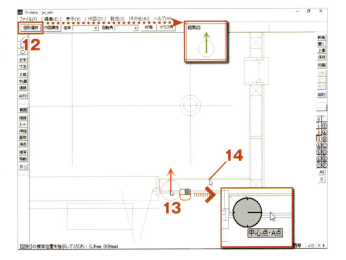

● 居間のシーリングファンを配置しましょう。

15 コントロールバー「図形選択」ボタンを🖱し、図形「シーリングファン」を選択する。

16 配置位置として、右図の補助線交点を🖱。

LESSON 5 電灯コンセント設備図の作図

STEP 22　「6」レイヤに警報を配置する

● 「図形」コマンドで、勝手口脇の警報を「6」レイヤに配置しましょう。

1. レイヤバーの「6」レイヤボタンを🖱し、「6:インターホン他」を書込レイヤにする。
2. コントロールバー「図形選択」ボタンを🖱。
3. 「ファイル選択」ダイアログの「21》非常警報設備」フォルダーを🖱で選択する。
4. 「警報サイレン」を🖱🖱で選択する。

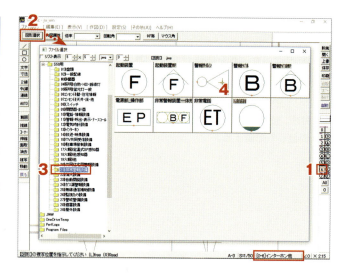

5. コントロールバー「90°毎」ボタンを🖱し、「回転角」を「270」にする。

POINT｜コントロールバー「90°毎」ボタンを🖱すると、🖱とは反対回りに0°⇒270°⇒180°⇒90°と回転角を変更します。

● 勝手口左の外壁線上に配置しましょう。

6. 配置位置として右図の外壁線を🖱←AM9時 線上点・交点 。

POINT｜点指示時に線を🖱←AM9時 線上点・交点 し、次に位置を指示することで、🖱 (Read) できる点の存在しない線上の位置を点指示できます。

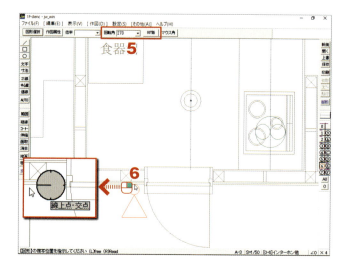

➡ ステータスバーの操作メッセージが「線上点指示」になる。

7. 線上の位置として、柱の左角を🖱。

➡ 6で🖱←した壁線上の7の位置に基準点を合わせ、図形「警報サイレン」が配置される。

8. 「／」コマンドを選択し、「図形」コマンドを終了する。
9. 上書き保存する。

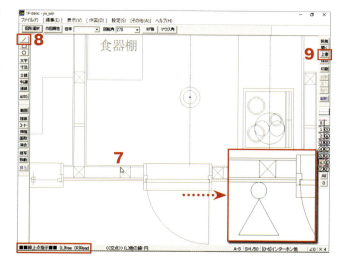

STEP 23 「4」レイヤにコンセントを配置する

● 「4:コンセント」を書込レイヤにし、居間のニッチに住宅情報コンセントを配置しましょう。

1 レイヤバーの「4」レイヤボタンを🖱し、「4:コンセント」を書込レイヤに、「3」レイヤボタンを2回🖱し、表示のみレイヤにする。

2 メニューバー［その他］-「図形」を選択する。

3 「ファイル選択」ダイアログの「06コンセント》壁・住宅情報」フォルダーを🖱で選択する。

4 「住L_コン+TELx2」を🖱🖱で選択する。

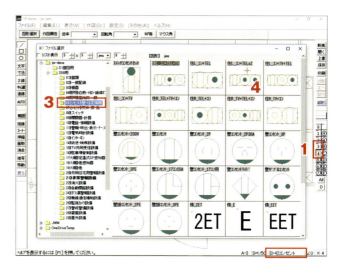

● 前ページの8で「図形」コマンドをいったん終了したため、コントロールバー「回転角」ボックスは空白（0°）になっています。図形「住L_コン+TELx2」を居間のニッチの下辺壁線の中点に合わせて配置しましょう。線の中点を点指示する場合にも🖱→AM3時 中心点・A点 が利用できます。

5 配置位置として、右図の壁線にマウスポインタを合わせ🖱→AM3時 中心点・A点 。

POINT 点指示時に線を🖱→AM3時 中心点・A点 することで、その線の中点を点指示できます。

➡ 🖱→した線の中点に基準点を合わせ、図形が配置される。

❓ 図形が配置されず、「2点間中心　◆◆B点指示◆◆」と操作メッセージが表示される
→ p.252 Q28

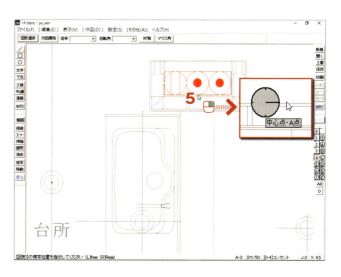

● 壁付きコンセントをカウンター側の壁線上に配置しましょう。

6 コントロールバー「図形選択」ボタンを🖱し、図形「壁コンセント」を選択する。

7 コントロールバー「90°毎」ボタンを2回🖱し、「回転角」を「180」にする。

8 壁線上に配置するため、配置位置として右図の壁線を🖱←AM9時 線上点・交点 。

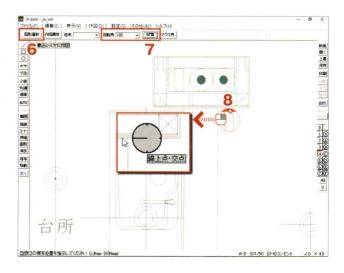

LESSON 5 電灯コンセント設備図の作図

159

➡ ステータスバーの操作メッセージが「線上点指示」になる。

9 線上の位置として、間柱の右角を🖱。

➡ **8**で🖱←した壁線上の**9**の位置に基準点を合わせ、図形「壁コンセント」が配置される。

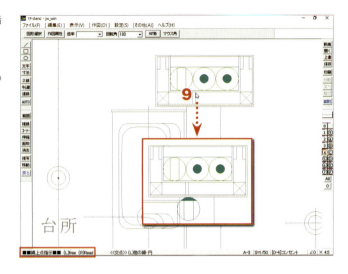

● 壁付きコンセントを他の個所にも配置しましょう。コンセントの傍記は、配線を作図した後に記入します。

10 印刷した「課題1F－完成図」を参考に、他の個所の壁コンセントも、🖱→AM3時 中心点・A点 (p.155、159)や🖱←AM9時 線上点・交点 を適宜利用して配置する。

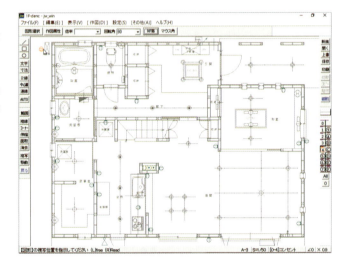

● 居間の右の壁2個所に住宅情報コンセントを配置しましょう。

11 コントロールバー「図形選択」ボタンを🖱し、図形「住L_コン+TV」を選択する。

12 コントロールバー「回転角」を「90」にする。

13 配置位置として右図の壁線を🖱←AM9時 線上点・交点 。

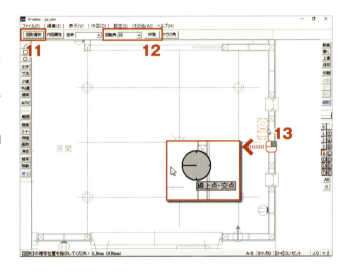

➡ ステータスバーの操作メッセージが「線上点指示」になる。

14 線上の位置として右図の位置で🖱。

➡ **13**で🖱←した壁線上の**14**の位置に基準点を合わせ、図形「住L_ｺﾝ＋TV」が配置される。

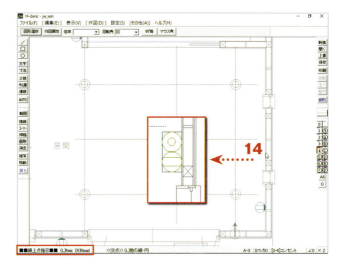

● 右上角の住宅情報コンセントを配置しましょう。

15 コントロールバー「図形選択」ボタンを🖱し、図形「住L_ｺﾝ＋TEL」を選択する。

● 図形「住L_ｺﾝ＋TEL」の基準点は辺の中点にあるため、部屋の角に合わせて配置することはできません。このような場合は、いったん図形を配置した後、「移動」コマンドで位置を合わせましょう。

16 配置位置として右図の位置で🖱。

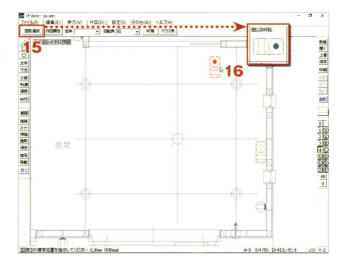

STEP 24 配置したコンセントを移動する

● 前項で配置した図形「住L_ｺﾝ＋TEL」を部屋の右上角に移動しましょう。

1 「移動」コマンドを選択する。

2 配置した図形を🖱。

POINT 図形「住L_ｺﾝ＋TEL」は、複数の要素を1要素として扱うブロック図形になっているため、範囲選択の際、🖱(連続線選択)することで、図形全体を選択できます。また、ブロック作成時に指定した基準点が自動的に移動の基準点になります。

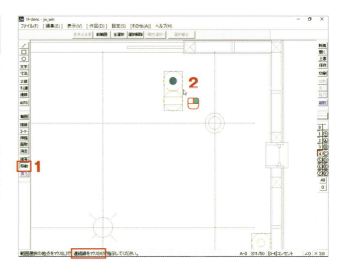

LESSON 5 電灯コンセント設備図の作図

➡ 図形全体が選択色になり、図形読込時の基準点に移動の基準点を示す赤い○が仮表示される。

● 基準点を図形の右上角に変更しましょう。

3 コントロールバー「基準点変更」ボタンを🖱。

➡ 移動対象が確定し、「基準点を指示して下さい」と操作メッセージが表示される。

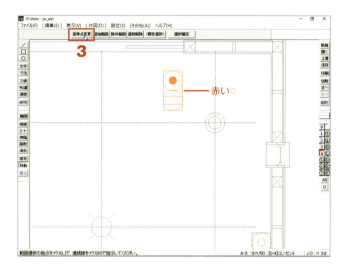

4 基準点として図形の右上角を🖱。

➡ 🖱した右上角が移動の基準点になりマウスポインタに仮表示される。操作メッセージは「移動先の点を指示して下さい」に変わる。

5 移動先として、部屋の右上角を🖱。

➡ 🖱位置に移動され、マウスポインタには移動要素が仮表示された状態である。

6 「／」コマンドを選択し、「移動」コマンドを終了する。

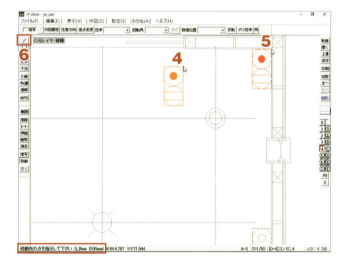

STEP 25 他のコンセントを配置する

● 台所と居間の2P30Aコンセントを配置しましょう。

1 メニューバー［その他］-「図形」を選択する。

2 「ファイル選択」ダイアログの「06コンセント》壁・住宅情報」フォルダーから「壁コンセント_2P30A」を選択する。

3 コントロールバー「90°毎」ボタンを🖱し、「回転角」を「90」にする。

4 台所IHクッキングコンロと居間右の壁の2個所に、🖱←AM9時 線上点・交点 などを利用して配置する。

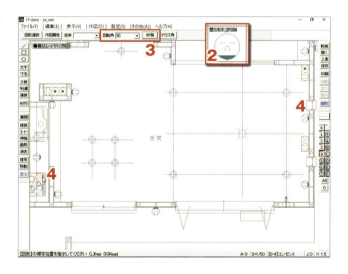

● 台所と居間の天井付きコンセントを配置しましょう。

5 コントロールバー「図形選択」ボタンを🖱。

6 「ファイル選択」ダイアログで「07 コンセント》天井・床・他」フォルダーを🖱で選択する。

7 「天コンセント」を🖱🖱で選択する。

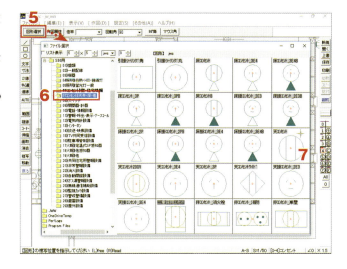

8 角度を適宜調整し、台所の1個所、居間の3個所に配置する。

9 上書き保存する。

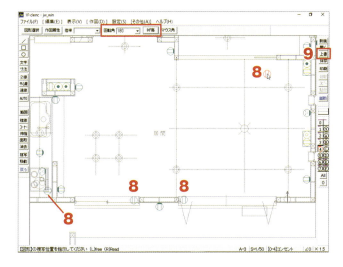

STEP 26 「5」レイヤにスイッチを配置する

● 続けて、「図形」コマンドで和室のスイッチを「5：スイッチ」レイヤに配置しましょう。

1 レイヤバーの「5」レイヤボタンを🖱し、「5：スイッチ」を書込レイヤにし、「4」レイヤボタンを2回🖱し、表示のみレイヤにする。

2 コントロールバー「図形選択」ボタンを🖱。

3 「ファイル選択」ダイアログの「08》スイッチ」フォルダーを🖱で選択する。

4 「スイッチ」を🖱🖱で選択する。

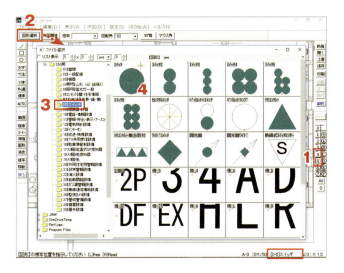

● 🖱←AM9時 線上点・交点 を利用して、和室の壁線上にスイッチを配置しましょう。

5 コントロールバー「90°毎」ボタンを🖱し、「回転角」ボックスを「180」にする。

6 配置位置として、右図の壁線を🖱←AM9時 線上点・交点 。

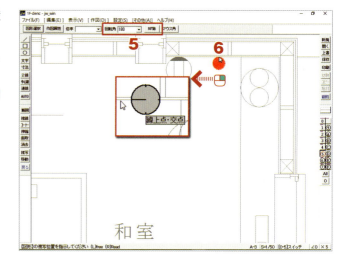

➡ ステータスバーの操作メッセージが「線上点指示」になる。

7 線上の位置として、間柱の左角を🖱。

➡ 6で🖱←した壁線上の7の位置に基準点を合わせ、図形「スイッチ」が配置される。

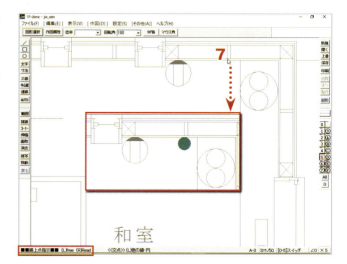

● 続けて、和室のもう1個所のスイッチを配置しましょう。

8 コントロールバー「90°毎」ボタンを🖱し、「回転角」ボックスを「270」にする。

9 配置位置として、右図の壁線を🖱←AM9時 線上点・交点 。

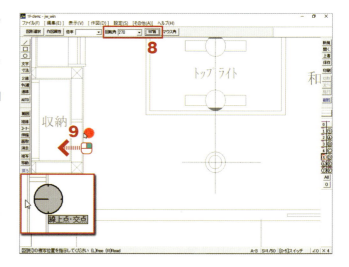

➡ ステータスバーの操作メッセージが「線上点指示」になる。

10 線上の位置として、右図の柱と柱の中間あたりで🖱。

➡ **9**で🖱←した壁線上の**10**の位置に基準点を合わせ、図形「スイッチ」が配置される。

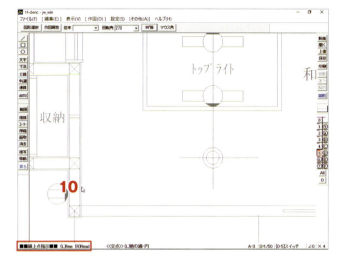

● 配置したスイッチにつなげて、もう1つスイッチを作図しましょう。

11 配置位置として、**10**で配置したスイッチの右端を🖱。

POINT | ここで配置した図形「スイッチ」は、円周上の1/8点（0°/45°/90°/135°/180°/225°/270°/315°）を🖱で読み取りできるよう作られています。

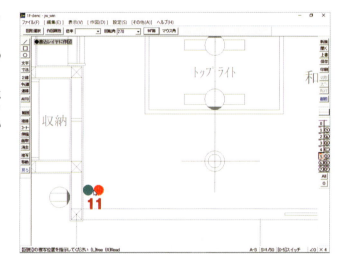

● 残りのスイッチを配置しましょう。2つ以上が連なるスイッチは、**8**－**11**のように図形「スイッチ」を連ねて配置するか、あるいはコントロールバー「図形選択」ボタンを🖱し、「ファイル選択」ダイアログで「スイッチ2」「スイッチ3」などをその都度選択して配置してください。スイッチの傍記は、配線の作図を終えてから記入します。

12 p.123で印刷した「課題1F－完成図」を参考に、残りのスイッチを配置する。

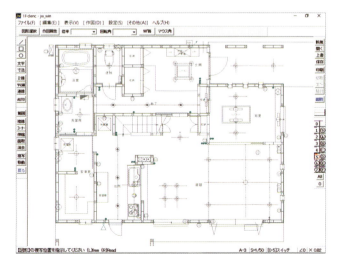

LESSON 5 電灯コンセント設備図の作図

STEP 27 「6」レイヤにインターホンを配置する

●「6:インターホン他」を書込レイヤにし、居間のニッチにインターホン親機を配置しましょう。

1. 「6:インターホン他」を書込レイヤに、「5:スイッチ」を表示のみレイヤにする。

2. コントロールバー「図形選択」ボタンを🖱。

3. 「ファイル選択」ダイアログの「13》インターホン」フォルダーを🖱で選択する。

4. 「電話型I親_壁4」を🖱🖱で選択する。

   POINT 文字の入った壁付きのシンボルは、回転角度を指定して配置すると、文字も回転してしまうため、壁の方向（上下左右）ごとに4種類の図形が用意されています。

5. コントロールバー「回転角」ボックスを空白または「(無指定)」にする。

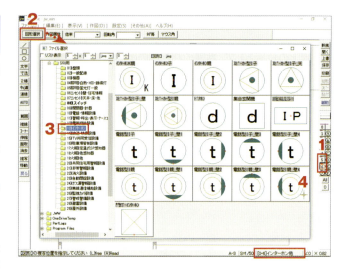

● 作図されているコンセントの右端には🖱で読み取りできる点があります。その点から50mm右にずらした位置に図形の基準点を合わせて配置しましょう。既存点から指定距離だけ上下左右にずれた位置を点指示するには🖱↓AM6時 オフセット を利用します。

6. 配置位置として、既存のコンセントの右端にマウスポインタを合わせ🖱↓AM6時 オフセット 。

   → 「オフセット」ダイアログが開く。

7. 「50,0」を入力し、「OK」ボタンを🖱。

   POINT オフセット数値の入力ボックスに 6 の点を原点 (0,0) とした X,Y 座標を「,」(半角カンマ)で区切って入力することで、6 の点から横に Xmm、縦に Ymm ずれた位置を、図形の配置位置として点指示できます。X,Y 座標は原点から右と上は＋(プラス)、左と下は－(マイナス)数値で指定します。ここでは右に 50mm ずらし、上下にはずらさないため、「50,0」を入力します。

   → 6 の点から右へ 50mm (50,0) ずらした位置に基準点を合わせ、図形が配置される。

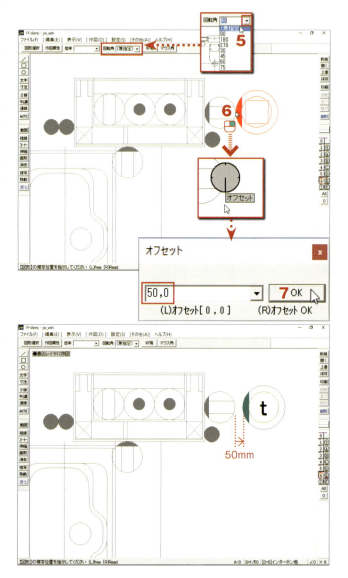

● 玄関脇の門灯・インターホンを配置しましょう。

8 コントロールバー「図形選択」ボタンを🖱し、図形「門灯・インターホン」を選択する。

9 玄関脇の補助線と外壁の交点を🖱して配置する。

STEP 28 移報器を配置する

● 浴室入口左のスイッチから50mm下にずらして、移報器を配置しましょう。

1 コントロールバー「図形選択」ボタンを🖱。

2 「ファイル選択」ダイアログで「19火報》他」フォルダーを🖱で選択する。

3 「移報器_壁3」を🖱🖱で選択する。

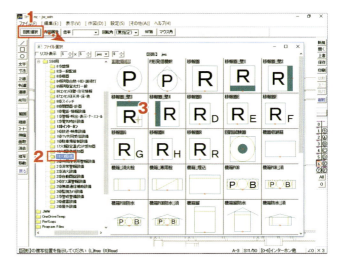

● 作図されているスイッチ下端には🖱で読み取りできる点があります。その点から50mm下にずらした位置に図形の基準点を合わせて配置しましょう。

4 配置位置として、既存のスイッチ下端にマウスポインタを合わせ🖱↓AM6時 オフセット 。

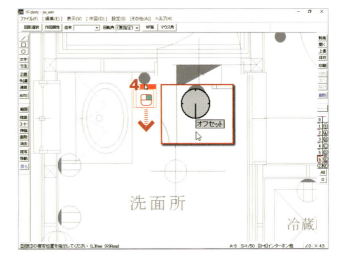

LESSON 5 電灯コンセント設備図の作図

167

➡ 「オフセット」ダイアログが開く。数値入力ボックスには、前項7で入力した「50,0」が色反転している。

❓ 「オフセット」ダイアログではなく、「軸角・目盛・オフセット　設定」ダイアログが開く → p.253 Q29

5 「0,-50」を入力し、「OK」ボタンを🖱。

POINT｜ここでは左右にずらさず、下に50mmずらすため、「0,-50」を入力します。

➡ 4の点から下へ50mm（0,-50）ずらした位置に基準点を合わせ、図形が配置される。

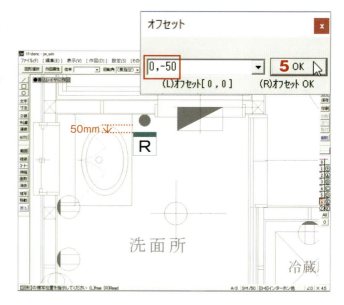

● 他の個所にも移報器を配置する。

6 コントロールバー「図形選択」ボタンを🖱し、配置先に合わせて「移報器_壁1」「移報器_壁2」を選択し、🖱↓AM6時 オフセット や🖱← AM9時 線上点・交点 を利用して、残りの移報器（4個所）を配置する。

7 「／」コマンドを選択し、「図形」コマンドを終了する。

8 上書き保存する。

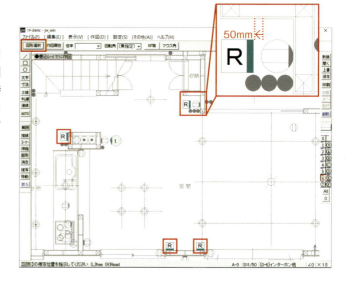

STEP 29　各レイヤの表示状態を変更する

● 配線を作図する準備として、「7:配線」を書込レイヤにし、電灯、スイッチ、換気扇、インターホンが作図されているレイヤを編集可能レイヤに、仮点を作図したレイヤを非表示にしましょう。どのレイヤに何が作図されているか、わからない場合は、レイヤ一覧ウィンドウでレイヤ操作を行いましょう。

1 レイヤバーの書込レイヤ「6」レイヤボタンを🖱し、レイヤ一覧ウィンドウを開く。

2 「(7)配線」レイヤ枠内で🖱。

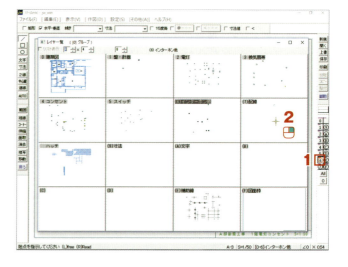

→ 「(7) 配線」が書込レイヤになる。

3 「2 電灯」レイヤ枠内で🖱。

→ 「(2) 電灯」が編集可能レイヤになる。

4 「3 換気扇等」「4 コンセント」「5 スイッチ」レイヤも🖱して編集可能レイヤにする。

5 「(E) 補助線」レイヤを🖱し、非表示レイヤにする。

POINT | 仮点は、端点や交点より優先して読み取られます。配線作図時に仮点を🖱しないよう、仮点が作図されている「E：補助線」レイヤを非表示にします。

6 右上の ✕ (閉じる) ボタンを🖱し、レイヤ一覧ウィンドウを閉じる。

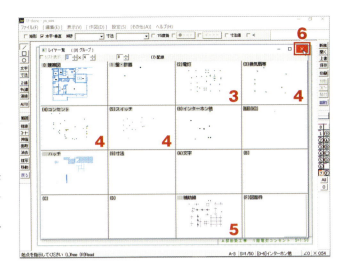

STEP 30 「7」レイヤに配線を作図する

● 「7：配線」レイヤに線色8・実線で配線を作図します。はじめに「／」コマンドで作図できる直線部分の配線を作図しましょう。

1 書込線を「線色8・実線」にする

2 「／」コマンドを選択し、コントロールバー「水平・垂直」にチェックを付ける。

3 始点として、居間の右図のダウンライトを十分に拡大表示し、右1/4点にマウスポインタを合わせ🖱。

4 終点として隣のダウンライト左1/4点を🖱。

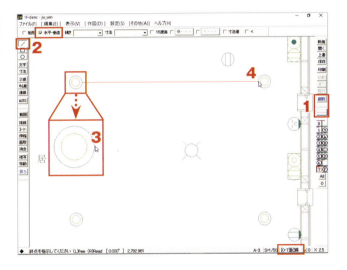

POINT 電気シンボルの読み取り点

付録CD-ROMに収録した電気シンボル図形は、配線作図などの操作を行いやすいよう、その円周上に🖱で読み取りできる点があります。

p.153で配置した図形「ダウンライト」は、右図の16個所に🖱で読み取りできる点があります。

本書では、円を4分割する点とその間の点を便宜上、右図のように、右1/4点、右下1/8点と呼びます。

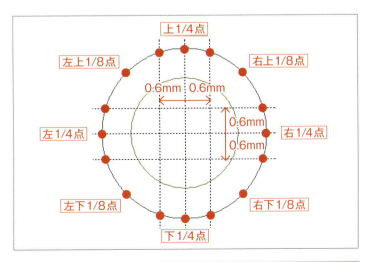

LESSON 5 電灯コンセント設備図の作図

169

● 「ﾀﾞｳﾝﾗｲﾄ」は上下左右の1/4点の両側にも点があるため、画面をあまり拡大表示せずに右1/4点を🖱すると、その上下の点が読み取られることがあります。ここでは、🖱↑AM0時 鉛直・円1/4点 を利用して、確実に上下左右の1/4の点を読み取りましょう。

5 始点として、右図のダウンライト下端にマウスポインタを合わせ🖱↑AM0時 鉛直・円1/4点 。

POINT 「／」コマンドのコントロールバー「水平・垂直」にチェックを付け、点指示時に円・円弧を🖱↑すると、鉛直・円1/4点 と表示され、円周上の🖱↑位置に近い1/4点を点指示できます。この機能は、円周上に🖱で読み取りできる点がない円・円弧の上下左右の1/4点を点指示する場合にも利用できます。

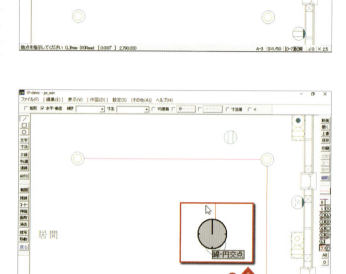

➡ **5**で🖱↑した付近の1/4点（ここでは下1/4点）を始点とした線がマウスポインタまで仮表示される。

6 終点として下側のダウンライトの上端にマウスポインタを合わせ🖱↑AM0時 線・円交点 。

POINT コントロールバー「水平・垂直」にチェックを付けているため、ここで作図される線の角度は90°（垂直線）に固定されています。終点指示時に円を🖱↑AM0時 線・円交点 することで、作図される垂直線と🖱↑した円の交点を終点にします。

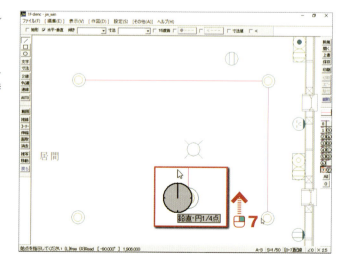

➡ **6**で🖱↑した円上を終点とした垂直線が作図される。

7 始点として、右図のダウンライト左端にマウスポインタを合わせ🖱↑AM0時 鉛直・円1/4点 。

➡ **7**で🖱↑した付近の1/4点（ここでは左1/4点）を始点とした線がマウスポインタまで仮表示される。

8 終点として左側のダウンライトの右端を🖱↑AM0時 線・円交点 。

➡ **8**で🖱↑した円上を終点とした水平線が作図される。

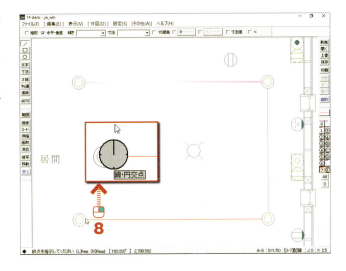

9 同様にして（**6**－**8**）、居間、台所、廊下、玄関、玄関ポーチの直線部分の配線を作図する。

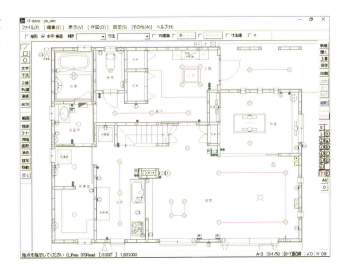

STEP 31 「連線」コマンドで配線を作図する

● 他の配線を「連線」コマンドを使って作図しましょう。

1 「連線」コマンドを選択する。

2 コントロールバー「丸面辺寸法」ボックスに「2」を入力する。

POINT｜「丸面辺寸法」ボックスの指定寸法で、連続線の接続部が面取りされます。寸法は図寸（mm）で指定します。

3 「基準角度」ボタンを2回🖱し、画面左上の表示を 角度45度毎【基準点：前線終点】 にする。

4 コントロールバー「基点」ボタンを🖱し、画面左上の表示を
角度45度毎《基準点：マウス位置》 にする。

LESSON **5** 電灯コンセント設備図の作図

171

POINT 「基準角度」ボタン

「基準角度」ボタンを🖱で連続線の作図角度を「無指定」⇒「15度毎」⇒「45度毎」に、「基点」ボタンを🖱で連続線の接続部の位置を「前線終点」⇔「マウス位置」に切り替えます。

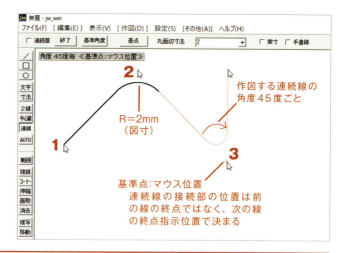

● 和室の2つのダウンライトをつなぐ配線を作図しましょう。上のダウンライト右側には、2本の配線を作図するため、始点として右1/4点より図寸0.6mm下にある点を指示します。

5 始点として、ダウンライトの右1/4点よりも少し下を🖱。

→ **5**を始点とした線がマウスポインタまで仮表示される。線の角度は、マウスポインタの位置により45度単位で変化する。

6 マウスポインタを右へ移動し、次の点として右図の位置で🖱。

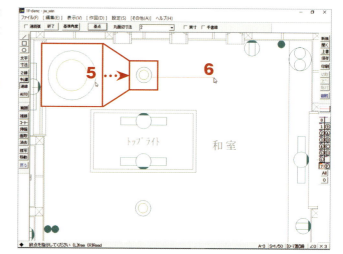

→ **5**-**6**の線の角度（水平）が確定し、図寸2mmの丸面で接続された線がマウスポインタまで仮表示される。**4**で基点にマウス位置を指定したため、**5**-**6**の線の長さと接続部の位置は、マウスポインタの位置に従い変化する。

7 マウスポインタを下に移動し、次の点として右図の位置で🖱。

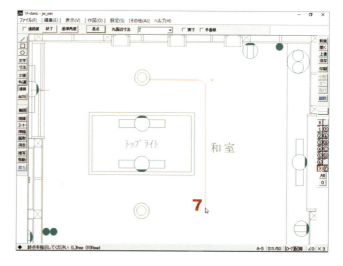

➡ **5**-**6**の線とそれに接続する丸面取部分が確定し、書込線で作図される。それに接続する**6**-**7**の線と接続部で丸面取りされた線がマウスポインタまで仮表示される。

8 次の点として右図のダウンライト右1/4点を🖱️🖱️（終了）。

POINT 連続線の作図を完了するには、最後の点をダブルクリックするか、あるいはコントロールバーの「終了」ボタンを🖱️します。

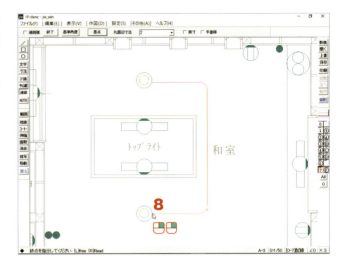

● 上のダウンライトから窓側の蛍光灯まで配線を作図しましょう。

9 始点として、ダウンライトの右1/4点より少し上を🖱️。

➡ **9**を始点とした線がマウスポインタまで仮表示される。

10 マウスポインタを右へ移動し、次の点として、右図の位置で🖱️。

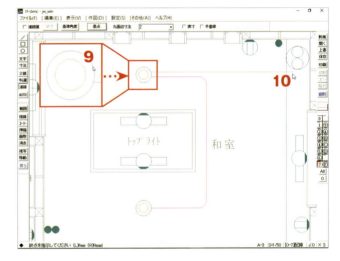

11 終点として、蛍光灯の円の上1/4点を🖱️🖱️。

POINT 蛍光灯の円も、ダウンライトと同様に、以下16個所に🖱️で読み取りできる点があります。

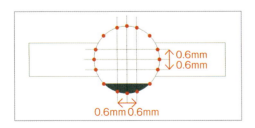

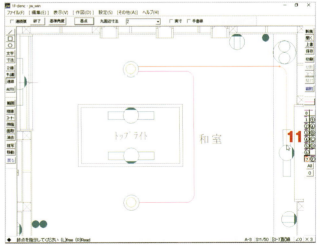

LESSON **5** 電灯コンセント設備図の作図

173

● 左下のスイッチからダウンライトまでの配線を作図しましょう。

12 始点として、スイッチの上1/4点を🖱。

POINT　図形「スイッチ」は、円周上を8等分する点（0°/45°/90°/135°/180°/225°/270°/315°）を🖱で読み取りできるように作られています。

➡ **12**を始点とした線がマウスポインタまで仮表示される。

13 次の点として、右図の位置で🖱。

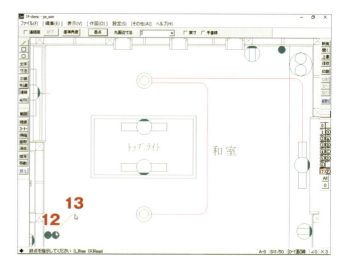

● ダウンライトの左1/4点の上下にも読み取りできる点があります（→ p.169の「POINT」）。確実に1/4点を終点として読み取るため、🖱↑で終点指示をしましょう。

14 終点として、ダウンライトの左端にマウスポインタを合わせ🖱↑AM0時 円上点&終了 。

POINT　連続線の終点として、円を🖱↑するとAM0時 円上点&終了 になり、円周上を終点として連続線の作図が終了します。

➡ マウスポインタまでの連続線が確定し、書込線で作図される。

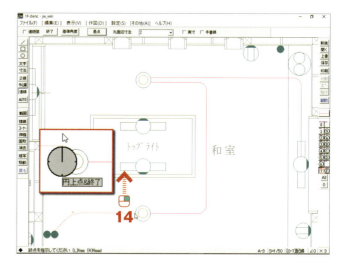

● 右下のコンセントからの配線を作図しましょう。

15 始点として、コンセントの円にマウスポインタを合わせ🖱↑AM0時 円上点&終了 。

POINT　始点として円を🖱↑AM0時 円上点&終了 することで、円周上を始点とした連続線を作図できます。

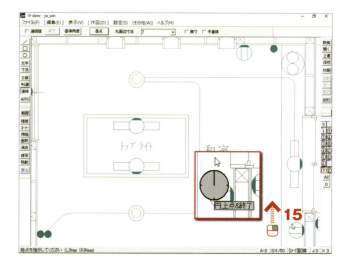

➡ 🖱↑した円周上を始点とする点線が、「連線」コマンドの基準角度45°ごとの角度でマウスポインタまで仮表示される。

16 次の点として右図の位置で🖱。

17 終点として右図の位置で🖱🖱。

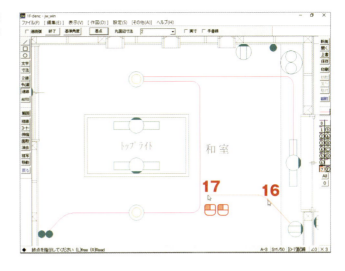

● 和室右上のスイッチ～換気扇の配線を作図しましょう。

18 始点としてスイッチの下1/4点を🖱。

19 次の点として右図の位置で🖱。

20 コントロールバー「丸面辺寸法」ボックスを🖱し、「1」に変更する。

POINT | 丸面辺寸法を小さくすることで、スイッチ～換気扇の短い距離におさまるように配線を作図できます。

21 終点として換気扇の円の左を🖱↑AM0時 円上点＆終了 。

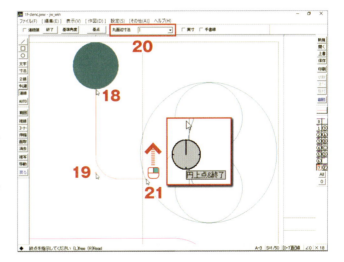

● 和室の残りの配線も作図しましょう。

22 コントロールバー「丸面辺寸法」を「2」に戻し、和室の残りの配線も作図する。

❓ 円を🖱↑AM0時 円上点＆終了 すると、 円ではありません と表示され、始点または終点指示できない → p.253 Q30

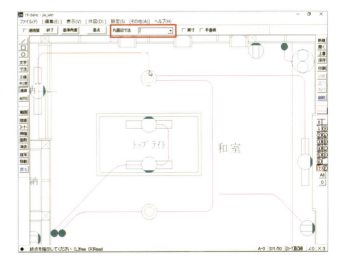

LESSON 5 電灯コンセント設備図の作図

175

- 他の部屋の配線も作図しましょう。右図のA、B部分については、以下の「HINT」を参考にして作図してください。

23 p.123で印刷した「課題1F-完成図」を参考に、残りの配線を作図する。

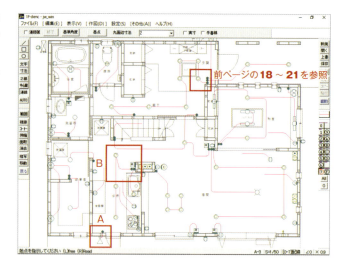

HINT 〈A〉円の中心点を点指示する方法

- 図形「警報サイレン」の円の中心点には、🖰で読み取りできる点がありません。🖰→AM3時 中心点・A点 を利用することで、円の中心点を点指示できます。

1 コントロールバー「丸面辺寸法」ボックスを「1」にする。

2 連線の始点として円にマウスポインタを合わせ🖰→AM3時 中心点・A点 。

POINT 点指示時に円または円弧を🖰→AM3時 中心点・A点 することで、円・円弧の中心点を指示できます。

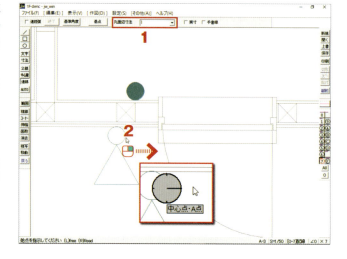

→ **2**の円の中心点が始点に確定し、マウスポインタまで仮線が表示される。

3 終点として右図の位置で🖰。

4 終点としてスイッチの下1/4点を🖰🖰（終了）。

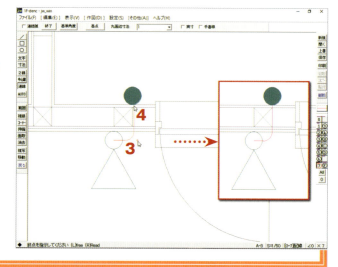

HINT 〈B〉基準角度の変更と円上点

● 台所のスイッチ～ダウンライトの配線は、基準角度を15度ごとに変更し、🖱↑AM0時 円上点&終了 を利用して、ダウンライトの円周上を終点に指定するとうまく作図できます。

1 連線の始点としてスイッチ左1/4点を🖱。
2 終点として右図の位置を🖱。

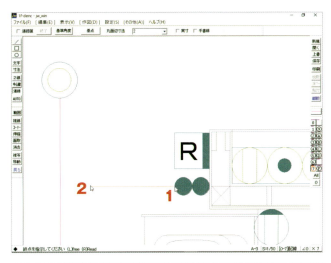

3 コントロールバー「基準角度」ボタンを2回🖱し、角度15度毎《基準点：マウス位置》にする。
   ➡ マウスポインタまで仮表示された線の角度が15度ごとに変化するようになる。
4 終点として、ダウンライトの外周円に右図のようにマウスポインタを合わせ🖱↑AM0時 円上点&終了。
   ➡ 4の🖱↑した円周上を終点として連線の作図が終了する。

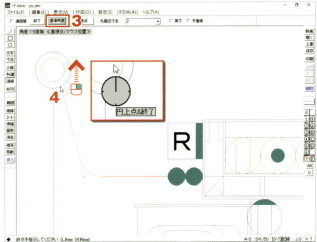

POINT 🖱↑AM0時のクロックメニューについて

🖱↑AM0時のクロックメニューは、選択コマンドやその操作段階などによって異なります。

標準の点指示時	「／」コマンド「水平・垂直」チェック有 始点指示時	「／」コマンド「水平・垂直」チェック有 終点指示時	「／」コマンド「水平・垂直」チェック無	「連線」コマンド 始点・終点指示時
	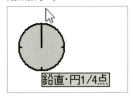	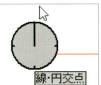	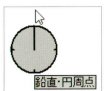	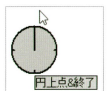
🖱↑した円・円弧の円周の1/4点（上下左右）を読み取る	🖱↑した線上を始点として線に鉛直な線を仮表示する。円・円弧を🖱↑した場合は円周1/4点を読み取る	仮表示の線と🖱↑した線または円・円弧の交点を終点として読み取る	🖱↑した線または円・円弧上を始点としてその線・円・円弧に鉛直な線を仮表示する	🖱↑した円・円弧上を始点または終点として連続線を作図する

STEP 32 配線端部を作図する

● 配線端部に矢印を作図しましょう。

1 メニューバー［その他］-「線記号変形」を選択する。

2 「ファイル選択」ダイアログのフォルダーツリーで「jw-dens」フォルダー下の「S50用」フォルダーを🖱🖱。

3 「S50用」フォルダー下に表示される「【線記号変形A】配線」を🖱。

4 右側に一覧表示される記号「［・→］ 1」を🖱🖱で選択する。

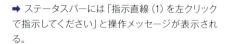

→ ステータスバーには「指示直線（1）を左クリックで指示してください」と操作メッセージが表示される。

POINT 線記号変形は、指示した線を「ファイル選択」ダイアログで選択した記号の形状に変形作図します。記号［・→］では、線を🖱指示し、次に矢印の先端の位置を指示して変形作図します。

● 居間の天井コンセントからの配線端部に矢印を作図しましょう。

5 指示直線（1）として、居間の天井コンセントからの配線を🖱。

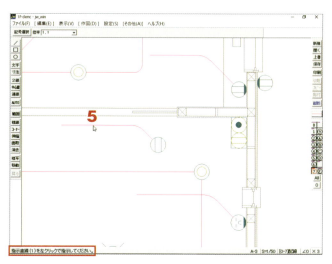

→ 🖱した線が右図のように矢印付きの線となりマウスポインタまで仮表示される。操作メッセージは、「位置をマウスで指示してください」になる。

POINT 5で線を🖱した位置よりも線の先端側にマウスポインタを移動し、矢印の先端位置を指示してください。

6 矢印の先端位置として、右図の位置で🖱。

→ 5で指示した線先端が矢印に変形作図される。

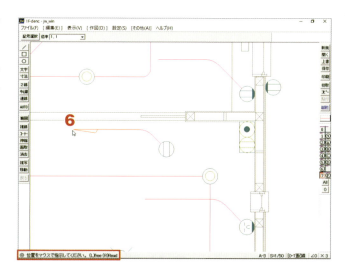

● 居間の壁コンセントからの配線端部にも同じ矢印を作図しましょう。

7 指示直線（1）として、居間の壁コンセントからの配線を🖱。

➡ 🖱した線が矢印付きになりマウスポインタまで仮表示される。操作メッセージは、「位置をマウスで指示してください」になる。

8 矢印の先端位置として、右図の位置で🖱。

9 同様にして、和室のコンセントからの配線端部にも矢印を作図する。

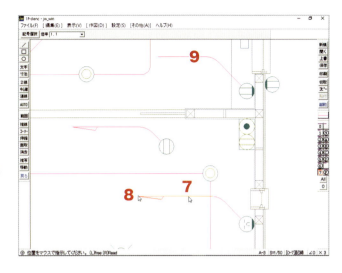

● 浴室の換気扇からの配線、台所のコンセントからの配線3個所にも同様に矢印を作図しましょう。

10 指示直線（1）として、浴室の換気扇からの配線を🖱。

➡ 🖱した線が矢印付きになりマウスポインタまで仮表示される。操作メッセージは、「位置をマウスで指示してください」になる。

11 矢印の先端位置として、右図の位置で🖱。

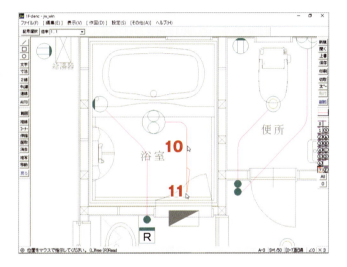

12 同様にして台所のコンセントからの配線端部3個所に矢印を作図する。

- 階段下のスイッチから2階への配線端部に切断記号を作図しましょう。

13 コントロールバー「記号選択」ボタンを🖱。

14「ファイル選択」ダイアログで記号「[----S]」を選択する。

　→ ステータスバーには「指示直線（1）を左クリックで指示してください」と操作メッセージが表示される。

15 指示直線（1）として、階段スイッチから上に向かう配線を🖱。

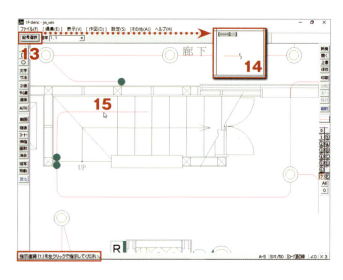

　→ 🖱した線に切断記号が付き、マウスポインタまで表示される。操作メッセージは、「位置をマウスで指示してください」になる。

16 切断記号の位置として、右図の位置で🖱。

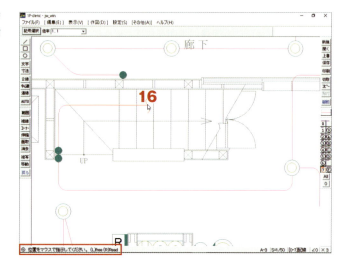

STEP 33 交差部分の処理をする

- 配線どうしが交差する部分の処理をしましょう。

1 コントロールバー「記号選択」ボタンを🖱。

2「ファイル選択」ダイアログで記号「[-----]切断」を選択する。

　→ ステータスバーには「指示直線（1）を左クリックで指示してください」と操作メッセージが表示される。

3 指示直線（1）として、切断する配線を🖱。

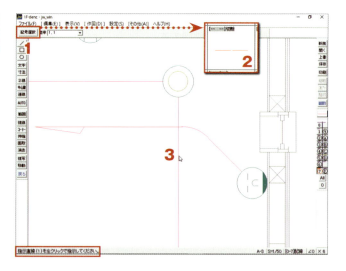

➡ 🖱した線のマウスポインタの両側が切断されたように仮表示される。操作メッセージは、「位置をマウスで指示してください」になる。

4 切断位置として、もう一方の配線との交点を🖱。

➡ 🖱位置を中心に**3**の線が切断される。

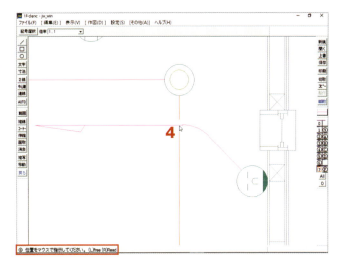

HINT 切断幅を変更するには

線が切断される幅は、図寸で1.6mmです。

この幅は、切断位置を指示する前にコントロールバー「倍率」ボックスに倍率を指定することで変更できます。「倍率」ボックスに「2」を入力すれば倍の3.2mmになります。

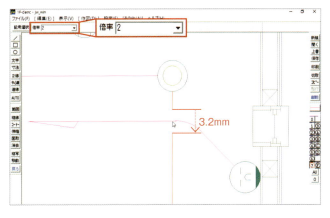

STEP 34 スイッチの傍記を記入する

● 「図形」コマンドで、玄関のスイッチ脇に傍記を記入しましょう。

1 レイヤバーの「5」レイヤボタンを🖱し、「5:スイッチ」を書込レイヤにする。

2 メニューバー[その他]-「図形」を選択する。

3 「ファイル選択」ダイアログで「08》スイッチ」フォルダーを🖱で選択する。

4 「傍_3」を🖱🖱で選択する。

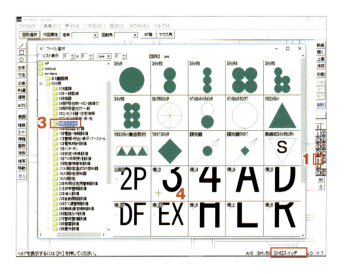

LESSON 5 電灯コンセント設備図の作図

181

➡ マウスポインタに文字の外形枠が仮表示される。

5 配置位置として、右図のスイッチ右1/4点を🖱。

➡ 文字「3」の左中を🖱位置に合わせて記入される。

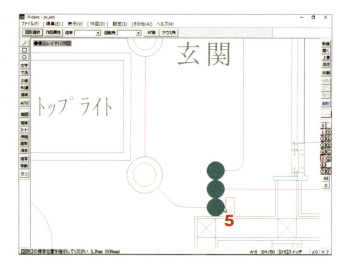

● 傍記「H」を上の2つのスイッチの左側に記入しましょう。

6 コントロールバー「図形選択」ボタンを🖱。

7 「ファイル選択」ダイアログで「傍_H」を選択する。

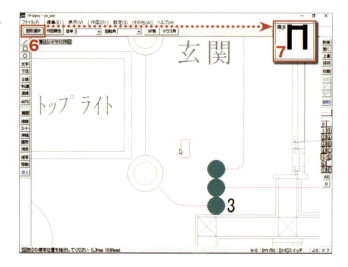

● スイッチの右側に記入するように基準点が設定されている「傍_H」を左側に記入するため、その左右を反転しましょう。

8 コントロールバー「倍率」ボックスの▼ボタンを🖱し、表示されるリストから「-1,1」を🖱で選択する。

POINT 「倍率」ボックスに「横の倍率，縦の倍率」を指定することで、図形の大きさを変更できます。「-1,1」は、横、縦ともに1倍のため大きさは変更されませんが、横(X)が-(マイナス)値のため、図形の左右が反転します。

➡ 図形が右図のように左右反転して仮表示される。

9 配置位置として、右図のスイッチの左1/4点を🖱。

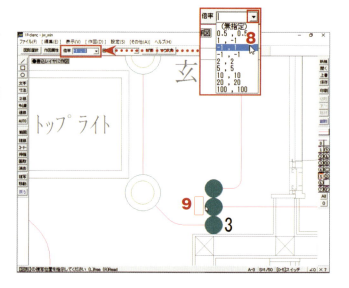

→ 文字「H」が右図のように記入される。

POINT | コントロールバー「倍率」ボックスに「−1,1」を指定することで図形が左右反転しますが、文字自体は裏返しにはなりません。

10 配置位置として、もう1つのスイッチの左1/4点を🖱。

11 印刷した「課題1F−完成図」を参照し、同様にして他のスイッチの傍記も記入する。

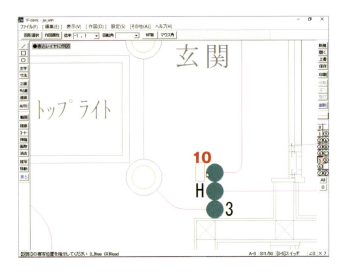

STEP 35 コンセントの傍記を記入する

● 続けて、給湯器脇のコンセントの傍記「WPE」を記入しましょう。

1 レイヤバーの「4」レイヤボタンを🖱し、「4:コンセント」を書込レイヤにする。

2 コントロールバー「図形選択」ボタンを🖱。

3 「ファイル選択」ダイアログで「06ｺﾝｾﾝﾄ》壁・住宅情報」フォルダーを🖱で選択する。

4 一覧画面をスクロールし、「傍_WPE」を🖱🖱で選択する。

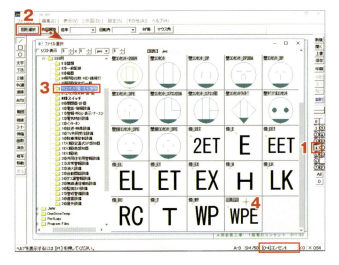

5 コントロールバー「倍率」ボックスの▼ボタンを🖱し、リストから「(無指定)」を🖱。

POINT |「(無指定)」は何も指定していない状態(空白に同じ)のことです。

6 コントロールバー「90°毎」ボタンを🖱し、「回転角」を「90」にする。

7 配置位置として給湯器脇のコンセントの1/4点を🖱。

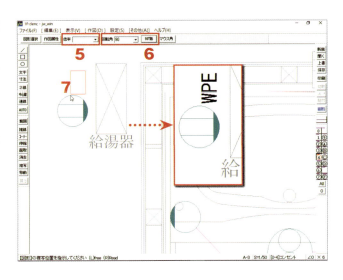

● 他の外部コンセント2個所にも「WPE」を記入しましょう。

8 コントロールバー「回転角」ボックスを「(無指定)」または空白にする。

9 配置位置として右図のコンセントの右1/4点を🖱。

10 もう1個所の配置位置としてコンセント下の右図の位置で🖱。

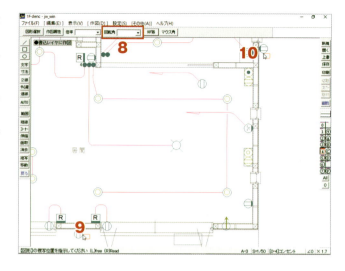

● 他のコンセントの傍記「RC」「2ET」「E」は、図形「傍_RC」「傍_2ET」「傍_E」として用意されています。それらを読み込み配置しましょう。

11 コントロールバー「図形選択」ボタンを🖱し、「ファイル選択」ダイアログで「傍_RC」を選択する。

12 右図の2個所(和室と居間)に🖱で配置する。

13 印刷した「課題1F－完成図」を参照し、同様にして、必要な個所に図形「傍_2ET」「傍_E」を配置する。

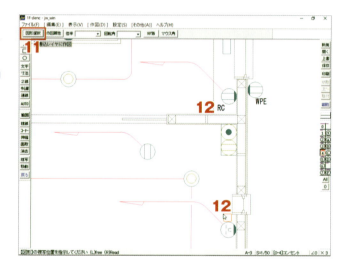

STEP 36 既存の文字と同じ文字種で記入する

● 図形として用意されていない傍記は、「文字」コマンドで記入します。はじめに「文字」コマンドを選択し、書込文字種を「図形」コマンドで記入した傍記の文字と同じ設定にしましょう。

1 「文字」コマンドを選択する。

2 メニューバー［設定］－「属性取得」を選択する。

POINT 文字要素の文字種とレイヤを「属性」と呼びます。「属性取得」では、書込文字種と書込レイヤを🖱指示した文字要素と同じ設定にします。

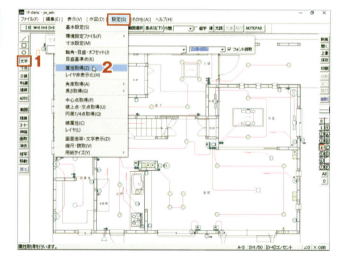

➡ 画面左上に 属性取得 と表示され、ステータスバーには「属性取得をする図形を指示してください（L）」と操作メッセージが表示される。

3 属性取得の対象としてコンセントの傍記の文字「RC」を🖱。

❓ 「選択されたブロックを編集します」ダイアログが開く →p.253 Q31

➡ 書込文字種が🖱した文字と同じ文字種（任意サイズ・高さ・幅2mm）になる。書込レイヤは🖱した文字と同じ「4：コンセント」のままである。

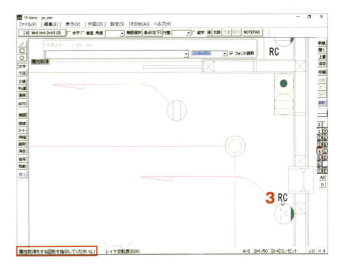

POINT 「書込文字種」ボタンに「Free」と表示されるのは文字種[1]～[10]以外の「任意サイズ」です。

● 居間の2P30Aの壁コンセント下に「200V」を記入しましょう。

4 「文字入力」ボックスに「200V」を入力する。

5 コントロールバー「基点」を🖱。

6 「文字基点設定」ダイアログの「ずれ使用」のチェックを外し、「中上」を🖱。

7 記入位置としてコンセントの1/4点を🖱。

➡ **3**で属性取得した文字「RC」と同じ文字種で文字「200V」が記入される。

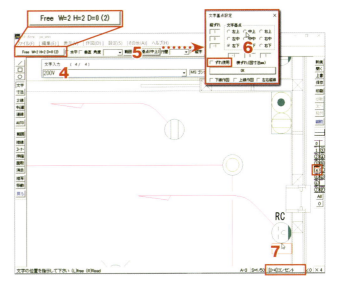

● 居間の住宅情報コンセント＋電話の脇に「LAN4」を記入しましょう。

8 「文字入力」ボックスに「LAN4」を入力する。

9 記入位置を🖱。

10 「／」コマンドを選択し、「文字」コマンドを終了する。

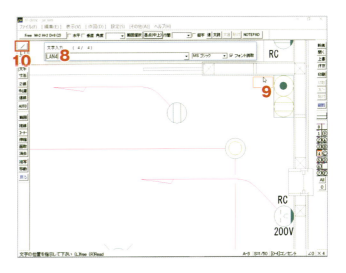

LESSON **5** 電灯コンセント設備図の作図

185

STEP 37 条数「2線アース」を作図する

● 配線と同じレイヤに条数を作図します。はじめに配線が作図されているレイヤを書込レイヤにしましょう。

1 メニューバー［設定］－「属性取得」を選択する。

→ 画面左上に 属性取得 と表示され、「属性取得をする図形を指示してください（L）」と操作メッセージが表示される。

2 作図されている配線を🖱。

POINT｜線や円要素の線色・線種・レイヤを「属性」と呼びます。「属性取得」では、書込線の線色・線種と書込レイヤを🖱した線や円の要素と同じ設定にします。

→ 書込線が🖱した線と同じ「線色8・実線」になり、書込レイヤが🖱した線と同じ「7：配線」レイヤになる。

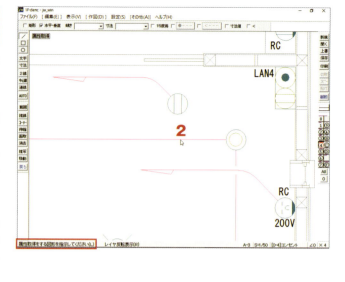

● 和室、居間のコンセントからの配線に条数「2線アース」を作図しましょう。

3 メニューバー［その他］－「線記号変形」を選択し、「ファイル選択」ダイアログで「【線記号変形B】条数1」を選択する。

4 「2線（アース）」を🖱🖱で選択する。

→ ステータスバーには「指示直線（1）を左クリックで指示してください」と表示される。

POINT｜条数の線記号は、はじめに条数を作図する配線を🖱指示し、次に条数を作図する位置を指示します。配線を🖱する位置は条数を作図する位置よりも左側で🖱します。

5 指示直線（1）として、右図の線を、矢印に近い位置で🖱。

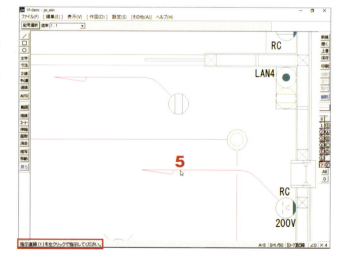

→ **5**で🖱した線上のマウスポインタの位置に条数記号「2線（アース）」が仮表示される。操作メッセージは「位置をマウスで指示してください」になる。マウスポインタを**5**の位置より左に移動すると、仮表示される条数記号は逆さになる。

6 作図位置として右図の位置で🖱。

→ 条数「2線（アース）」が**5**の線上の**6**の位置に作図される。

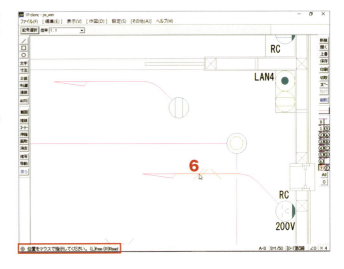

● 続けて、同じ線記号「2線（アース）」を居間のもう1個所のコンセントからの配線にも作図しましょう。

7 指示直線(1)として、配線を、矢印に近い位置で🖱。

8 マウスポインタを**7**より右へ移動し、作図位置を🖱。

9 同様に、和室のコンセントからの配線にも作図する。

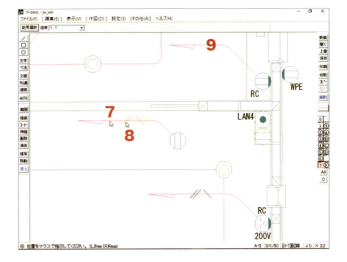

● 同じ線記号「2線（アース）」を浴室の換気扇からの配線にも作図しましょう。

10 指示直線(1)として、浴室の換気扇からの配線を、矢印に近い位置で🖱。

11 マウスポインタを**10**より上へ移動し、作図位置を🖱。

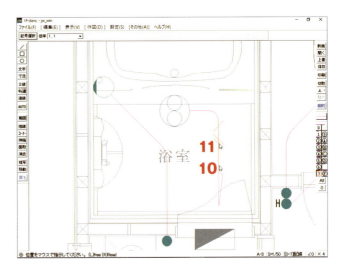

● 同じ線記号「2線（アース）」を台所の3個所のコンセントからの配線にも作図しましょう。

12 指示直線（1）として、矢印に近い位置で🖱。

13 マウスポインタを**12**より下へ移動し、作図位置を🖱。

14 同様にして、残り2個所にも作図する。

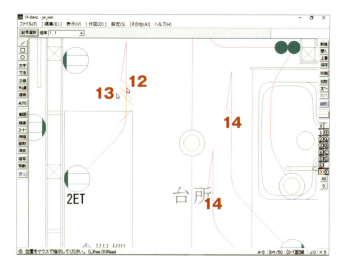

STEP 38 条数「3線」と「4線」を作図する

● 玄関のスイッチからの配線に条数記号「3線」を作図しましょう。

1 コントロールバー「記号選択」ボタンを🖱し、「ファイル選択」ダイアログから「3線」を選択する。

2 指示直線（1）として、玄関の3路スイッチからの配線を🖱。

> ❓ 直線ではありません。と表示される
> → p.253 Q32

3 作図位置を🖱。

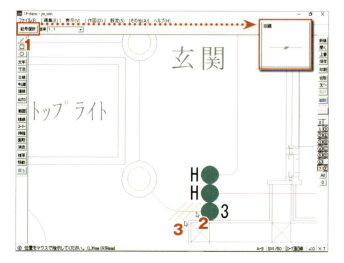

● 廊下、階段下のスイッチからの配線にも、同じ条数記号「3線」を作図しましょう。

4 同様に、指示直線と作図位置を🖱し、右図の4個所にも「3線」を作図する。

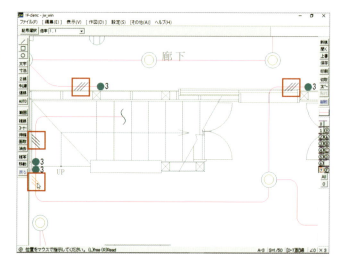

● 居間の4路スイッチから入口のダウンライトまでの配線に条数記号「4線」を作図しましょう。

5 コントロールバー「記号選択」ボタンを🖱し、「ファイル選択」ダイアログから「4線」を選択する。

6 指示直線(1)として、右図の配線を🖱し、作図位置を🖱。

❓ 配線が短くて線記号「4線」が収まらない
→p.254 Q34

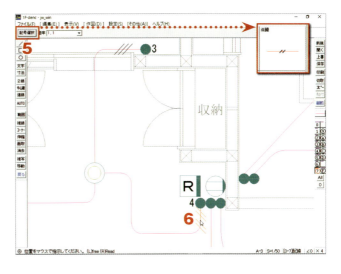

HINT 条数と一緒に文字を記入するには

●「線記号変形」の「【線記号変形B】条数1」には、文字入力付きの条数も用意されています。以下の手順で条数とともに文字も記入できます。

1 「ファイル選択」ダイアログの一覧画面をスクロールし、「2線　文字入力」を🖱🖱で選択する。

2 指示直線(1)を🖱。

3 条数の記入位置を🖱。

4 「文字入力」ボックスが表示されるので、キーボードから記入する文字（右図では「2.0」）を入力し、Enterキーを押して確定する。

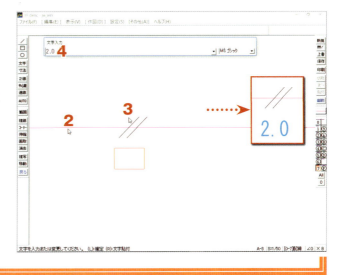

LESSON 5　電灯コンセント設備図の作図

189

STEP 39 「A」レイヤに記載事項を記入する

● 「A:文字」レイヤに記載事項を記入しましょう。

1. 「A:文字」レイヤを書込レイヤにする。
2. 「文字」コマンドを選択し、コントロールバー「書込文字種」がp.184で属性取得した「Free W=2 H=2 …」になっていることを確認する。
3. 印刷した「課題－1F完成図」を参考に記載事項を記入する。

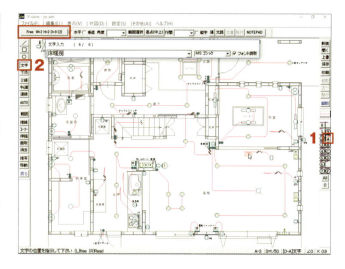

STEP 40 建築図の文字を移動する

● 部屋名など、配線、記号に重なる建築図の文字を移動しましょう。

1. 「0」レイヤボタンを🖱し、「0:建築図」を編集可能レイヤにする。
2. 「文字」コマンドで、移動する文字「浴室」を🖱。

POINT 「文字入力」ボックスに入力せずに、既存の文字を🖱することで、文字の変更・移動ができます。「文字変更・移動」ボックスの文字を変更せずに移動先をクリックすることで現在の基点をクリック位置に合わせ、文字を移動します。

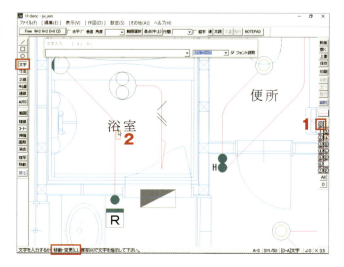

3. 移動先を🖱。
4. 同様に、配線などに重なる他の文字も移動する。

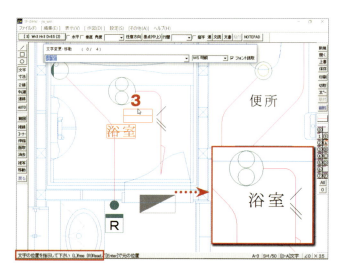

STEP 41 上書き保存し、印刷する

● 以上で、図面作図は完了です。すべてのレイヤを表示して上書き保存し、印刷しましょう。

1 レイヤバーの「All」ボタンを🖱し、すべてのレイヤを編集可能にする。
2 上書き保存する。
3 「印刷」コマンドを選択し、図面を印刷する（→p.123）。

POINT｜モノクロで印刷するにはコントロールバー「カラー印刷」のチェックを外して印刷します。

HINT 電気シンボルの属性取得について

ここで配置した電気シンボルは1要素として扱われるブロック図形（→p.233）です。属性取得（→p.185/186）の対象としてブロック図形である電気シンボルを🖱すると右図の「選択されたブロックを編集します」ダイアログが開きます。この時点で属性取得は完了しており、書込線の線色・線種と書込レイヤは🖱した電気シンボルと同じ設定に変っています。「キャンセル」ボタンを🖱し、ダイアログを閉じてください。

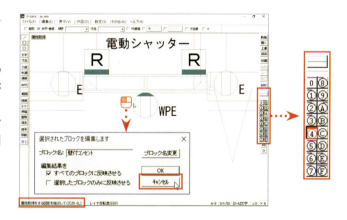

HINT 回路番号を作図する場合は

図面に回路番号も作図する場合は、メニューバー［その他］－［線記号変形］を選択し、「S=50用」フォルダー下の【線記号変形O】～【線記号変形W】をご利用ください。p.106の回路番号と同様に、書込線で番号順に作図できます。番号を入力して作図する場合には、一覧画面を最後までスクロールして「○32input」を選択してください。作図位置を指示すると、「32」が入力された「文字入力」ボックスが表示されます。回路番号「32」を作図する場合は、そのまま[Enter]キーを押します。他の番号を作図する場合は、「文字入力」ボックスの数字を変更したうえで、[Enter]キーを押します（→p.109の「HINT」）。

LESSON 5 電灯コンセント設備図の作図

HINT 寸法の記入方法

● 居間のダウンライトの位置の寸法を記入する例で、寸法の記入方法を解説します。

1 「9:寸法」を書込レイヤにし、「8」「E」を非表示レイヤにする。

2 「寸法」コマンドを選択し、コントロールバー「設定」ボタンを🖱。

3 「寸法設定」ダイアログの「文字種類」ボックスを🖱し、既存の数値を消して「1」を入力して「OK」ボタンを🖱。

POINT | 寸法値の文字を文字種1～10で指定します。また寸法線は「寸法線色」ボックスで指定の線色で作図されます。

4 引出線タイプボタンが「=」であることを確認し、引出線の始点として右図の位置で🖱。

→ 4の位置に赤点線で引出線の始点位置を示すガイドラインが表示される。ステータスバーのメッセージは「寸法線の位置を指示して下さい」になる。

5 寸法線の記入位置として4より下側で🖱。

→ 赤点線で寸法線の記入位置を示すガイドラインが表示され、ステータスバーのメッセージは「寸法の始点を指示して下さい」になる。

POINT | 「寸法」コマンドでは、図面上の2点を指示し、その間隔を寸法として作図します。寸法の始点、終点指示は🖱も点を読み取ります。

6 寸法の始点として右図の壁角を🖱。

7 寸法の終点として右図のダウンライトの上1/4点を🖱。

→ 測定記入された寸法値が画面左上に表示され、4の引出線始点位置から5の寸法線位置まで引出線が、寸法線位置ガイドライン上に6-7間の寸法線と寸法値が記入される。

8 連続入力の終点として隣のダウンライトの上1/4点を🖱。

POINT | 終点指示後、次の点を🖱することで、直前の終点から🖱した点までの寸法を記入します。

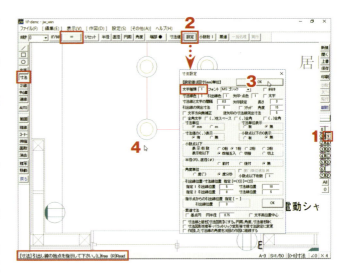

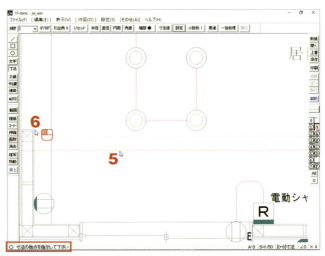

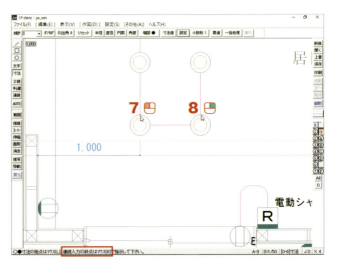

● 縦方向の寸法を記入しましょう。

9 コントロールバー「リセット」ボタンを🖱。

POINT 現在赤点線で表示されているガイドラインとは異なる位置に寸法を記入するには、コントロールバー「リセット」ボタンを🖱し、現在の指定を解除したうえで、あらためて引出線の始点と寸法線の記入位置を指示します。

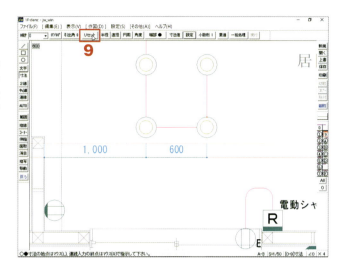

10 コントロールバー「0°/90°」ボタンを🖱し、「傾き」ボックスを「90」にする。

POINT 「0°/90°」ボタンを🖱することで0°⇔90°の切替ができます。「傾き」ボックスに「90」を直接入力しても同じです。

11 引出線の始点位置として右図位置で🖱。

➡ 引出線始点位置のガイドラインが縦に表示される。

12 寸法線の記入位置として右図の位置で🖱。

➡ 寸法線位置のガイドラインが縦に表示される。

13 寸法の始点として右図の壁角を🖱。

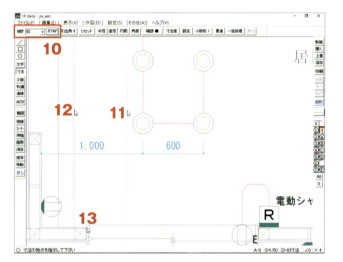

14 寸法の終点として右図のダウンライトの右1/4点を🖱。

➡ **11**から**12**の位置まで引出線が作図され、寸法線位置ガイドライン上に**13**－**14**間の寸法線と寸法値が記入される。

15 寸法の連続終点としてその上のダウンライトの右1/4点を🖱。

➡ **14**－**15**間の寸法が記入される。

16 コントロールバー「リセット」ボタンを🖱し、現在の寸法記入位置指定を解除する。

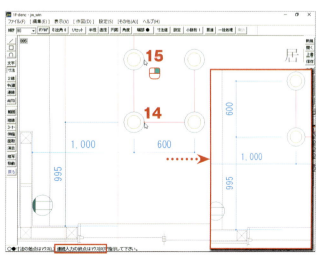

LESSON 5 電灯コンセント設備図の作図

193

やってみよう！

1階電灯コンセントと同様に、p.123で印刷した「課題2F-補助線」と「課題2F-完成図」を参考に、「2階電灯コンセント」を作図してみましょう。

1. 「2F-heimen」を開き、不要な要素の消去（→p.135）や線色・レイヤ変更、レイヤ名や印刷線幅の設定などを行ったうえ、「2F-denc」として保存する（参考→p.137～143）。

2. 印刷した「課題2F-補助線」を参照し、必要な補助線を作図する（参考→p.144～149）。

3. 印刷した「課題2F-完成図」を参照し、それぞれのレイヤに電灯、換気扇、コンセント、スイッチなどを配置して配線を作図する（参考→p.153～177）。

4. 配線端部、条数、傍記などを記入して完成する（参考→p.178～190）。

「2F-heimen」

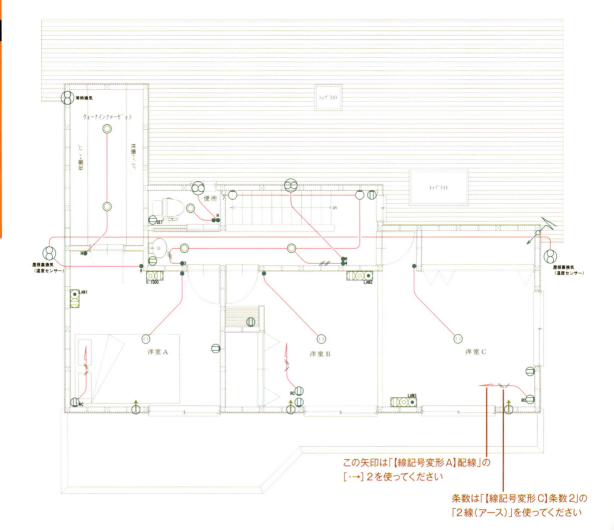

この矢印は「【線記号変形A】配線」の［・→］2を使ってください

条数は「【線記号変形C】条数2」の「2線（アース）」を使ってください

LESSON 6

作図した図面をA2用紙にレイアウトする

A2用紙に図面枠を作図し、これまで作図した1階電灯コンセント(「1F-denc.jww」S=1/50)、2階電灯コンセント(「2F-denc.jww」S=1/50)、盤図と回路名番(「01.jww」S=1/1)をA2用紙にレイアウトしましょう。また、シンボル一覧と特記なき取付高さの表を作図しましょう。

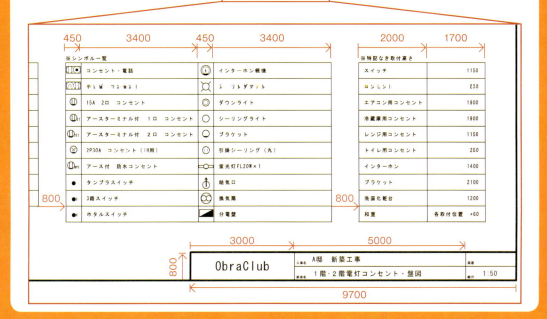

作図した図面のレイアウト例

STEP 1 A2用紙に印刷枠を作図する

● 印刷可能な範囲は、プリンタ機種によって異なります。A2用紙に図面枠を作図するため、はじめに印刷可能な範囲を示す印刷枠を補助線で作図しましょう。

1 用紙サイズをA2、縮尺を1/50に設定する。

2 「印刷」コマンドを選択し、「印刷」ダイアログの「プリンター名」が通常使用するプリンタであることを確認して「OK」ボタンを🖱。

➡ 2で確認したプリンタの用紙サイズ、用紙の向きで、赤い印刷枠が表示される。

3 コントロールバー「プリンタの設定」ボタンを🖱。

4 「プリンターの設定」ダイアログで用紙サイズ「A2」、印刷の向き「横」を選択し、「OK」ボタンを🖱。

❓ プリンタがA3（またはA4）までの対応のため、用紙サイズの選択リストに「A2」がない
→ p.255 Q35

➡ A2横の印刷枠が表示される。

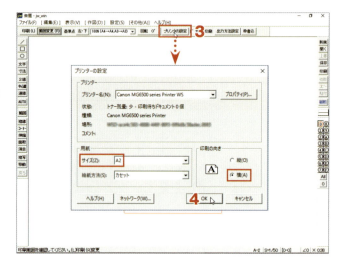

● 表示されている印刷枠を「E」レイヤに「線色2・補助線種」で作図しましょう。

5 「E」レイヤボタンを🖱し、書込レイヤにする。

6 書込線を「線色2・補助線種」にする。

7 印刷枠が作図ウィンドウの中央に表示されることを確認し、コントロールバー「枠書込」ボタンを🖱。

➡ 印刷枠が線色2・補助線種で作図される。

8 「／」コマンドを選択し、「印刷」コマンドを終了する。

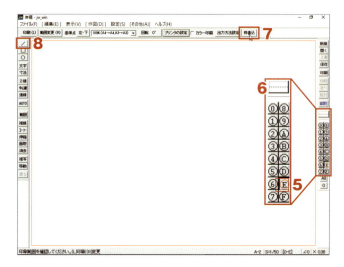

STEP 2 「F」レイヤに図面枠を作図する

● 前項で作図した印刷枠の4辺から100mm内側に図面枠を作図しましょう。

1 「F」レイヤボタンを🖱し、書込レイヤにする。

2 書込線を「線色3・実線」にする。

3 「複線」コマンドを選択し、コントロールバー「複線間隔」ボックスに「100」を入力する。

4 基準線として印刷枠の左辺を🖱。

→ 基準線から間隔100mmで複線が仮表示され、操作メッセージは「作図する方向を指示してください」になる。

5 コントロールバー「連続線選択」ボタンを🖱。

POINT 基準線を指示後、コントロールバー「連続線選択」ボタンを🖱することで、基準線とそれに連続するすべての線が複線の基準線になります。

→ 4の基準線とそれに連続するすべての線（印刷枠の4辺）が基準線として選択色で表示され、基準線から100mmマウスポインタ側に連続した複線（ここでは長方形）が仮表示される。操作メッセージは「作図する方向を指示してください」と表示される。

6 印刷枠の内側で、作図方向を決める🖱。

→ 印刷枠の4辺から100mm内側に長方形が書込線の線色3・実線で作図される。

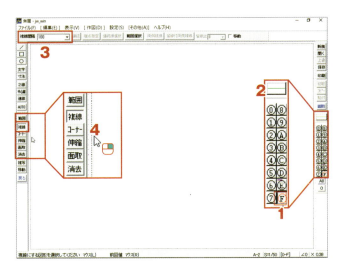

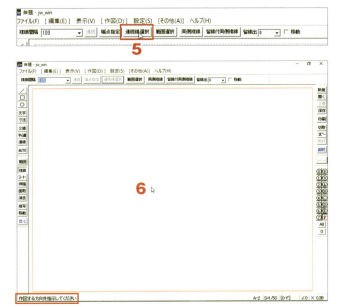

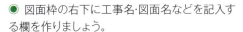

● 図面枠の右下に工事名・図面名などを記入する欄を作りましょう。

7 図面枠の下辺から800mm上に複線を作図する。

8 図面枠の右辺から9700mm左に複線を作図する。

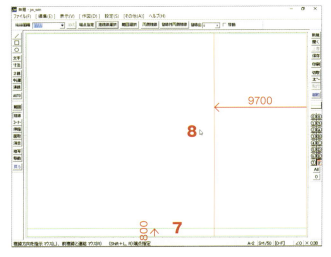

● 作図した水平線と垂直線の角を作りましょう。

9 「コーナー」コマンドを選択する。

10 水平線を、次に指示する垂直線との交点より右側で🖱。

11 垂直線を、**10**の水平線よりも下側で🖱。

➡ **10**と**11**の線の交点に対して、🖱した側を残し、2本の線の角が作られる。

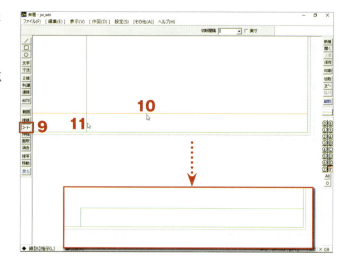

● 右下に作図した枠内に線色2・実線で罫線を作図しましょう。

12 書込線を「線色2・実線」にする。

13 「複線」コマンドを選択し、右図の寸法で2本の複線を作図する。

14 「中心線」コマンドを選択し、右図のように中心線を作図する。

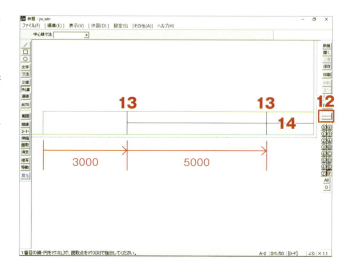

STEP 3 文字記入のための補助線を作図する

● 文字の記入位置指示のための補助線を作図します。印刷枠の補助線を属性取得して書込線を「線色2・補助線種」にしましょう。

1 Tab キーを押す。

POINT | メニューバー［設定］－「属性取得」を選択する代わりに Tab キーを押すことでも「属性取得」が行えます。

➡ 画面左上に 属性取得 と表示され、ステータスバーには「属性取得をする図形を指示してください（L）」と操作メッセージが表示される。

❓ 属性取得 が表示されず 図形がありません と表示される → p.253 Q33

2 属性取得の対象として、印刷枠の補助線を🖱。

➡ 書込線が🖱️した線と同一の「線色2・補助線種」に、書込レイヤが**2**の補助線が作図されている「E」レイヤになる。また、選択コマンドは、属性取得を行う前の「中心線」コマンドのままである。

● 各記入欄に中心線を作図しましょう。

3 先頭の会社名の記入欄に上下・左右を2等分する中心線を作図する。

4 残りの記入欄に上下を2等分する中心線を作図する。

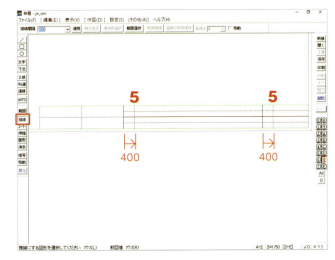

● 図面名などの記入欄には、文字の先頭（左中）を基点として記入するための補助線を作図しましょう。

5 「複線」コマンドを選択し、記入欄の左罫線から400mm右に補助線を右図2個所に作図する。

STEP 4 会社名を記入する

● 「F」レイヤに、会社名を文字種7で記入しましょう。

1 「F」レイヤを書込レイヤにする。

2 「文字」コマンドを選択し、「書込文字種」を「文字種[7]」に、「基点」を「中中」にする。

3 「文字フォント」ボックスの▼ボタンを🖱️し、リストから「MSゴシック」を🖱️で選択する。

4 「文字入力」ボックスに会社名（右図では「ObraClub」）を入力する。

5 文字の記入位置として右図の補助線交点を🖱️。

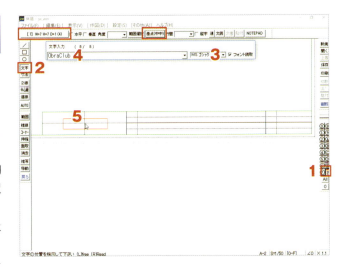

STEP 5 項目名を記入する

● 記入項目名「工事名」「図面名」「縮尺」「図番」は、各欄左下角から右と上に図寸1mmずらした位置に文字の左下を合わせて文字種[1]で記入しましょう。

1 「書込文字種」を「文字種[1]」にする。
2 コントロールバー「基点」ボタンを🖱。
3 「文字基点設定」ダイアログの「ずれ使用」にチェックが付いた状態で、文字の基点として「左下」を🖱。
4 「文字入力」ボックスに「工事名」を入力する。
5 文字の記入位置として記入欄の左下角を🖱。

　➡ 3の指定をしたため、🖱した位置から右と上に1mmずれた位置に文字の基点「(左下)」を合わせて「工事名」が記入される。

6 「図面名」「図番」「縮尺」も、各記入欄の左下角を🖱して記入する。

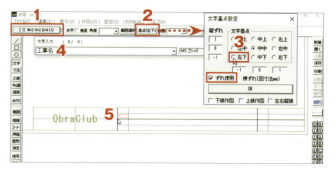

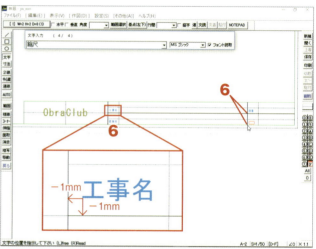

STEP 6 線色ごとの印刷線幅を設定する

● 線色ごとの印刷線幅と点半径を以下のように設定しましょう(右図も参照)。

線色1	0.08mm	線色2	0.15mm
線色3	0.50mm	線色4	0.25mm
線色5	0.25mm	線色6	0.30mm
線色7	0.32mm	線色8	0.32mm

線色7・点半径　0.60mm

1 メニューバー[設定]-「基本設定」を選択する。
2 「jw_win」ダイアログの「色・画面」タブを🖱し、「実点を指定半径(mm)でプリンタ出力」と「線幅を1/100mm単位とする」にチェックを付ける。
3 「線色1」~「線色8」の線幅と点半径を右図のように指定する。
4 「OK」ボタンを🖱。

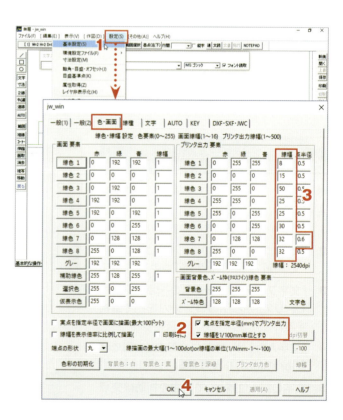

STEP 7 図面を「A2-waku」として保存する

● ここまで作図した図面を「A2-waku」として保存しましょう。

1 「保存」コマンドを選択する。

POINT　メニューバー[ファイル]－「名前を付けて保存」が「保存」コマンドとしてツールバーに配置されています。

2 「ファイル選択」ダイアログで、保存先のフォルダー「jw-dens」が開いていることを確認し、「新規」ボタンを🖱。

3 「新規作成」ダイアログの「名前」ボックスに「A2-waku」を入力し、「OK」ボタンを🖱。

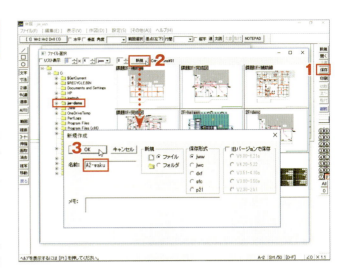

STEP 8 工事名、図面名などを記入する

● 文字種[4]で、工事名、図面名、縮尺を記入しましょう。

1 「文字」コマンドを選択し、書込文字種を「文字種[4]」にする。

2 コントロールバー「基点」ボタンを🖱。

3 「文字基点設定」ダイアログで「ずれ使用」のチェックを外して、「左中」を🖱。

4 「文字入力」ボックスに「A邸　新築工事」を入力する。

5 文字の記入位置として、「工事名」欄の補助線の交点を🖱。

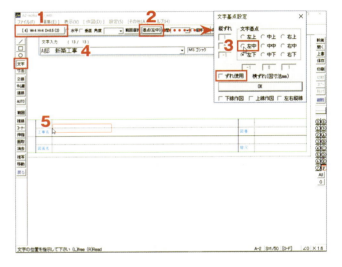

➡ 5の位置に文字の基点「（左中）」を合わせ、文字「A邸　新築工事」が記入される。

6 同様（4-5）にして、「図面名」欄に「1階・2階電灯コンセント・盤図」、「縮尺」欄に「1：50」を記入する。

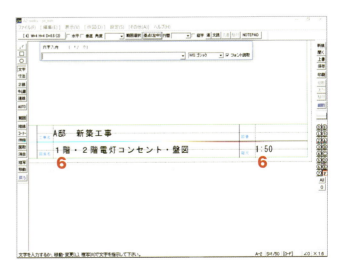

STEP 9　別の名前で保存する

● p.201 STEP 7で、「A2-waku」として保存した図面をそのまま残しておくため、工事名などを記入したこの図面を名前「A2-dencban」として同じ「jw-dens」フォルダーに保存しましょう。

1 「保存」コマンドを選択する。

2 「ファイル選択」ダイアログで、「jw-dens」フォルダーが開いていることを確認し、「新規」ボタンを🖱。

　➡「新規作成」ダイアログが開く。「名前」ボックスには現在開いている図面の名前「A2-waku」が色反転して表示される。

3 「名前」ボックスの色反転している「A2-waku」の最後尾を🖱し、入力ポインタを移動する。

4 Backspace キーを押し、「waku」を消す。

5 「dencban」を入力し、「名前」ボックスの名前を「A2-dencban」に変更する。

6 「OK」ボタンを🖱。

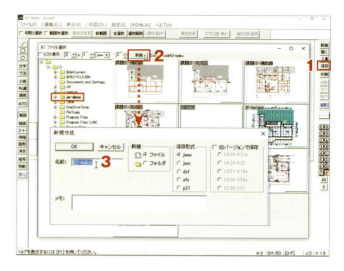

HINT　S=1/50のA2図面枠を他の縮尺で利用する方法

S=1/50の縮尺で作図して保存したA2用紙の図面枠「A2-waku」は、以下の手順で縮尺を変更することで1/50以外の縮尺でも利用できます。

1 「縮尺」ボタンを🖱。

2 「縮尺・読取　設定」ダイアログの「図寸固定」を🖱で選択する。

3 縮尺を変更（右図では1/1）し、「OK」ボタンを🖱。

　➡用紙に対する図面枠の大きさは変わらず、縮尺のみが変更される。

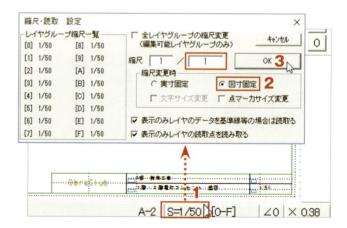

STEP 10 2階電灯コンセント図をコピーする

● 用紙右上に2階電灯コンセント図を図面ファイル「2F-denc.jww」からコピーしましょう。他の図面の一部を編集中の図面にコピーするには、もう1つJw_cadを起動してコピー元の図面を開きます。もう1つJw_cadを起動するため、「A2-dencban」を開いているJw_cadを最小化しましょう。

1　タイトルバー右上の ― （最小化）ボタンを🖱。

➡「A2-dencban」を開いたJw_cadがタスクバーに最小化される。

● もう1つJw_cadを起動しましょう。

2　デスクトップの「Jw_cad」アイコンを🖱🖱し、Jw_cadをもう1つ起動する。

● 新しく起動したJw_cadで2階電灯コンセント「2F-denc」を開きましょう。

3　「開く」コマンドを選択する。

4　「ファイル選択」ダイアログで、「jw-dens」フォルダー内の「2F-denc」を🖱🖱して開く。

❓「2F-denc」がない → p.255 Q36

➡ 図面「2F-denc」が開かれ、「範囲」コマンドが選択された状態になる。

● 開いた図面で、コピー対象を指定しましょう。

5 レイヤバーの「All」ボタンを🖱し、すべてのレイヤを編集可能にする。

6 補助線はコピーしないため、「E」レイヤボタンを🖱し、「E:補助線」を非表示レイヤにする。

7 「範囲」コマンドで、選択範囲の始点としてコピー対象の図面の左上で🖱。

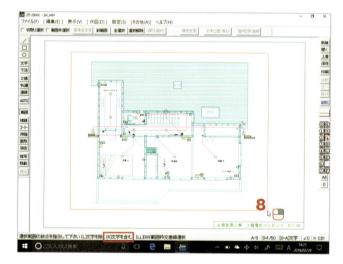

8 表示される選択範囲枠で、コピー対象の図面を右図のように囲み終点を🖱(文字を含む)。

➡ 選択範囲枠に全体が入る要素がコピー対象として選択色になる。

● コピーの基準点として屋根の右上角を指示しましょう。

9 コントロールバー「基準点変更」ボタンを🖱。

10 コピー基準点として、屋根の右上角を🖱。

➡ 🖱位置に基準点を示す赤い○が仮表示される。

● 選択対象を他の図面ファイルにコピーするための指示をしましょう。

11 「コピー」コマンドを🖱。

➡ 画面左上に コピー と表示される。

POINT | **11**の操作により、選択色で表示されている要素がクリップボードにコピーされます。コピー先の図面を開き、「貼付」コマンドを選択することで、その図面に貼り付けられます。

● コピー先を指定しましょう。

12 タスクバーのJw_cadアイコンを🖱。

➡ 現在、開いている2つのJw_cadのウィンドウが表示される。

13 コピー先の図面「A2-dencban」を開いているJw_cadのウィンドウを🖱。

❓ 右図のウィンドウ表示とは異なる
→ p.255 Q37

➡ 「A2-dencban」を開いたJw_cadが最大化される。

14 「貼付」コマンドを🖱。

➡ 画面左上に ●書込レイヤに作図 と表示され、マウスポインタに**11**でコピー指示したコピー要素が仮表示される。

POINT | 画面左上の ●書込レイヤに作図 は、仮表示されている平面図のすべてが現在の書込レイヤに作図されることを意味します。

● 元の平面図と同じレイヤ分けで作図するよう設定しましょう。

15 コントロールバー「作図属性」ボタンを🖱。

16 「作図属性設定」ダイアログで、「◆元レイヤに作図」にチェックを付け、「Ok」ボタンを🖱。

POINT | 「作図属性設定」ダイアログで「◆元レイヤに作図」にチェックを付けることで、コピー対象の要素はコピー元と同じレイヤ分けで作図されます。ここで指定した設定は、Jw_cadを終了するまで有効です。

➡ 画面左上には ◆元レイヤに作図 と表示される。

17 複写位置として、右図の位置で🖱。

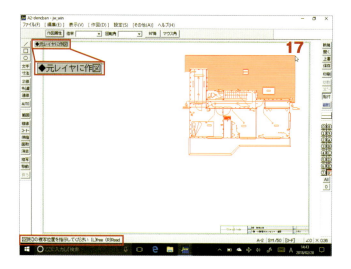

➡ コピー元と同じレイヤ分けで作図される。マウスポインタにはコピー要素が仮表示された状態である。

POINT｜次の複写位置をクリック指示することで、同じコピー要素を続けて貼り付けできます。

18 「／」コマンドを選択し、「貼付」コマンドを終了する。

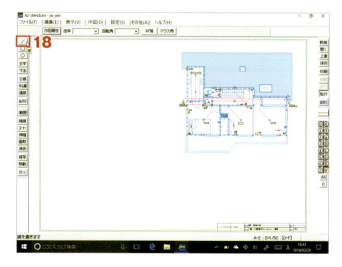

● 元の平面図と同じレイヤ分けで作図されたことを確認しましょう。

19 レイヤバーの書込レイヤボタンを🖱し、レイヤ一覧ウィンドウを開いてコピー元と同じレイヤ分けでコピーされていることを確認する。

POINT｜ ◆元レイヤに作図 を指定したため、右図のように、元の図面「2F-denc」と同じレイヤ分けで作図されます。ただし、レイヤ名はコピーされません。

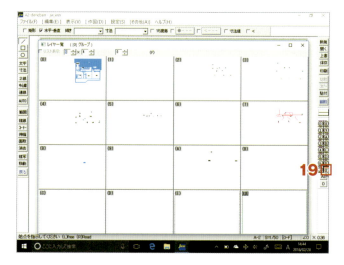

STEP 11 レイヤ名を設定する

● レイヤ名を以下のように設定しましょう。
  0：建築図　　1：盤・計器　　2：電灯
  3：換気扇等　4：コンセント　5：スイッチ
  6：インターホン他　　　　　7：配線
  8：ハッチ　　A：文字　　　　B：盤図・表
  E：補助線　　F：図面枠

1 各レイヤのレイヤ名を右図のように設定する（レイヤ名設定→p.138）。
2 レイヤ一覧ウィンドウを閉じる。

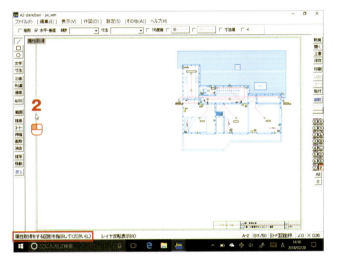

STEP 12 補助線を作図する

● 1階電灯コンセント図の位置を2階電灯コンセント図と揃えて貼り付けるための補助線を作図しましょう。

1 Tabキーを押す。

  → 画面左上に属性取得と表示され、ステータスバーには「属性取得をする図形を指示してください（L）」と操作メッセージ表示される。

  ❓ 属性取得が表示されず図形がありませんと表示される → p.253 Q33

2 属性取得の対象として、印刷枠の補助線を🖱。

  → 書込線は🖱した線と同じ「線色2・補助線種」になり、書込レイヤが2の補助線が作図されている「E」レイヤになる。

● 2階左下の柱中心から左に水平線を作図しましょう。水平線の左端点に1階左下の柱中心を合わせて貼り付けます。

3 「／」コマンドのコントロールバー「水平・垂直」にチェックを付ける。
4 始点として2階左下角の柱中心を🖱。
5 終点として右図の位置で🖱。

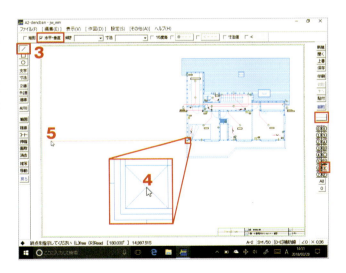

STEP 13 1階電灯コンセント図をコピーする

● 1階電灯コンセント図を左側にコピーしましょう。現在2階電灯コンセント図を開いているJw_cadで1階電灯コンセント図を開き、コピー指示します。

1 タスクバーのJw_cadアイコンを🖱し、「2F－denc」のウィンドウを🖱。

→ 「2F-denc」を開いたJw_cadが最大化される。

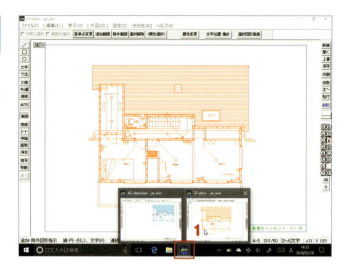

2 「開く」コマンドを選択する。

3 「ファイル選択」ダイアログで「1F－denc」を🖱🖱して開く。

● 開いた図面で、コピー対象を指定しましょう。

4 レイヤバーの「All」ボタンを🖱してすべてのレイヤを編集可能にしたうえ、「E」レイヤボタンを🖱し、「E:補助線」レイヤを非表示にする。

5 「範囲」コマンドで、選択範囲の始点としてコピー対象の図面の左上で🖱。

6 表示される選択範囲枠でコピー対象の図面を右図のように囲み、終点を🖱(文字を含む)。

→ 選択範囲枠に全体が入る要素がコピー対象として選択色になる。

● コピーの基準点として左下の柱中心を指示しましょう。

7 コントロールバー「基準点変更」ボタンを🖱。

8 コピー基準点として、左下の柱の中心点を🖱。

POINT｜基準点の指示は、充分に拡大表示したうえで行ってください。

➡ 🖱位置に基準点を示す赤い○が仮表示される。

9 「コピー」コマンドを🖱。

➡ 画面左上に コピー と表示される。

●「A2-dencban」の前項で作図した補助線左端点に基準点を合わせて貼り付けしましょう。

10 タスクバーのJw_cadアイコンを🖱し、「A2-dencban」のウィンドウを🖱。

➡「A2-dencban」を開いたJw_cadが最大化される。

11 「貼付」コマンドを🖱。

➡ 画面左上に ◆元レイヤに作図 と表示され、マウスポインタに**9**でコピー指示した要素が仮表示される。ステータスバーには「【図形】の複写位置を指示してください」と操作メッセージが表示される。

12 複写位置として、あらかじめ作図しておいた補助線の左端点を🖱。

13 「／」コマンドを選択し、「貼付」コマンドを終了する。

● 元の図面と同じレイヤ分けで作図されたことを確認しましょう。

14 レイヤバーの書込レイヤボタンを🖱し、レイヤ一覧ウィンドウを開き、コピー元と同じレイヤ分けでコピーされていることを確認したら、レイヤ一覧ウィンドウを閉じる。

STEP 14 図面「01」の縮尺を 1/50 に変更する

● LESSON2、3で作図した盤図と表をコピーするため、図面ファイル「01」を開きましょう。

1 タスクバーのJw_cadアイコンを🖱し、「1F-denc」のウィンドウを🖱。

→「1F-denc」を開いたJw_cadが最大化される。

2 「開く」コマンドを選択し、図面「01」を開く。

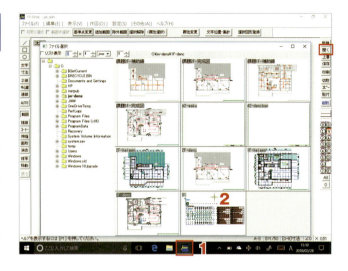

● 開いた図面はA4用紙にS＝1/1で作図されています。「コピー」＆「貼付」機能は、実寸値を保持したまま図面をコピーします。そのため、この盤図（横幅約140mm）をS＝1/50の図面「A2-dencban」にコピーすると、読めないほどに小さくなります(S＝1/50における140mmは印刷すると2.8mm)。コピー前に、A4用紙に対する図の大きさを変更せずに、縮尺をS＝1/50に変更しましょう。

3 ステータスバーの「縮尺」ボタンを🖱。

4 「縮尺・読取　設定」ダイアログの「図寸固定」を🖱して選択する。

5 縮尺の「分母」ボックスを🖱し、「50」に変更する。

6 「OK」ボタンを🖱。

POINT 「縮尺変更時」欄の「図寸固定」を選択することで既存図面の用紙に対する長さ(図寸)を保ったまま縮尺だけが変更されます。

→ A4用紙に対する盤図・表の大きさは変化せずに縮尺が1/50に変更される。

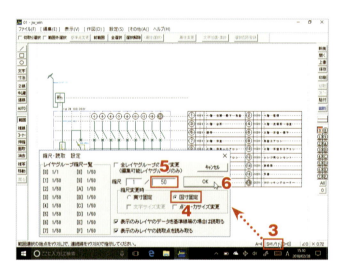

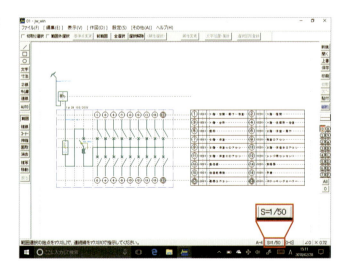

STEP 15 補助線を除いて盤図・表をコピーする

● 補助線以外の要素をコピー対象に指定しましょう。

1 「範囲」コマンドで、選択範囲の始点としてコピー対象の図面の左上で🖱。

2 表示される選択範囲枠でコピー対象の図面を右図のように囲み、終点を🖱（文字を含む）。

→ 選択範囲枠に全体が入る要素がコピー対象として選択色になる。

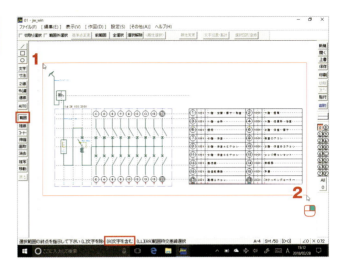

● 選択された要素から補助線を除外しましょう。

3 コントロールバー「＜属性選択＞」ボタンを🖱。

→ 属性選択のダイアログが開く。

4 「補助線指定」を🖱し、チェックを付ける。

5 「《指定属性除外》」を🖱し、チェックを付ける。

POINT 属性選択のダイアログで条件（ここでは「補助線指定」）を指定して、《指定属性除外》にチェックを付けることで、選択色で表示されている要素の中から指定した条件の要素を除外できます。

6 「OK」ボタンを🖱。

→ 2で選択した要素から補助線が除外され、元の色に戻る。

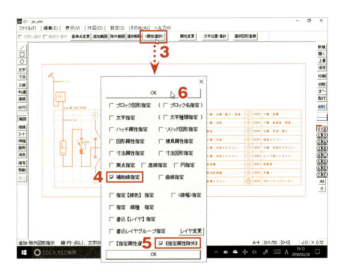

● コピーの基準点として盤図の左下角を指示しましょう。

7 コントロールバー「基準点変更」ボタンを🖱。

8 コピー基準点として、盤図の矩形の左下角を🖱。

➡ 🖱位置に基準点を示す赤い○が仮表示される。

9 「コピー」コマンドを🖱。

➡ 画面左上に コピー と表示される。

● 「A2-dencban」の「B:盤図・表」レイヤに貼り付けましょう。

10 タスクバーのJw_cadアイコンを🖱し、「A2-dencban-jw_win」のウィンドウを🖱。

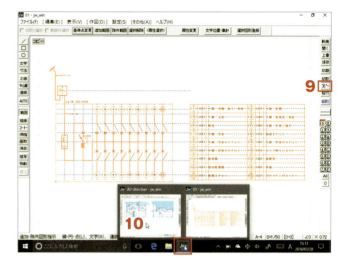

➡ 「A2-dencban」を開いたJw_cadが最大化される。

11 レイヤバーの「B」レイヤボタンを🖱し、書込レイヤにする。

12 「貼付」コマンドを🖱。

➡ 画面左上に ◆元レイヤに作図 と表示され、マウスポインタにコピー要素が仮表示される。

● 書込レイヤに貼り付けるよう指定しましょう。

13 コントロールバー「作図属性」ボタンを🖱。

14 「作図属性設定」ダイアログの「◆元レイヤに作図」のチェックを外し、「Ok」ボタンを🖱。

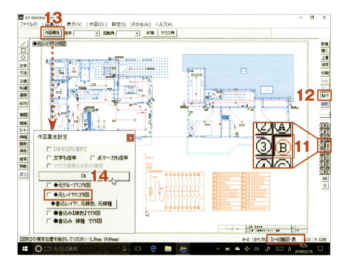

➡ 「作図属性設定」ダイアログが閉じ、画面左上に ●書込レイヤに作図 と表示される。

15 複写位置として、右図の位置で🖱。

16 「/」コマンドを選択し、「貼付」コマンドを終了する。

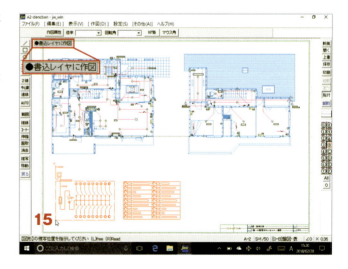

● 書込レイヤに作図されたことを確認しましょう。

17 レイヤバーの書込レイヤボタンを🖱し、レイヤー覧ウィンドウを開く。

18 書込レイヤの「B」レイヤにコピーされたことを確認し、レイヤー覧ウィンドウを閉じる。

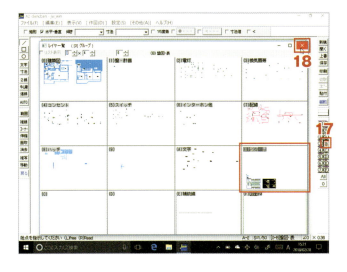

STEP 16 上書き保存し、もう1つのJw_cadを終了する

● 図面「A2-dencban」を上書き保存し、「01」を開いたJw_cadを終了しましょう。

1 「上書」コマンドを🖱し、図面を上書き保存する。

2 タスクバーのJw_cadアイコンを🖱し、「01-jw_win」のウィンドウを🖱。

➡「01」を開いたJw_cadが最大化される。

3 ✕（閉じる）ボタンを🖱し、Jw_cadを終了する。

POINT ここでは、他の図面の一部をコピーするために複数のJw_cadを起動しましたが、他の図面ファイルを参照、測定する場合にも同様に複数のJw_cadを起動して行えます。コピー、参照などのために起動したJw_cadは作業終了後、最小化されたタスクバーを🖱して最大化表示したうえで終了しましょう。最大化せずに終了すると、次にJw_cadを起動した時にツールバーの配置が崩れることがあります。

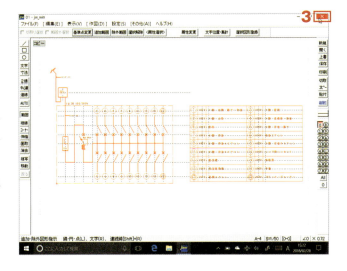

STEP 17 電気シンボル図形一覧表の罫線を作図する

● 前項でコピーした表の右に、電気シンボル図形一覧表の罫線を作図します。コピーした表の罫線と同じ線色・線種で同じレイヤに作図するため、属性取得をしましょう。

1 Tabキーを押す。
   → 画面左上に 属性取得 と表示される。

2 前項でコピーした表の罫線を🖱。
   → 書込線が**2**で🖱した線と同じ線色・線種になる。
   🖱した線は「B:盤図・表」レイヤに作図されているため、書込レイヤは「B:盤図・表」のままである。

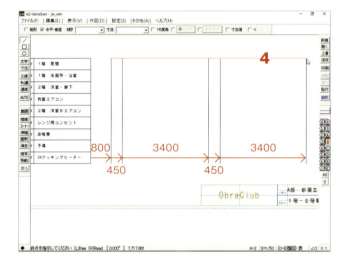

3 「複線」コマンドを選択し、前項でコピーした表の右辺から右図の間隔で計5本の複線を作図する。

4 「/」コマンドを選択し、右図のように両端の線端点を結ぶ水平線を作図する。

● 左の表の行と同じ間隔で上辺の複線を作図しましょう。

5 「複線」コマンドを選択する。

6 基準線として**4**で作図した水平線を🖱。
   → 🖱した水平線が選択色になり、コントロールバー「複線間隔」ボックスが空白になる。ステータスバーには「間隔を入力するか、複写する位置(L) free (R) Readを指定してください」と表示される。

7 複写位置として、左隣の表の1行目の罫線端点を🖱。

POINT 基準線を🖱し、コントロールバー「複線間隔」ボックスを空白にした状態で既存点を🖱することで、複線の基準線から🖱位置までの間隔がコントロールバー「複線間隔」ボックスに取得され、その位置に複線が仮表示されます。

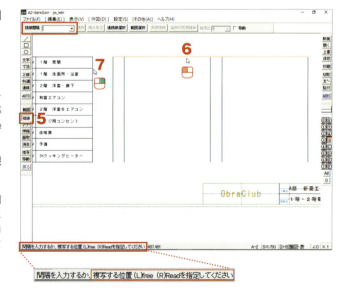

214　Jw_cad電気設備設計入門［Jw_cad 8対応版］

➡ コントロールバー「複線間隔」ボックスに「450」
（基準線から7の位置までの間隔）が入力され、
複線が仮表示される。

8 基準線の下側で作図方向を決める🖱。

➡ 基準線から450mm下に複線が作図される。

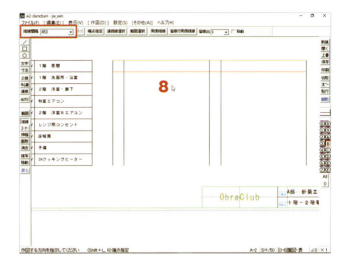

● 同じ間隔で同じ方向に、あと9本の複線を作図しましょう。

9 コントロールバー「連続」ボタンを9回🖱し、9本の複線を作図する。

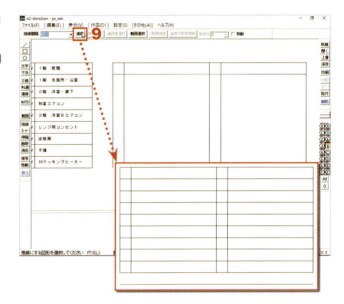

STEP 18 一番下の水平線まで垂直線を伸ばす

● 一番下の水平線まで5本の垂直線を伸ばします。「伸縮」コマンドを選択し、一番下の水平線を伸縮の基準線に指定して伸ばしましょう。

1 「伸縮」コマンドを選択する。

2 一番下の水平線を🖱🖱。

POINT 操作メッセージの「基準線指定（RR）」の（RR）は、🖱🖱（右ボタンのダブルクリック）のことです。🖱と🖱の間にマウスポインタを動かさないよう注意してください。マウスポインタが動くと、🖱（線切断）を2回指示したことになり、その位置で線が切断されます。

LESSON 6 作図した図面をA2用紙にレイアウトする

215

➡ 🖱した水平線が伸縮の基準線として選択色になる。操作メッセージは「基準線までの伸縮線（L）…」になる。

❓ 線の表示色が変わらず線上に赤い○が表示される → p.256 Q38

● 基準線まで伸ばす線を指示しましょう。

3 基準線まで伸ばす線として、左の垂直線を🖱。

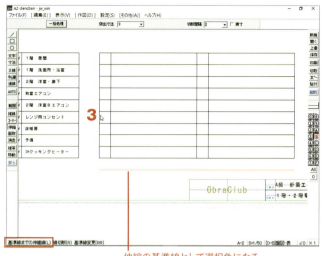

伸縮の基準線として選択色になる

➡ 🖱した垂直線が伸縮の基準線まで伸びる。

POINT | 基準線を変更するか、他のコマンドを選択するまでは、伸縮する線を🖱することで、選択色で表示されている基準線まで伸縮できます。

4 基準線までの伸縮線として、次の垂直線を🖱。

➡ 🖱した垂直線が伸縮の基準線まで伸びる。

5 次の垂直線を🖱。
6 次の垂直線を🖱。
7 次の垂直線を🖱。

POINT | 他のコマンドを選択すると、選択色の基準線は元の色になります。

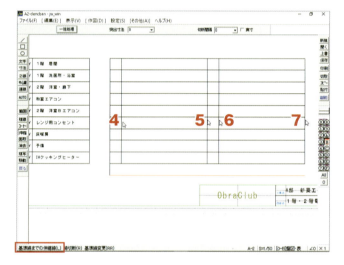

STEP 19 文字記入のための補助線を作図する

● 作図した表に文字を記入するための補助線を作図しましょう。

1 [Tab]キーを押し、既存の補助線を🖱。

➡ 書込線が「線色2・補助線種」、書込レイヤが「E:補助線」になる。

2 「中心線」コマンドを選択し、右図の2個所に中心線を作図する。

3 「複線」コマンドを選択し、基準線として表の1番上の水平線を🖱。

4 複写位置として、左の表の1行目の文字の右下を🖱。

POINT | 文字の左下と右下には、🖱で読み取りできる点があります。

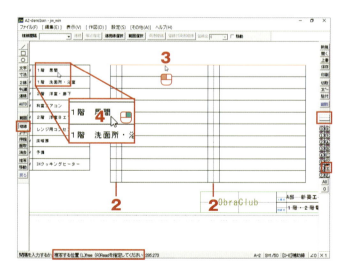

➡ コントロールバー「複線間隔」ボックスに「300」（基準線から**4**の位置までの間隔）が入力され、複線が仮表示される。

5 基準線の下側で作図方向を決める🖱。

6 基準線として次の行の水平線を🖱。
7 基準線の下側で作図方向を決める🖱。
8 同様（**6**－**7**）にして、残りの行にも補助線を作図する。

● 文字の先頭（左下）を基点として記入するための補助線を作図しましょう。

9 コントロールバー「複線間隔」ボックスに「150」を入力し、右図の2本の補助線を作図する。

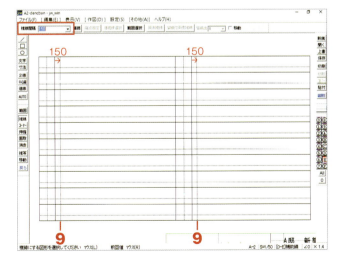

STEP 20 電気シンボルを配置する

● 「図形」コマンドで電気シンボルを表に配置しましょう。

1. 表の罫線を属性取得（→p.198 STEP 3）し、書込レイヤを「B：盤図・表」にする。
2. メニューバー［その他］－「図形」を選択する。
3. 「ファイル選択」ダイアログで、「S50用」フォルダー下の「06ｺﾝｾﾝﾄ》壁・住宅情報」フォルダーから「住L_ｺﾝ+TEL」を選択する。

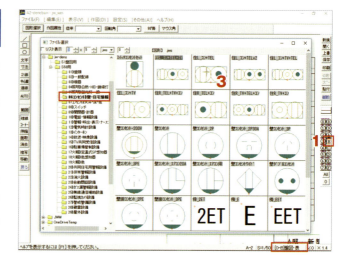

4. 右図の補助線交点を🖱。

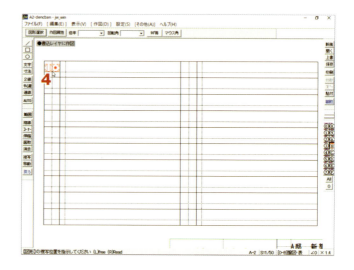

5. コントロールバー「図形選択」ボタンを🖱。
6. 「ファイル選択」ダイアログから「住R_TV+ｺﾝ」を選択し、次の行の補助線交点を🖱して配置する。
7. 次ページからの「HINT」を参考に、p.195の完成図を参照して、他の電気シンボルも配置する。

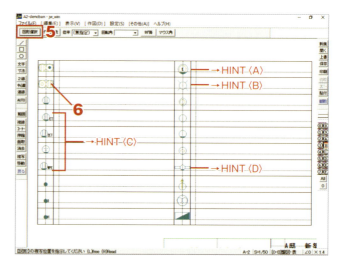

HINT 〈A〉円が大きいインターホン親機の配置

インターホン親機(「13》インターホン」フォルダーに収録)は、壁コンセントよりも円がひと回り大きいため、補助線交点に基準点を合わせて配置すると窮屈な感じになります。配置の際、🖱️↓AM6時 オフセット を利用して、補助線交点から60mm下にずらした位置に基準点を合わせて配置しましょう。

1 図形の配置位置として、補助線交点を🖱️↓AM6時 オフセット 。

2 「オフセット」ダイアログの数値入力ボックスに「0,-60」を入力し、「OK」ボタンを🖱️。

➡ 1で🖱️↓した交点から下に60mmずれた位置に図形の基準点を合わせ配置される。

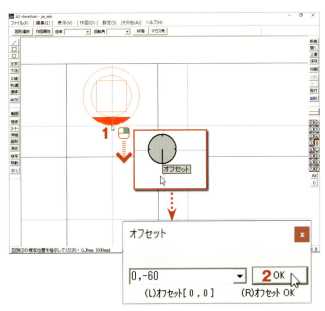

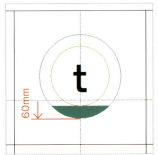

HINT 〈B〉枠中心に基準点を合わせ配置するには

シーリングファン(「03》機器」フォルダーに収録)やダウンライト(「04照明》白熱・HID・誘導灯」フォルダ に収録)の基準点は、図形の中心にあるため、🖱️→AM3時 中心点・A点 を利用して、枠の中心に基準点を合わせて配置します。

1 図形の配置位置として、枠の左上角を🖱️→AM3時 中心点・A点 。
2 2点間中心のB点として、枠の右下角を🖱️。

➡ 1と2の点の中心点に図形の基準点を合わせ、図形が配置される。

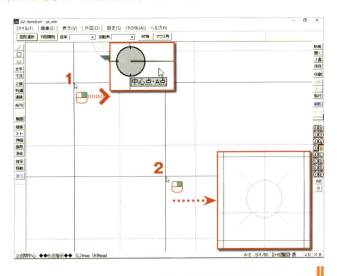

HINT 〈C〉傍記付きのコンセントの配置

コンセントの傍記は、図形「壁コンセント」を配置後、図形「傍_2ET」や「傍_WPE」を読み込み、コンセント脇に配置します（→p.183）。
左5行目のアースターミナル付2口コンセントや7行目のアース付防水コンセントは、図形「壁コンセント」を補助線交点に配置すると、傍記が枠内に収まりません。これらの「壁コンセント」は、🖱←AM9時 線上点・交点 を利用して、水平の補助線上の交点よりも左にずれた位置に配置してください。

1 図形の配置位置として、右図の補助線を🖱←AM9時 線上点・交点 。

2 線上点として、右図の位置で🖱。

→ **1**で🖱←した線上の**2**の位置に基準点を合わせ、図形「壁コンセント」が配置される。

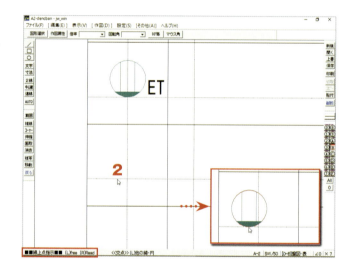

HINT 〈D〉枠に入りきらない壁付き蛍光灯

図形「壁FL20x1B」は、そのままでは枠に収まらないため、コントロールバー「倍率」ボックスに「0.7」を入力し、0.7倍の大きさにして配置します。

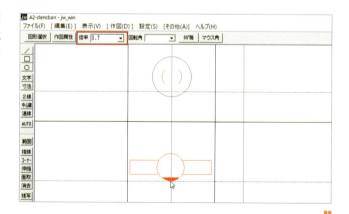

STEP 21 複数行の文字を連続記入する

● シンボル名を回路名番の表と同じ大きさの文字で記入しましょう。

1 「文字」コマンドを選択する。

2 Tabキーを2回押す。

POINT 「文字」コマンド選択時にキーボードからの指示をするには、Tabキーを押した後に指示キーを押します。そのため、ここではTabキーを2回押します。

➡ 画面左上に 属性取得 と表示される。

3 属性取得の対象として隣の表の文字を🖱。

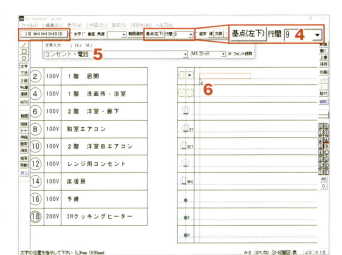

➡ 書込文字種が**3**で🖱した文字と同じ文字種［3］になる。**3**の文字は「B」レイヤに作図されているため、書込レイヤは「B:盤図・表」のままである。

4 コントロールバーの「基点」を「左下」にし、「行間」ボックスを🖱して「9」を入力する。

POINT 「行間」ボックスに行間を図寸(mm)で指定することで、複数行の文字を連続記入できます。この表の行間は450mm（→p.215）なので、図寸に換算すると、450×1/50＝9mmです。

5 「文字入力」ボックスを🖱し、1行目の文字「コンセント・電話」を入力する。

6 文字の記入位置として、1行目の補助線交点を🖱。

➡ 1行目に文字「コンセント・電話」が記入され、そこから図寸9mm下に次の行の文字外形枠が仮表示される。

7 「文字入力」ボックスに2行目の文字「テレビ・コンセント」を入力し、Enterキーで確定する。

➡ 2行目に文字「テレビ・コンセント」が記入され、そこから図寸9mm下に次の行の文字外形枠が仮表示される。

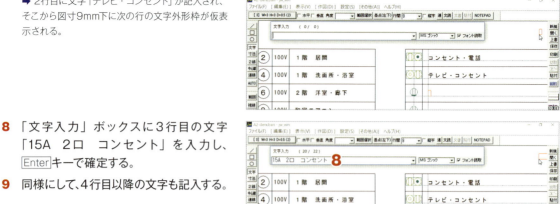

8 「文字入力」ボックスに3行目の文字「15A　2口　コンセント」を入力し、Enterキーで確定する。

9 同様にして、4行目以降の文字も記入する。

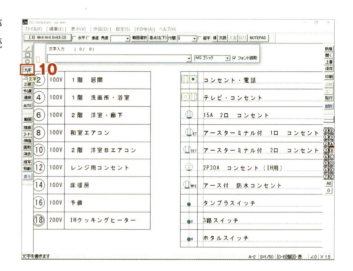

10 最下行の文字「ホタルスイッチ」の記入が完了したら、「文字」コマンドを🖱し、連続記入を終了する。

● 右の行の文字も同様に連続して記入しましょう。

11 コントロールバー「行間」ボックスを🖱し、「9」を入力する。

12 「文字入力」ボックスを🖱し、1行目の文字「インターホン親機」を入力する。

13 文字の記入位置として、1行目の補助線交点を🖱。

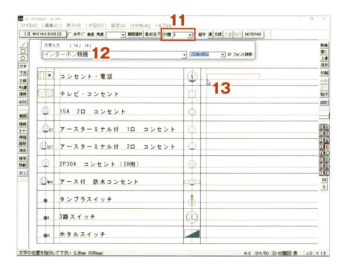

➡ 1行目に文字「インターホン親機」が記入され、そこから図寸9mm下に次の行の文字外形枠が仮表示される。

14「文字入力」ボックスに2行目の文字「シーリングファン」を入力し、Enterキーで確定する。

15 同様にして、3行目以降の文字も記入する。

16 最下行の文字「分電盤」の記入が完了したら、「文字」コマンドを🖱し、連続記入を終了する。

やってみよう！

上記で作図した表の右隣に右図の表を作図しましょう。作図手順は、p.214〜を参考にしてください。
右の列は、文字の基点を「（右下）」にして、行連続記入をします。

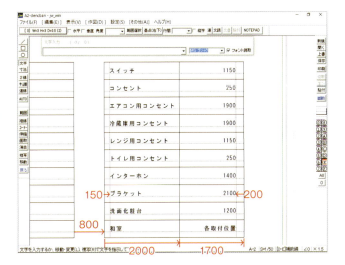

STEP 22 各表と盤図にタイトルを記入する

● 盤図の一点鎖線の矩形右上角に文字末尾を揃え、タイトル「※盤図」を文字種[3]で記入しましょう。

1 「文字」コマンドの「書込文字種[3]」を確認し、コントロールバー「基点」ボタンを🖱。

2 「文字基点設定」ダイアログで「ずれ使用」にチェックを付け、横ずれの右の数値ボックスを「0」に変更する。

POINT｜文字は矩形の辺より1mm上に記入しますが、文字の記入位置として🖱する矩形右上角と文字の末尾を揃えるため、横ずれ右の数値「1」を「0」に変更します。

3 基点が「右下」であることを確認し、「OK」ボタンを🖱。

4 「文字入力」ボックスに「※盤図」を入力する。

POINT｜記号「※」は、読みを「こめ」と入力して変換します。

5 記入位置として盤図の右上の角を🖱。

→ 🖱した点から上に1mmずれた位置に基準点（右下）を合わせ、文字「※盤図」が記入される。

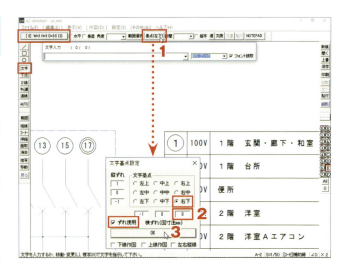

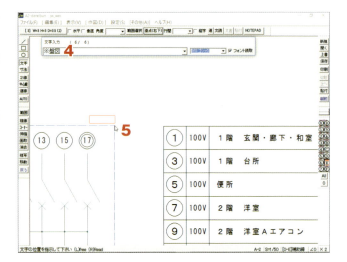

● となりの表の左上角に文字の先頭を揃え、タイトル「※回路名番」を記入しましょう。

6 コントロールバー「基点」ボタンを🖱。

7 「文字基点設定」ダイアログで横ずれの左の数値ボックスを「0」に変更し、基点として「左下」を🖱。

8 「文字入力」ボックスに「※回路名番」を入力する。

9 記入位置として表の左上角を🖱。

→ 🖱した点から上に1mmずれた位置に基準点（左下）を合わせ、文字「※回路名番」が記入される。

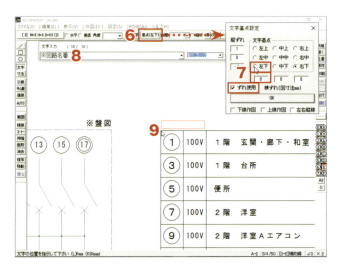

● 残り2つの表の左上角にも文字の先頭を揃え、タイトル「※シンボル一覧」と「※特記なき取付高さ」を記入しましょう。

10 「文字入力」ボックスに「※シンボル一覧」を入力し、記入位置として表の左上角を🖱。

11 「文字入力」ボックスに「※特記なき取付高さ」を入力し、記入位置として表の左上角を🖱。

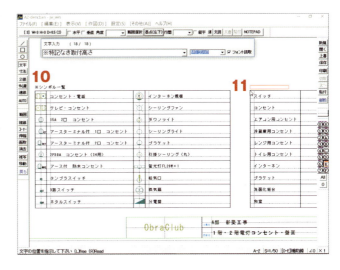

STEP 23 データ整理・上書保存をして、印刷する

● 以上で図面は完成です。データ整理をして上書き保存しましょう。

1 メニューバー[編集]－「データ整理」を選択し、図面全体を対象として「連結整理」を行う（→p.142）。

2 上書き保存する。

● 完成した図面を印刷しましょう。

3 「印刷」コマンドを選択し、完成図を印刷する。

POINT カラーで印刷する場合、「0」「8」レイヤを表示のみにすると、それらのレイヤの要素をグレーで印刷できます。印刷色の調整→p.228

HINT 縮小印刷

A3またはA4用紙に縮小して印刷するには、コントロールバー「印刷倍率」ボックスの▼ボタンを🖱し、表示されるリストから「71%（A3→A4,A2→A3）」（A4用紙に印刷する場合は「50%（A2→A4，A1→A3）」）を選択します。選択した印刷倍率に準じて印刷枠が大きくなるので、コントロールバー「印刷範囲」ボタンを🖱し、印刷枠の位置を調整（→p.81）したうえ、印刷してください。

❓ 縮小印刷すると太い線がつぶれる
→ p.256 Q39

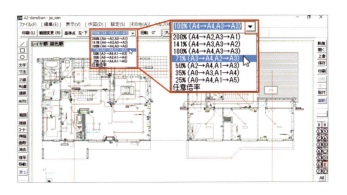

HINT 分割して印刷

以下の操作でA2図面をA3用紙2枚に分けて印刷することもできます。
はじめに、図面枠の中心に仮点（印刷されない点）を作図しましょう。

1 メニューバー［編集］－「分割」を選択し、コントロールバー「分割数」ボックスに「2」を入力する。
2 コントロールバー「仮点」にチェックを付ける。
3 1番目の点として図面枠左上の角を🖱。
4 2番目の点として図面枠右下の角を🖱。
5 作図ウィンドウで🖱。
   ➡ 3と4の間を2等分する仮点が作図される。

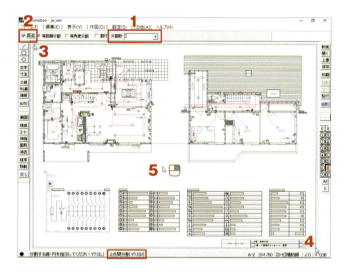

● 図面を2回に分けて印刷しましょう。

6 「印刷」コマンドを選択し、コントロールバー「プリンタの設定」を🖱して、用紙サイズ「A3」、印刷の向き「縦」に設定する。
7 コントロールバー「範囲変更」ボタンを🖱。
8 コントロールバー基点ボタンを何度か🖱し、「左・中」に変更する。
9 図面中央の仮点を🖱し、印刷範囲（右半分）を確定する。
10 コントロールバー「印刷」ボタンを🖱し、図面の右半分を印刷する。

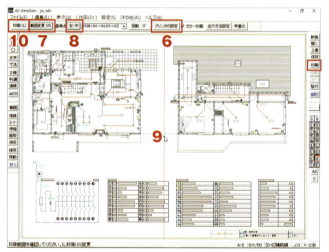

11 コントロールバー「範囲変更」ボタンを🖱し、コントロールバー基点ボタンを2回🖱して「右・中」に変更する。
12 図面中央の仮点を🖱し、印刷範囲（左半分）を確定する。
13 コントロールバー「印刷」ボタンを🖱し、図面の左半分を印刷する。

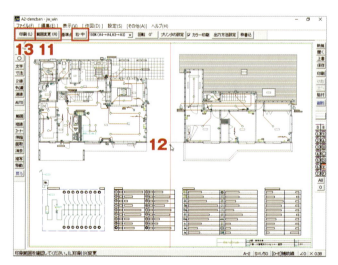

APPENDIX

1 STEP UP LESSON

1 カラー印刷色を設定・変更する ………… 228
2 作図した電気シンボルを図形登録する ………… 230
3 文字を含む図形の大きさを変更して配置する ………… 232
4 ブロック図形について ………… 233
5 DXF 形式の建築図から電気設備図を作図する ………… 240

2 QUESTION & ANSWER

本書の解説どおりにならない場合の対処法 ………… 244

APPENDIX 1　STEP UP LESSON

1　カラー印刷色を設定・変更する

p.123で行ったように「印刷」コマンドのコントロールバー「カラー印刷」にチェックを付けることで、図面をカラーで印刷できます。その際の印刷色は、線色1〜8の線色ごとに基本設定のダイアログの「色・画面」タブで指定します。

p.123でカラー印刷した図面の表示のみレイヤの建築図のグレーをもう少し濃いグレーに、線色4と線色7の印刷色を黒に変更する例で説明します。

「カラー印刷」チェック時、表示のみレイヤの要素は「グレー」で指定の色で印刷される

1　メニューバー［設定］−「基本設定」を選択する。

2　「jw_win」ダイアログの「色・画面」タブを🖱。

POINT　「色・画面」タブの右側「プリンタ出力要素」欄の各線色の「赤」「緑」「青」ボックスの数値がカラー印刷色を示します。線色ごとのカラー印刷色は、線色ボタンを🖱して開く「色の設定」パレットで指定できます。

3　「グレー」ボタンを🖱。

POINT　「グレー」は表示のみレイヤの要素のカラー印刷色です。

　➡　「色の設定」パレットが開く。

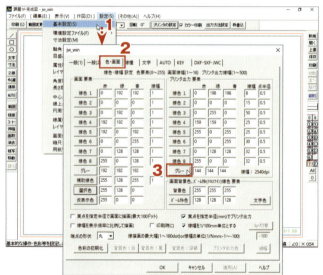

4　「色の設定」パレットの「明度スライダー」を下にずらし、「現在の色」を濃いグレーにする。

5　「OK」ボタンを🖱。

色相スクリーン　　明度スライダー

現在の色

228　　　　　　　　　　　　　　　　　　　Jw_cad電気設備設計入門［Jw_cad 8対応版］

6 「線色4」ボタンを🖱。
7 「色の設定」パレットで「黒」を🖱で選択し、「OK」ボタンを🖱。

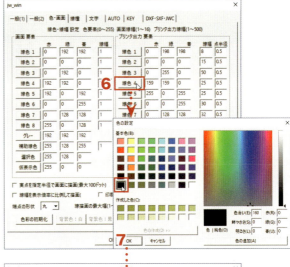

8 同様に、「線色7」の印刷色も「黒」に指定する。

POINT 「線色」ボタンを🖱し、「色の設定」パレットで「黒」を選択する代わりに、各線色の「赤」「緑」「青」ボックスの数値を「0」に変更することでも、印刷色を「黒」に指定できます。

9 「jw_win」ダイアログの「OK」ボタンを🖱。

以上でカラー印刷色が変更されます。図面を上書き保存することで、印刷色の設定もともに保存されます。

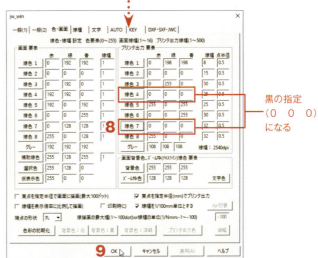

黒の指定（0　0　0）になる

HINT　標準のカラー印刷色に戻すには

1 「jw_win」ダイアログの「色・画面」タブの「色彩の初期化」ボタンを🖱。
2 「プリンタ出力色」ボタンを🖱。

POINT 線色1～8のカラー印刷色が画面の線色1～8の初期値に準じた色分けになります。

3 「OK」ボタンを🖱。

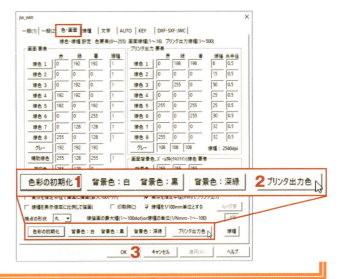

APPENDIX 1　STEP UP LESSON

2　作図した電気シンボルを図形登録する

「図形」コマンドで配置した図形は、独自に作成することもできます。ここでは、LESSON6でシンボル一覧表に作図したアース付防水コンセントを図形として登録する例で解説します。

1 メニューバー［その他］－「図形登録」を選択する。

● 図形登録する対象を範囲選択しましょう。

2 選択範囲の始点として、登録するシンボルの左上で🖱。

3 表示される選択範囲枠で登録対象を囲み、終点を🖱（文字を含む）。

➡ 選択範囲枠に全体が入る要素が選択色になり、自動的に決められた基準点に赤い○が表示される。

4 コントロールバー「選択確定」ボタンを🖱。

● 図形読込時の基準点を指示して、図形登録しましょう。

5 図形読込時の基準点として、右図の1/4点を🖱。

POINT　**4**の時点で自動的に決められた基準点を図形読込時の基準点として利用する場合は、**5**の操作は省いて、次の**6**を行います。

6 コントロールバー「《図形登録》」ボタンを🖱。

➡「ファイル選択」ダイアログが開く。

● 図形登録先のフォルダーを指定して図形登録しましょう。

7 フォルダーツリーで登録先フォルダー（ここでは「06コンセント》壁・住宅情報」フォルダー）を選択する。

8 「新規」ボタンを🖱。

9 「新規作成」ダイアログの「名前」ボックスに図形名（ここでは「壁コンセントWPE」）を入力し、「OK」ボタンを🖱。

POINT 名前を日本語で入力するには[半角/全角]キーを押し、日本語IMEを有効にします。

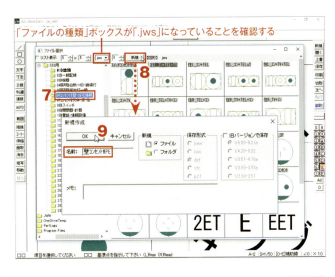

以上で図形登録は完了です。メニューバー[その他]－「図形」を選択し、「ファイル選択」ダイアログで、登録した図形を確認しましょう。

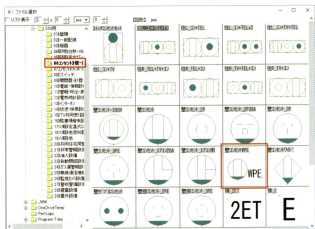

HINT 図形の上書き登録

既存の図形を修正して上書き登録する場合は、上記**8**で、「新規」ボタンを🖱せずに、上書き登録する図形を🖱🖱します。
「ファイル選択」ウィンドウが閉じ、右図のメッセージウィンドウが開くので、「OK」ボタンを🖱してください。図形が上書き登録されます。

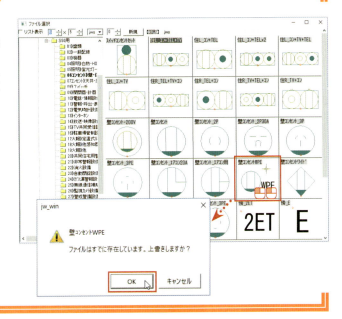

APPENDIX 1　STEP UP LESSON

3　文字を含む図形の大きさを変更して配置する

図形は、コントロールバー「倍率」ボックスに倍率を指定することで、大きさを変えて配置できます。ただし、前ページで図形登録した「壁コンセントWPE」のような文字を含む図形の場合、倍率を指定しても、図寸で管理されている文字の大きさは変更されません。文字の大きさも一緒に変更するには、「作図属性設定」が必要です。前ページで図形登録した「壁コンセントWPE」を80％に縮小して読み込む例でその手順を解説します。

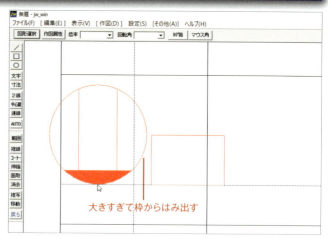

1　メニューバー［その他］－「図形」を選択し、「ファイル選択」ダイアログで図形「壁コンセントWPE」を選択する。

● 右図では、このまま配置すると枠からはみ出すため、図形を80％の大きさに変更しましょう。

2　コントロールバー「倍率」ボックスを🖱し、「0.8」を入力する。

　➡ 図形の大きさが0.8倍（80％）になるが、文字の大きさは変化しない。このまま配置位置を🖱して作図すると、右図のように、図形に文字が重なってしまう。

● 文字も大きさ変更されるよう指定しましょう。

3　コントロールバー「作図属性」ボタンを🖱。

4　「作図属性設定」ダイアログの「文字も倍率」にチェックを付け、「Ok」ボタンを🖱。

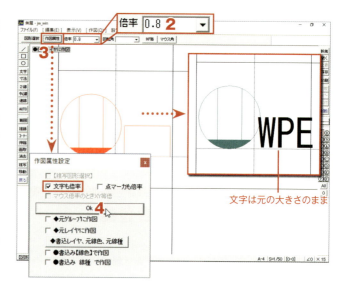

　➡ 文字の外形枠の大きさも0.8倍になる。

5　配置位置を指示する。

　➡ 図形「壁コンセントWPE」が、文字も含め、0.8倍の大きさで配置される。

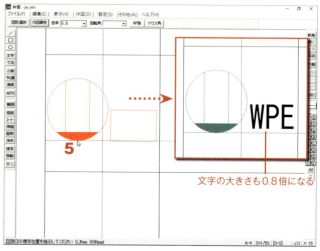

APPENDIX 1　STEP UP LESSON

4　ブロック図形について

▼ ブロック図形の特性

Jw_cadには、線や円・円弧、文字などの複数の要素を1要素として扱う「ブロック図形」という概念があります。付録CD-ROMに収録した電気シンボル図形の大部分はこのブロック図形になっています。ブロック図形には以下のような特性があります。

▼ 1要素として扱われる

複数の要素を1要素として扱うため、「消去」コマンドでブロック図形の一部を🖱すると、ブロック図形全体が消去されます（→p.104）。また、範囲選択時にその一部を🖱することで、ブロック図形を選択できます（→p.161）。

▼ 一部だけを編集・変更することはできない

ブロック図形の一部を伸縮、部分消しすることや、線色・線種を変更することはできません。それらの編集を行うには、ブロック解除（→p.235）したうえで行うか、または解除せずにブロック編集（→p.236）で行います。

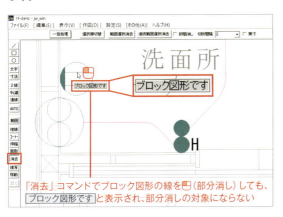

▼ ブロック図形を属性取得すると「ブロック編集」へ移行するためのダイアログが開く

属性取得の対象としてブロック図形を指示すると、属性取得がされるとともに、「選択されたブロックを編集します」ダイアログが開きます（→p.191）。
「OK」ボタンを🖱するとブロック編集（→p.236）になります。ブロック編集を行わない場合は「キャンセル」ボタンを🖱します。

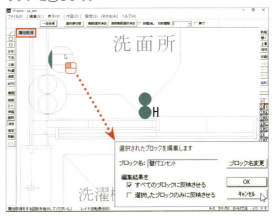

▼ 1つのブロック図形を変更することで、同じ名前のブロック図形すべてを変更できる

「ブロック編集」コマンドで、1つのブロック図形を変更することで、同じ名前のブロック図形すべてが変更されます（→p.236）。

▼ ブロック図形には名前と基準点がある

ブロック図形の作成時に基準点と名前（ブロック名）を指定します。同じ図面上に同じブロック名で姿の異なるブロック図形は存在できません（片方のブロック名が自動的に変更される）。また、作成時に決めた基準点で移動・複写などを行えます。

▼ 図面上のブロック図形の数を集計できる

図面上のブロック図形の数をブロック名ごとに集計できます（→次ページ）。

▼ブロック図形の集計

付録CD-ROMに収録した電気シンボル図形の大部分はブロック図形になっており、ブロック図形ごとに名前（ブロック名）が付いています（電気シンボル図形ごとのブロック名はp.9～の一覧表を参照）。図面上のブロック図形の数をブロック名ごとに集計し、その結果を図面上に記入できます。ここでは、LESSON5で作図した図面「1F-denc」に配置した照明器具の数を集計する例で、その手順を解説します。

1 図面「1F-denc」を開き、レイヤバーの「2」レイヤボタンを🖰して書込レイヤにする。

2 「All」ボタンを2回🖰し、他のレイヤを表示のみレイヤにする。

POINT 「All」ボタンを🖰することで、書込レイヤ以外のレイヤを一括して非表示レイヤ⇒表示のみレイヤ⇒編集可能レイヤに変更できます。ここでは照明器具の数のみを集計するため、「2:電灯」レイヤ以外を、集計の対象にならないよう表示のみレイヤにします。

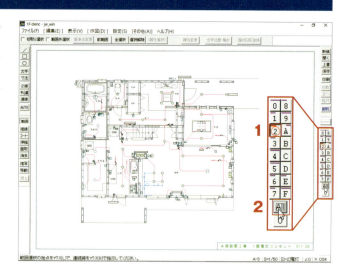

● 集計する対象を範囲選択しましょう。

3 「範囲」コマンドで、範囲選択の始点を🖰。

4 表示される選択範囲枠で図面全体を囲み、終点を🖰（文字を除く）。

POINT 集計機能では、図面上の文字の数をその記述内容ごとに数えます。ここではブロック図形の数のみを数えるため、対象として文字が選択されないよう終点を🖰しました。文字の数を集計する場合には、終点を🖰（文字を含む）して文字も選択します。

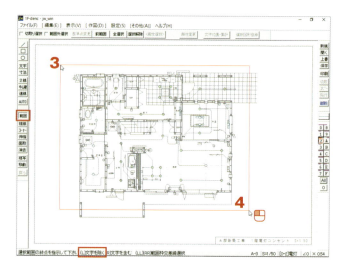

➡「2:電灯」レイヤに作図されている要素のうち、選択範囲枠に全体が入る文字以外の要素が選択色になる。

5 コントロールバー「文字位置・集計」ボタンを🖰。

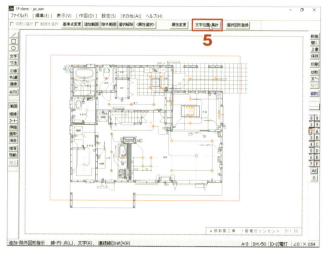

6 コントロールバー「集計書込」ボタンを🖱。

7 「文字集計設定」ダイアログの「書込文字種」ボックスに集計結果を記入する文字種（ここでは4）を指定する。

8 「ブロック名も集計する」にチェックを付ける。

POINT 「ブロック名も集計する」にチェックを付けることで、選択対象のブロック図形の数を集計して記入します。

9 「OK」ボタンを🖱。

10 コントロールバーの数値入力ボックスの行間を確認または変更する。

POINT 数値入力ボックスでは、これから記入する集計結果の「行間，列間」（右図では「5,0」）を指定します。

11 集計結果を記入する位置として右図の位置で🖱。

➡ 🖱位置を先頭に、7で指定した文字種および10で指定した行間で集計結果が記入される。

POINT 6の操作の代わりにコントロールバー「ファイル出力」ボタンを🖱することで、集計結果をExcelなどの他のアプリケーションで読み込み可能なテキストファイルとして保存できます。

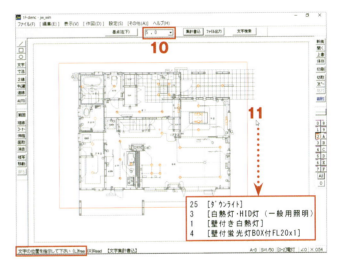

▼ ブロック図形の解除

ブロック図形を個別に解除する操作手順を解説します。図面内のすべてのブロック図形を解除する場合には、p.242を参照してください。

1 「範囲」コマンドを選択する。

2 解除対象のブロック図形を🖱（連続線選択）。

POINT 範囲選択時、🖱することでブロック図形を選択できます。

➡ 🖱したブロック図形が選択色になる。

3 メニューバー［編集］－「ブロック解除」を選択する。

➡ 選択色のブロック図形が解除される。

▼ ブロック図形の編集

通常の編集操作では、ブロック図形の一部を消すことや線色・線種を変更することはできません。ブロック図形を解除せずに、それらの編集をするには「ブロック編集」コマンドで行います。LESSON5で作図した図面「1F-denc」に配置した換気扇の線種を点線に変更する例で、その手順を解説します。

1. 図面「1F-denc」を開き、Tab キーを押す。

   → 画面左上に 属性取得 と表示され、ステータスバーには「属性取得をする図形を指示してください（L）」と操作メッセージが表示される。

2. 属性取得の対象として洗面所の換気扇を 🖱。

   → 書込レイヤと書込線が 2 で 🖱 した要素と同じ設定になり、「選択されたブロックを編集します」ダイアログが開く。

3. 「すべてのブロックに反映させる」にチェックが付いた状態で「OK」ボタンを 🖱。

   POINT | 3 のチェックを付けてブロック図形を編集することで、2 で 🖱 したブロック図形と同じブロック名のブロック図形すべてが変更されます。

   → タイトルバーの表示が「◆◆◆ブロック図形【換気扇（含扇風機）】編集中◆◆◆」となり、2 で 🖱 したブロック図形の編集ウィンドウになる（次ページ上段の図を参照）。

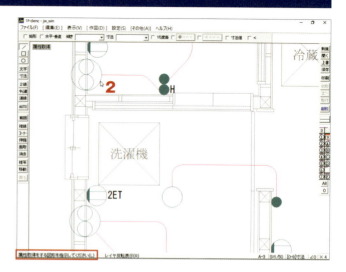

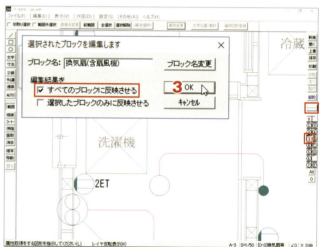

POINT　ブロック編集ウィンドウ

ブロック編集ウィンドウでは大部分のコマンドが通常の作図時と同様に使用できます。使用できないコマンドはグレーアウト表示されます。
編集対象のブロック図形は、ブロック図形作成時のレイヤに作成時の角度で表示されます。ブロック図形以外の要素はグレー表示され、編集できません。

❓ ブロック編集ウィンドウに編集対象のブロック図形が表示されない。またはグレー表示になる → p.256 Q40

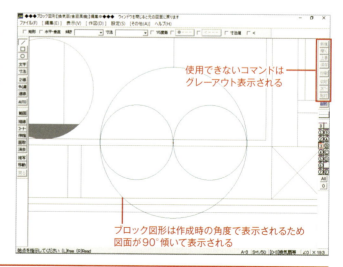

● 換気扇の線種を「点線1」に変更しましょう。

4 「範囲」コマンドを選択する。

5 範囲選択の始点を🖱。

6 表示される選択範囲枠で換気扇を囲み、終点を🖱。

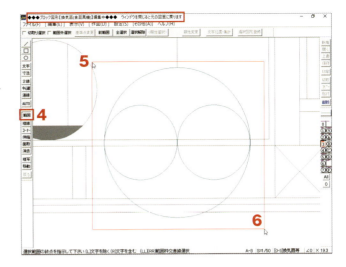

➡ 選択範囲枠に全体が入る編集可能な要素が選択色になる。

7 コントロールバー「属性変更」ボタンを🖱。

➡ 属性変更を指示するダイアログが開く。

8 「指定 線種 に変更」を🖱。

➡ 変更後の線種を指示するための「線属性」ダイアログが開く。

9 「点線1」ボタンを🖱で選択し、「Ok」ボタンを🖱。

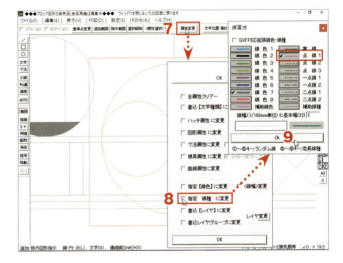

10 属性変更のダイアログの「指定 線種 に変更」にチェックが付いていることを確認し、「OK」ボタンを🖱。

➡ 選択色の要素の線種が「点線1」になる。

● ブロック編集を終了しましょう。

11 ブロック編集ウィンドウのタイトルバー ❌ （閉じる）ボタンを🖱。

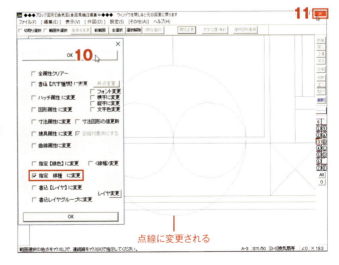

➡ ブロック編集ウィンドウが閉じ、**2**で🖱したブロック図形および同じ名前のブロック図形すべてが点線に変更される。

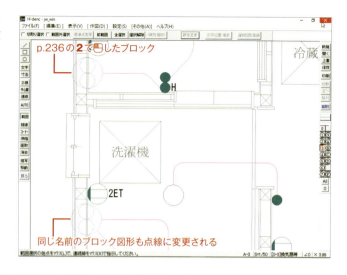

HINT　選択したブロックのみを変更するには

p.236の**3**で、「選択したブロックのみに反映させる」にチェックを付けて、「OK」ボタンを🖱した場合には、p.236の**2**で🖱したブロックだけが点線1に変更され、他の換気扇は変更されません。その場合、変更した換気扇のブロック名が自動的に変更されます。

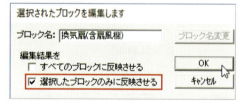

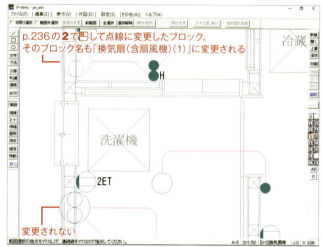

HINT　ブロック名を変更するには

「選択されたブロックを編集します」ダイアログで以下の操作を行うことで、p.236の**2**で🖱したブロックの名前を変更できます。

1　「ブロック名」ボックスを🖱。

2　ブロック名を変更し、「ブロック名変更」ボタンを🖱。

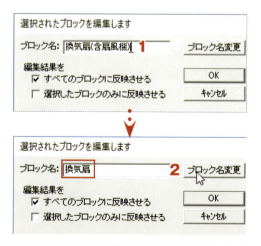

▼ ブロック図形の作成

ブロック図形を作成する手順を解説します。ブロック図形は、その作成時に基準点とブロック名を指定します。

1 「範囲」コマンドを選択する。
2 範囲選択の始点を🖱。
3 表示される選択範囲枠でブロック図形にする図を囲み終点を🖱（文字含む）または🖱（文字除く）。

● ブロック図形の基準点を指示しましょう。

4 コントロールバー「基準点変更」ボタンを🖱。
5 基準点にする点を🖱。
6 書込レイヤを確認または変更する（右上図では「7」レイヤ）。

POINT｜ブロックは書込レイヤに作成されます。

7 メニューバー［編集］－「ブロック化」を選択する。
8 「選択した図形をブロック化します」ダイアログの「ブロック名」ボックスにブロック名を入力し、「OK」ボタンを🖱。

POINT｜ブロック名を必ず入力してください。同じ図面上の他のブロックと同じブロック名を入力した場合、「同じブロック名があります。設定できません」と表記されたメッセージボックスが表示され、同じブロック名を付けることはできません。

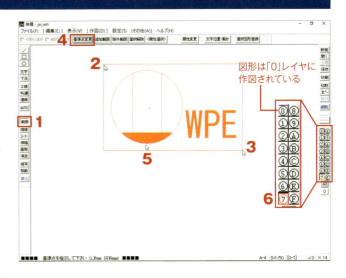

図形は「0」レイヤに作図されている

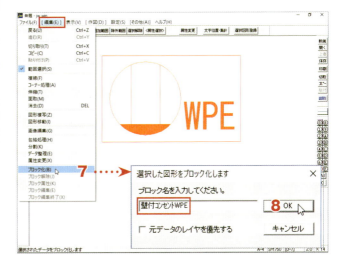

➡ 3で選択した対象が5を基準点として8で入力したブロック名でブロック図形になる。ブロック図形にする前の図は「0」レイヤに作図されていたが、作成したブロック図形は、7の操作時の書込レイヤ「7」レイヤに変更される。

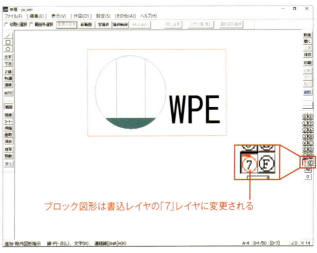

ブロック図形は書込レイヤの「7」レイヤに変更される

APPENDIX 1 STEP UP LESSON

239

APPENDIX 1　STEP UP LESSON

5　DXF 形式の建築図から電気設備図を作図する

Jw_cad以外のCADで作図した図面は「DXF」と呼ばれる形式の図面ファイルで受け取ることが一般的です。DXFファイルは縮尺・用紙サイズがなく、元のCADで作図した図面を100％再現できるものではありません。元の図面が確認できるよう、DXFファイルとともに印刷図面（またはPDFファイル）を受け取ることをお勧めします。ここでは、Jw_cadでDXFファイルを開き、電気設備図に利用するための作図手順を紹介します。

━━ 作図手順の概要 ━━

〈1〉**DXF読込を設定する**（→p.240）

〈2〉**DXFファイルを開く**（→p.241）

〈3〉**寸法を確認（測定）する**（→p.241）

〈4〉**縮尺を変更する**（→p.242）

不要な要素を消す（→p.135に同じ）

〈5〉**ブロック図形を解除する**（→p.242）
ブロック図形の線色は変更できないため、線色変更を行う前に図面内のすべてのブロックを解除します。

レイヤを変更する（→p.137に同じ）

〈6〉**線色（幅）を変更する**
　　（→p.243）

開いたDXFファイルの線の線色・線種はJw_cadの標準線色・線種とは異なるSXF対応拡張線色・線種になり、線の太さはすべて同じです。この太さのままでよければブロック図形の解除と線色の変更は行わなくてもかまいません。

データを整理する（→p.142に同じ）

Jw_cad図面として保存する（→p.143に同じ）
通常のJw_cad図面の保存と同じ手順でJw_cad図面として保存します。

〈1〉DXF読込の設定をする

1 メニューバー［設定］-「基本設定」を選択し、「jw_win」ダイアログの「DXF・SXF・JWC」タブの「DXF読込み」欄の「図面範囲を読取る」にチェックを付ける。

2 「SXF読込み」欄の「背景色と同じ色を反転する」にチェックを付け、「OK」ボタンを🖱。

POINT｜DXFファイルには用紙サイズ、縮尺の情報はありません。**1**の設定により、現在の用紙サイズを変更せずに、そこに図面が収まる大きさに縮尺を自動調整して図面が開かれます。**2**のチェックを付けることで、Jw_cadの背景色と同じ色の線も色反転して表示されます。

〈2〉DXFファイルを開く

● 「jw-dens」フォルダーに収録のDXFファイルを開きましょう。

1. 用紙サイズを、これから開くDXFファイルと同じサイズ（ここではA2）に設定する。
2. メニューバー［ファイル］-「DXFファイルを開く」を選択する。
   ➡「ファイル選択」ダイアログが開く。
3. 「ファイル選択」ダイアログで、DXFファイルが収録されている場所（ここでは「jw-dens」フォルダー）を選択し、ファイル一覧でDXF図面を🖱🖱。

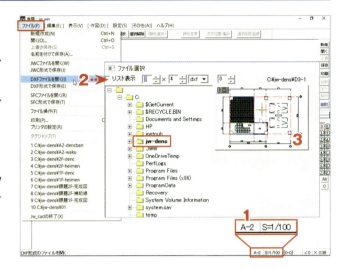

➡ DXF形式の図面ファイルが開く。用紙サイズは1で設定した「A2」、縮尺は1/40に変更される。

POINT｜DXFファイルによっては、この段階で画面に何も表示されないことや、実寸法が正しくないこともあります。

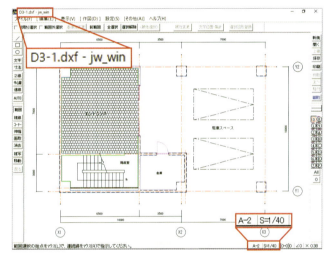

〈3〉寸法を確認（測定）する

● 開いた図面に記載されている寸法が正しいことを確認しましょう。

1. メニューバー［その他］-「測定」を選択し、コントロールバー「距離測定」が選択された状態で、単位をmmに設定する。
2. 測定する始点を🖱。
3. 終点を🖱。
4. ステータスバーに表示される測定結果を確認する。

POINT｜測定結果が微妙に違う場合（7000mmが6999.995mmなど）がありますが、四捨五入で記入数値になる程度の誤差は許容範囲と考えます。

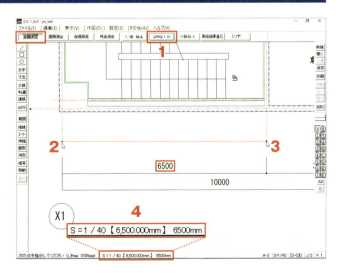

〈4〉縮尺を変更する

● DXFファイルには縮尺情報がないため、元の図面と同じ縮尺で開かれるとは限りません。これから作図する縮尺(以下では1/50)に変更しましょう。

1 ステータスバー「縮尺」ボタンを🖱。
2 「縮尺・読取 設定」ダイアログで、「実寸固定」が選択されていることを確認し、「文字サイズ変更」、「全レイヤグループの縮尺変更」にチェックを付ける。

POINT 「文字サイズ変更」にチェックを付けることで縮尺変更に伴い、文字の大きさも変更されます。「全レイヤグループの縮尺変更」にチェックを付けることですべての縮尺を変更します。

3 「縮尺」をこれから作図する縮尺1/50にし、「OK」ボタンを🖱。

→ S=1/50に変更され、作図ウィンドウに表示される図面の大きさが画面中心を基準に変わる。実寸固定で縮尺変更したため、実寸法に変化はない。

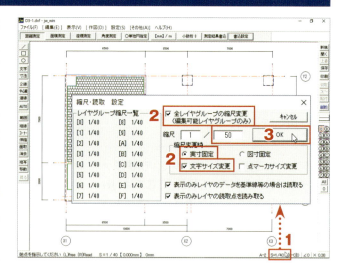

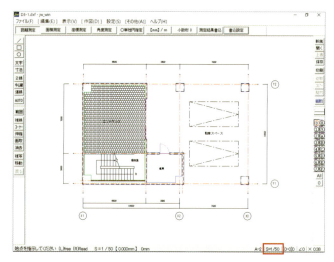

〈5〉すべてのブロック図形を解除する

● 線色の変更を行うには、図面内のブロック図形をすべて解除します。

1 「範囲」コマンドを選択する。
2 コントロールバー「全選択」ボタンを🖱。
    → 編集可能なすべての要素が選択色になる。
3 メニューバー[編集]−「ブロック解除」を選択する。
    → ブロックが解除される。

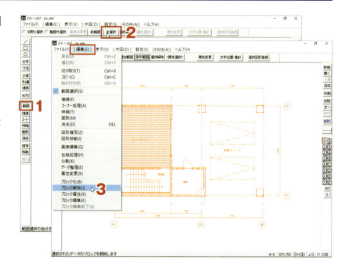

● ブロックは二重、三重の構造になっている場合があり、1回のブロック解除の操作で一番外側のブロックが解除されます。図面内にブロックが残っていないかを確認しましょう。

4 メニューバー［設定］－「基本設定」を選択し、「一般(1)」タブでブロック数を確認する。

ブロック数に「0」以外の数値が表示されている場合は、再度 **1 ～ 3** の操作を行い、ブロックを解除してください。すべてのブロックを解除するには、ブロック数が「0」になるまでブロック解除(**1 ～ 3**)を繰り返し行ってください。

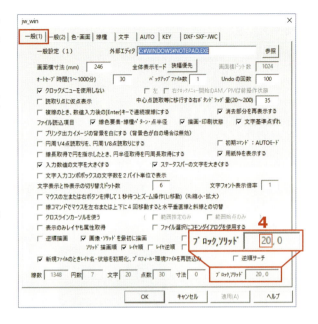

〈6〉すべての線を線色1・基本幅に変更する

● 印刷線幅が固定されているSXF対応拡張線色をすべて標準線色の「線色1」の基本幅に変更することで、その印刷線幅も「基本設定」の「色・画面」タブで指定できるようになります。

1 「範囲」コマンドを選択する。

2 コントロールバー「全選択」ボタンを🖱して、図面全体を選択する。

3 コントロールバー「属性変更」ボタンを🖱。

  → 属性変更を指示するダイアログが開く。

4 「指定【線色】に変更」を🖱。

  → 変更後の線色と個別線幅を指示するための「線属性」ダイアログが開く。

5 「線属性」ダイアログの「線色1」ボタンを🖱で選択する。「線幅」ボックスの数値が「0」であることを確認し、「OK」ボタンを🖱。

6 「属性変更」のダイアログで「＜線幅＞変更」にチェックを付ける。

7 「OK」ボタンを🖱。

  → ダイアログが閉じ、**2**で選択した要素が線色1（基本幅）に変更される。

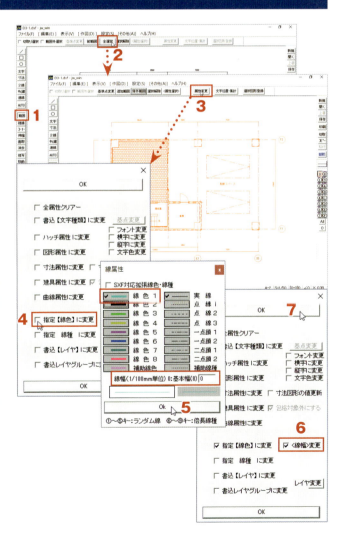

APPENDIX 2　QUESTION & ANSWER

本書の解説どおりにならない場合の対処法

➡p.33　Q01
CD-ROMのウィンドウの開き方がわからない。

Windowsに標準搭載されているエクスプローラーを起動し、表示される「DVD（またはCD）」ドライブを🖱🖱することで、CD-ROMのウィンドウを開きます。

1　「スタート」ボタンを🖱し、表示されるメニューの「エクスプローラー」を🖱。
2　エクスプローラーのフォルダーツリーで「PC」を🖱。
3　右のウィンドウに表示される「DVD（またはCD）」ドライブを🖱🖱。

1の代わりにタスクバーのエクスプローラーを🖱してもよい

➡p.33　Q02
「続行するには管理者のユーザー名とパスワードを入力してください」と表記された「ユーザーアカウント制御」ウィンドウが開く。

管理者権限のないユーザーとしてWindowsにログインしているため、このメッセージが表示されます。管理者権限がないとJw_cadをインストールすることはできません。
インストールを行うには、表示される管理者ユーザー名の下の「パスワード」ボックスに、その管理者のパスワードを入力し、「はい」ボタンを🖱してください。

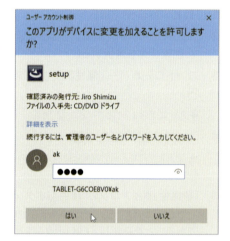

➡p.33　Q03
「プログラムの保守」と表記されたウィンドウが開く。

これからインストールしようとしているバージョンのJw_cadがすでにインストールされています。インストールは不要なため、「キャンセル」ボタンを🖱してインストールを中断してください。

➡p.38　Q04
「ショートカットエラー」ウィンドウが表示され、起動しない。

🖱🖱したショートカットが正常に機能していません。「OK」ボタンを🖱し「ショートカットエラー」ウィンドウを閉じてください。

現在あるショートカットを削除（ショートカットを🖱し、表示されるメニューの「削除」を🖱）したうえで、p.36を参照し、新しいショートカットを作成してください。

➡p.40　Q05
「線属性」バーが作図ウィンドウにとび出している。

以下の手順で、「線属性」バーを右のツールバーに収めてください。

1　「線属性（2）」バーの左端にマウスポインタを合わせ、カーソル形状が⇔に変わった時点で🖱→（左ドラッグ：左ボタンを押したまま右方向に移動）し、「線属性（2）」バーの表示幅を半分にする。

2　「線属性（2）」バーのタイトル部を🖱→（左ドラッグ）し、「メインツール」バーと「レイヤ」バーの区切線上でボタンをはなす。

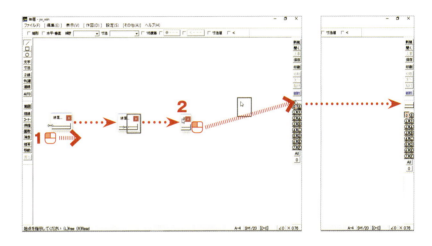

➡p.43　Q06
ステータスバーが表示されない。

Jw_cadを最大化（→p.38の**2**）したうえで、メニューバー［表示］を🖱し、表示されるメニューの「ステータスバー」にチェックが付いているかを確認してください。チェックがない場合は🖱してチェックを付けてください。

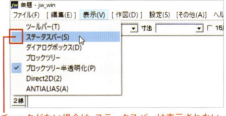

チェックがない場合は、ステータスバーは表示されない

→p.45 **Q07**
「／」コマンドで始点を🖱後、仮線が表示されない。または丸いものが表示され、「／」コマンドとは違う状態になってしまう。

始点を🖱後、マウスボタンから指をはなさずにマウスポインタを移動したことが原因です。
マウスボタンを押したままマウスポインタを移動すると、別の操作を意味するドラッグになります。ドラッグでは、他のコマンドを選択するためのクロックメニューが表示され、マウスボタンをはなすことで他のコマンドが選択されます。他のコマンドが選択された場合は、「／」コマンドを🖱し選択し直してください。
また、p.40「STEP 6　Jw_cadの基本的な設定をする」の**2**の設定で、ドラッグしてもクロックメニューは表示されなくなります。

→p.45 **Q08**
「／」コマンドで始点を🖱後、仮表示の線が上下左右にしか動かない。

「／」コマンドのコントロールバー「水平・垂直」にチェックが付いていることが原因です。
「水平・垂直」を🖱し、チェックを外してください。

→p.46 **Q09**
点指示時に🖱すると、点がありませんと表示される。

🖱した付近に読み取りできる点がないため、このメッセージが表示されます。
読み取りする点に正確にマウスポインタの先端を合わせて、再度🖱してください。
🖱で読み取り可能な点については、p.48の「POINT」でご確認ください。
また、グレーで表示されている表示のみレイヤの線や円・円弧の端点、交点を🖱した際にこのメッセージが表示される場合は、p.251　Q23-2を参照してください。

→p.46 **Q10**
「／」コマンドで端点（または交点）を🖱するところを誤って🖱した。

「戻る」コマンドを🖱することで、誤った🖱操作を取り消せます。そのうえで、再度、点を🖱し直してください。

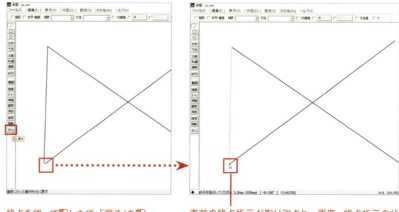

終点を誤って🖱した後、「戻る」を🖱　　　直前の終点指示が取り消され、再度、終点指示の状態になるので、終点を🖱

→p.48 **Q11** 「消去」コマンドで、指示した線が消えずに色が変わる。

🖱で線を指示すべきところを🖱で指示したことが原因です。
🖱は線を部分的に消す指示になります(→p.49 STEP 8)。
「戻る」コマンドを🖱することで、誤った🖱指示を取り消せます。そのうえで、消去対象を🖱し直してください。

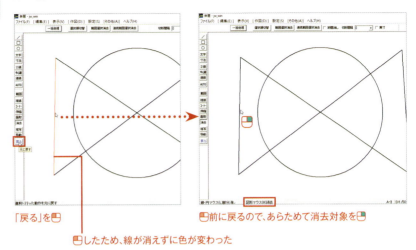

「戻る」を🖱
🖱したため、線が消えずに色が変わった
🖱前に戻るので、あらためて消去対象を🖱

→p.56 **Q12** 「複線」コマンドで基準線を🖱するところを誤って🖱した。

基準線を🖱すると、コントロールバー「複線間隔」ボックスが空白になり、入力ポインタが点滅した数値入力状態になります。ここでキーボードから複線間隔を入力してください。

空白になり入力状態になる　　　　数値を入力する

→p.57 **Q13** 🖱↘したら、拡大範囲枠が表示されずに図が移動した(または作図ウィンドウから図が消えた)。

図が移動するのは、🖱↘(両ボタンドラッグ)にならずに🖱(両ボタンクリック)したことが原因です。🖱では[移動]と表示され、🖱した位置が作図ウィンドウの中心になるよう表示画面を移動します(→p.70の**11**)。

🖱[移動] は、🖱位置が作図ウィンドウの中心になるように画面を移動する

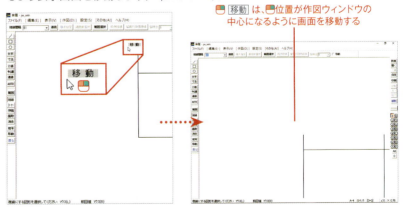

図が消えたのは、何も作図されていない範囲を🖱↘で拡大表示したためです。作図ウィンドウで🖱↗[全体](→p.67 STEP 15)し、用紙全体表示にしたうえで、再度、拡大操作を行ってください。

→p.55　**Q14**

「複線」コマンドで基準線を🖱してても平行線が仮表示されない。

以下のことを確認してください。

1 コントロールバー「複線間隔」ボックスに正しい間隔が入力されていますか？

▶「複線間隔」ボックスに正しい数値が入力されている → **2**へ進む。

▶「複線間隔」ボックスが空白になっている → 基準線を🖱した可能性があります。「複線間隔」ボックスを🖱し、正しい数値を入力してください。

キーボードの数字キーを押しても数値が入力されない場合は、Num Lockキーを押し、キーボード右下部のテンキーでの数字入力を有効（ナンバーロック）にするか、または、キーボード上段部の数字キーから入力してください。

2 画面を拡大表示しているために仮表示の平行線が画面に表示されていないのかもしれません。🖱／全体で、用紙全体表示をしてください（→p.67 STEP 15）。

▶全体表示をしても仮表示されない → **3**へ進む。

3 メニューバー［設定］－「基本設定」を選択し、「jw_win」ダイアログの「一般（2）」タブの「m単位入力」にチェックが付いていないか確認してください。

このチェックが付いていると指定する数値は、mm単位ではなく、m単位での指定になります。チェックが付いていた場合には、このチェックを外し、「OK」ボタンを🖱してください。

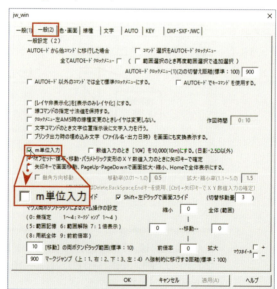

➡p.58　Q15
「伸縮」コマンドで線を縮めたら、反対側が残った。

伸縮点よりも上側をクリックして伸縮対象線を指示したことが原因です。

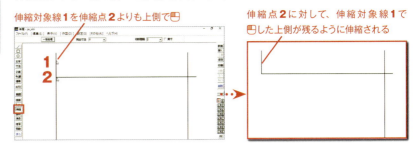

伸縮対象線の指示は、必ず伸縮点に対して線を残す側でクリック指示します。「戻る」コマンドで伸縮前に戻し、p.58を参照し、伸縮点より下側で対象線をクリック指示するよう注意してやり直してください。

➡p.58　Q16
水平線が短いため、**5**で伸縮点としてクリックする交点がない。

5で、伸縮点として水平線の端点をクリックしてください。

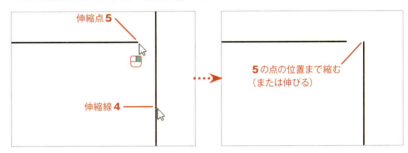

➡p.65/102　Q17
「jw–dens」フォルダーがない。

「jw–dens」フォルダーは、付録CD–ROMから教材データをインストールしていないと表示されません。
p.35を参照し教材データをインストールしてください。教材データをインストール済みで「jw–dens」フォルダーが表示されない場合は、以下の操作を行ってください。

1 スクロールバーを一番上までクリック↑し、Cドライブ（⊞ 📁 C:フォルダーのアイコンだがCドライブを示す）を表示する。

2 表示される ⊞ 📁 C: をダブルクリック。

これで ⊟ 📁 C: の下にCドライブ内のすべてのフォルダーがツリー表示されます。その中に「jw–dens」フォルダーも表示されます。

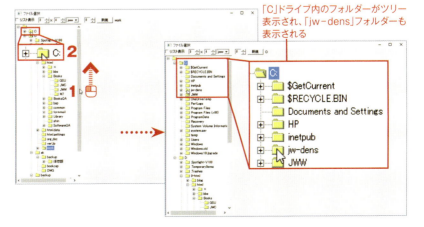

「C」ドライブ内のフォルダーがツリー表示され、「jw–dens」フォルダーも表示される

➡p.67　Q18
↓キーを押しても画面がスクロールしない。

p.41の **10** の設定を行ってください。ただし、設定をしても「文字」コマンド選択時には、矢印キーでの画面のスクロールはできません。
「文字」コマンド選択時には、🖱[移動](→p.70の **11**)を利用するか、あるいは[Tab]キーを押した後に↓キーを押して画面をスクロールしてください。

➡p.75/76/87　Q19
「複写」(または「移動」)コマンドで範囲選択した文字が選択色にならない、文字が複写(または移動)されない。

範囲選択の終点を🖱(文字を除く)したことが原因です。
再度、範囲選択をやり直し、終点を🖱(文字を含む)で指示してください。

➡p.80　Q20
データ整理の結果、表示される数字が図と異なる。

p.75で複写対象として囲んだ範囲によっては、本書の図とは数値が異なる場合がありますが、データ整理後の状態は同じです。

➡p.86　Q21
保存したはずの図面ファイル「01」がない。

左側のフォルダーツリーで、保存したフォルダーとは違うフォルダーを開いていませんか?
Jw_cadの「ファイル選択」ダイアログのフォルダーツリーでは、前回、図面を保存または開いたフォルダーが選択されています。「01」を保存後、他のフォルダーから図面を開くなどの操作をした場合、そのフォルダーが選択されています。フォルダーツリーで「jw−dens」フォルダーを🖱してください。「jw−dens」フォルダーが見つからない場合は、p.249のQ17を参照してください。

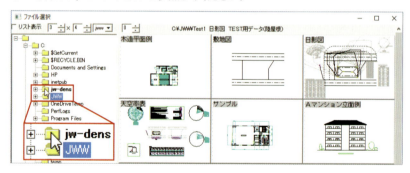

➡p.130　Q22
レイヤ名が小さくて読みづらい。

レイヤ一覧ウィンドウ上の「文字サイズ」ボックスの▲ボタンを🖱し、数値を大きく(1〜3)してください。数値が大きくなるに従い、レイヤ番号とレイヤ名の表示サイズが大きくなります。

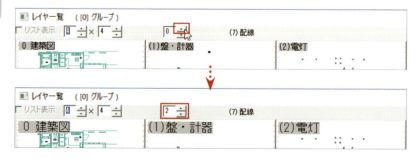

➡p.128　**Q23-1**
「複線」コマンドで表示のみレイヤの線を指示しても 図形がありません と表示され指示できない。

「縮尺・読取　設定」ダイアログで読み取り設定を行うことで、読み取りが可能になります。
ステータスバー「縮尺」ボタンを🖱し、「縮尺・読取　設定」ダイアログの「表示のみレイヤのデータを基準線等の場合は読取る」(図形がありません と表示される場合)、「表示のみレイヤの読取点を読み取る」(点がありません と表示される場合) に、それぞれチェックを付けてください。

➡p.144　**Q23-2**
表示のみレイヤの端点や交点の近くで🖱しても、点がありません と表示され点を読み取れない。

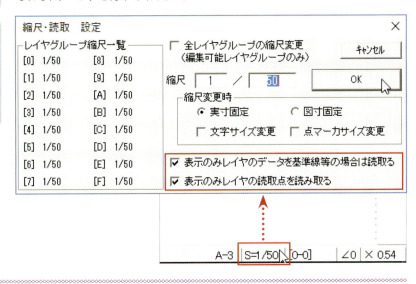

➡p.144　**Q24**
表示のみレイヤのグレーの線が薄くて見づらい。

表示のみレイヤの表示色を変更することで対処します。

1　メニューバー[設定]－「基本設定」を選択し、「jw_win」ダイアログの「色・画面」タブを🖱。
2　画面要素欄の「グレー」ボタンを🖱。
3　「色の設定」パレットで、「現在の色」よりも濃いグレーを🖱し、「OK」ボタンを🖱。
4　「jw_win」ダイアログの「OK」ボタンを🖱。

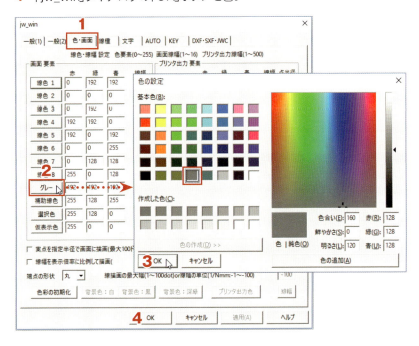

251

→p.146　Q25

「複線」コマンドで、作図方向指示を誤って🖱し、1つ前の複線と角が作られない。

誤った操作を「戻る」コマンドで取り消さず、複線を作図した後、「コーナー」コマンドを選択して角を作ってください。
誤った操作を「戻る」コマンドで取り消しても、再度、指示する次の複線は1本目の複線と見なされ、🖱(前複線と連結)で1つ前の複線と角を作ることはできません。

→p.146　Q26

「複線」コマンドで、作図方向指示時に🖱しても1つ前の複線と連結されない。

作図方向指示時の🖱(前複線と連結)は、複線を連続して作図する場合にのみ有効です。
1つ前の作図方向指示時に🖱して 計算できません とメッセージが表示された場合(基準線が前複線と平行線の場合は連結できないためこのメッセージが表示される)や、「戻る」コマンドや Esc キーで作図操作を取り消した場合、次の複線は1本目の複線と見なされるため、作図方向指示時の🖱(前複線と連結)は利用できません。複線の作図後、「コーナー」コマンドで角を作成してください。

→p.150　Q27

「図形」コマンドで図形を読み込むとき、画面左上に ●書込レイヤに作図 と表示されない(または ◆元レイヤに作図 と表示される)。

このメッセージはパソコンによって一時的に表示され、すぐ消える場合があります。使用にあたり支障はありません。そのままお使いください。
◆元レイヤに作図 など、他のメッセージが表示される場合は、以下の操作を行い、設定を変更してください。

1　コントロールバー「作図属性」ボタンを🖱。
2　「作図属性設定」ダイアログの「◆書込レイヤ、元線色、元線種」ボタンを🖱。

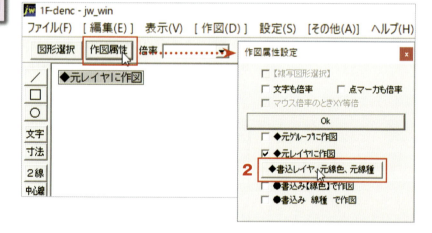

→p.159　Q28

図形配置時に線を🖱→AM3時 中心点・A点 したが、図形が配置されずに「2点間中心◆◆B点指示◆◆」と操作メッセージが表示される。

線ではなく、🖱→AM3時 中心点・A点 した近くの点が読み取られ、2点間中心のA点を指示した状態になっています。
「戻る」コマンドで操作を取り消し、充分に拡大表示したうえで、既存の点が近くにない位置で、線を🖱→AM3時 中心点・A点 してください。

➡p.168　Q29
🖱↓ AM6時 オフセット すると「オフセット」ダイアログではなく「軸角・目盛・オフセット　設定」ダイアログが開く。

読み取りできる点がない位置から🖱↓ AM 6時 オフセット した場合には、「軸角・目盛・オフセット　設定」ダイアログが開きます。
「軸角・目盛・オフセット　設定」ダイアログの「OK」ボタンを🖱して閉じてください。
既存の点にマウスポインタを近づけて、🖱↓ AM 6時 オフセット してください。

➡p.175　Q30
「連線」コマンドで、円を🖱↑ AM0 時 円上点＆終了 すると、円ではありません と表示され、始点または終点指示ができない。

円・円弧ではなく、近くの線を🖱↑ AM0 時 円上点＆終了 したことが原因です。
画面を十分に拡大表示したうえ、マウスポインタを円・円弧に合わせ、🖱↑ AM0 時 円上点＆終了 してください。

➡p.185　Q31
「選択されたブロックを編集します」ダイアログが開く。

3で、文字「RC」ではなく、コンセントを🖱したことが原因です。このコンセントは、ブロック図形のため、属性取得すると、このダイアログが開きます（参考→p.191）。
「キャンセル」ボタンを🖱して、ダイアログを閉じたうえで、**2**からやり直してください。

➡p.188　Q32
線記号変形の条数を作図するために配線を🖱すると、直線ではありません。と表示される。

配線は直線と円弧を組み合わせて作図されています。直線部ではなく、円弧部を🖱したことが原因です。
マウスポインタを直線部に合わせ、🖱し直してください。

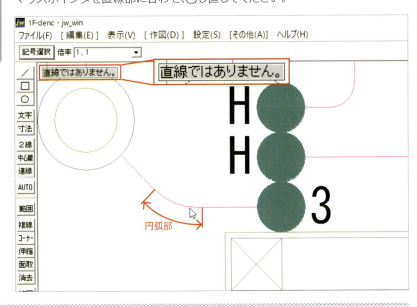

➡p.198/207　Q33
Tabキーを押すと 属性取得 と表示されず 図形がありません と表示される。

p.42の**16**を確認し、「直接属性取得を行う」のチェックを外してください。

→p.189 **Q34**

配線が短くて線記号「4線」が収まらない。

「パラメトリック変形」コマンドを使って配線の直線部分を伸ばしましょう。

1 メニューバー［その他］－「パラメトリック変形」を選択する。
2 始点として下図の位置を🖱。
3 表示される選択範囲枠で、伸ばす部分の配線を下図のように囲み、終点を🖱。
4 コントロールバー「選択確定」ボタンを🖱。

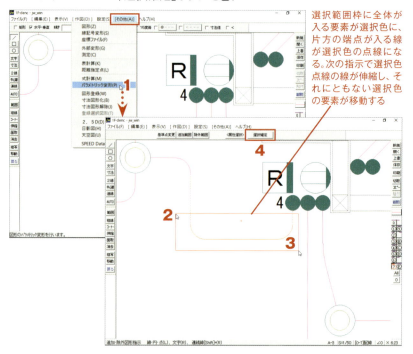

選択範囲枠に全体が入る要素が選択色に、片方の端点が入る線が選択色の点線になる。次の指示で選択色点線の線が伸縮し、それにともない選択色の要素が移動する

5 マウスポインタに従い、選択色の点線が伸び縮みするので、下図のように伸ばした位置で🖱。

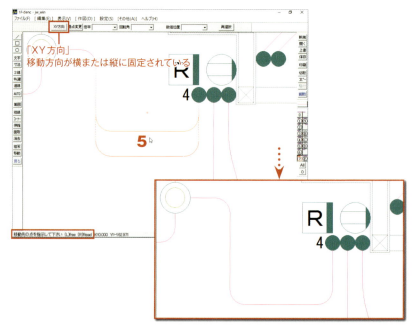

「XY方向」
移動方向が横または縦に固定されている

6 「／」コマンドを選択し、「パラメトリック変形」コマンドを終了する。

➡p.196　Q35
プリンタがA3（またはA4）までの対応のため、用紙サイズの選択リストに「A2」がない。

p.196の**4**で、用紙を「A3」（または「A4」）、向きを「横」に設定してください。

p.196の**7**の操作を行う前に、コントロールバー「印刷倍率」ボックスの▼ボタンを凹し、表示されるリストから「71％（A3→A4,A2→A3）」（**4**で用紙を「A3」に設定した場合）、または「50％（A2→A4,A1→A3）」（**4**で用紙を「A4」に設定した場合）を凹して、選択してください。

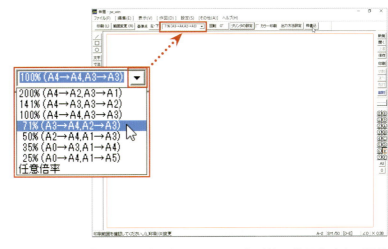

コントロールバー「範囲変更」ボタンを凹し、印刷枠の位置を適宜、調整（→p.81）したうえで、「枠書込」ボタンを凹してください。

➡p.203　Q36
図面「2F-denc」がない。

p.194の「やってみよう」を行っていない場合は、図面「2F-denc」はありません。「2F-denc」の代わりに「課題2F-完成図」をご利用ください。

➡p.205　Q37
アプリウィンドウの表示が本とは違う。

Windowsのバージョンや設定の違いにより、表示が異なります。
下図のようにファイル名だけが表示される場合は、これから使用する図面ファイル「A2-dencban-jw_win」を凹してください。

➡p.216　Q38

「伸縮」コマンドで基準線として🖱🖱した線の表示色が変わらず、線上に赤い○が表示される。

赤○の部分で線が切断されている

🖱と🖱の間にマウスポインタが動いたため、🖱🖱ではなく、🖱2回と見なされたことが原因です。
「伸縮」コマンドでの🖱は、🖱位置で線を2つに切断します。画面に表示された赤い○は、切断位置を一時的に表示しています。2回🖱したため、2個所で線を切断しています。「戻る」コマンドを2回🖱し、切断前に戻したうえで、改めて基準線を🖱🖱しましょう。
また、このように切断した線は、「データ整理」の「連結整理」(→p.80)でまとめて1本に連結することができます。

➡p.225　Q39

縮小印刷すると太い線がつぶれる。

以下の設定を行ったうえで、縮小印刷をしてください。

1　メニューバー[設定]－「基本設定」を選択し、「jw_win」ダイアログの「色・画面」タブの「(印刷時に)」にチェックを付け、「OK」ボタンを🖱。

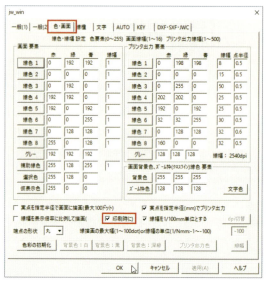

このチェックを付けることで、印刷の縮小倍率に準じて、線の太さも細くなります。

➡p.236　Q40

ブロック編集ウィンドウで編集対象のブロック図形が表示されない。またはグレー表示になる。

ブロック編集ウィンドウではブロック図形はブロック作成時に作図されていたレイヤに表示されます。そのレイヤが非表示または表示のみレイヤになっていることが原因です。
レイヤバーの「All」ボタンを🖱し、すべてのレイヤを編集可能にしてください。

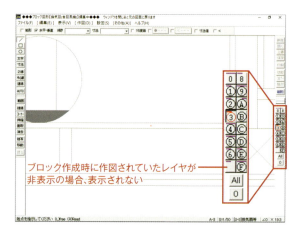

ブロック作成時に作図されていたレイヤが非表示の場合、表示されない

INDEX

記号・数字

(L) free/ (R) Read	46、48
／コマンド	45
15度毎	96
傾き	97
水平・垂直	54、97
寸法	96、97、105
□コマンド	110
寸法・基準点	91
○コマンド	47
多重円	67
半径	66
2点の中心を点指示	155

アルファベット

BackSpaceキー	7、78
Deleteキー	7、78
DXF	240、241
Enterキー	7
Escキー	7、49
Jw_cadのバージョン	32
jws	9、231
jww	65
m単位入力	248
PageUp（PgUp）・PageDown（PgDn）キー	84
Tabキー	7、198
SXF対応拡張線色・線種	240

ア行

移動コマンド	86、161
印刷（分割して印刷）	226
印刷コマンド	81
印刷倍率（縮小印刷）	225
カラー印刷	123
範囲変更	81、124、226
枠書込	196
印刷線幅・実点サイズの設定	116
印刷の用紙サイズと向き	81
上書き保存（上書コマンド）	83、100
円の中心を点指示	176
円を作図 ➡ ○コマンド	
オフセット	166、219

カ行

回路番号	106、109、191
書込線	63
書込文字種	68
画面拡大・画面縮小 ➡ ズーム操作	
画面の移動・スクロール	66、70
仮点	147
仮点の消去	148
キーボード	7、84、248
基本設定	
一般（1）	40、41、122、243

一般（2）	41
色・画面	41、116、228、251、256
KEY	42
DXF・SXF・JWC	240
距離測定 ➡ 測定コマンド	
矩形を作図 ➡ □コマンド	
クリック	6
クロックメニュー	115
円周1/4点	177
円上点&終了	174、177
鉛直・円1/4点	170、177
鉛直・円周点	177
オフセット	166、219
線・円交点	170、177
線上点・交点	114、158、164
中心点・A点	155、159、176
コーナーコマンド	59
コピー&貼付	204
コントロールバー	43

サ行

最小化ボタン	203
最大化ボタン	38
作図ウィンドウ	43
実点の印刷サイズ	116
縮尺変更	
実寸固定	44、242
図寸固定	202、210
消去コマンド	48
選択順切替（線と文字）	79
範囲選択消去	51、136
部分消し	49
伸縮コマンド	
基準線まで伸縮	215
指定点まで伸縮	58
数値、文字入力	7
ズーム操作	
拡大	56、84
縮小	82、84
全体（用紙全体表示）	67、84
前倍率	57、84
図形コマンド	102
回転角	106
回転角・90°毎	152
作図属性（文字も倍率）	232
左右反転	182
倍率	118、182、232
図形登録コマンド	230
進むコマンド	49
図寸	68
ステータスバー	43
寸法の作図（寸法コマンド）	192
線	
作図 ➡ ／コマンド	
伸縮 ➡ 伸縮コマンド	

257

⌇⌇⌇⌇⌇ 線の中心を点指示	159
⌇⌇⌇⌇⌇ 太さ（印刷線幅）	84、116
⌇⌇⌇⌇⌇ 平行複写 ➡ 複線コマンド	

線記号変形
⌇⌇⌇⌇⌇ 回路番号	106、109、191
⌇⌇⌇⌇⌇ 高圧記号	120
⌇⌇⌇⌇⌇ 条数	186、188
⌇⌇⌇⌇⌇ 条数・文字付	189
⌇⌇⌇⌇⌇ 切断	180
⌇⌇⌇⌇⌇ 切断記号	180
⌇⌇⌇⌇⌇ 倍率	118、181
⌇⌇⌇⌇⌇ 引出線付文字	112

線色・線種	84
線色・線種・線幅を変更 ➡ 範囲コマンド→属性変更	
線属性	84、88
線属性バー	40、43、245
線や線の一部を消去 ➡ 消去コマンド	
操作メッセージ	43
属性取得	184、186、198
測定コマンド	241

タ行

タイトルバー	43、65
タスクバー	203、255
ダブルクリック	6
中心線コマンド	60、144
重複線を1本にする	80
直前作業の取り消し	49
ツールバー	39、43
データ整理コマンド（連結整理）	80、142
電気シンボル図形	9、42、104、191
⌇⌇⌇⌇⌇ 読み取り点	104、169、173

点
⌇⌇⌇⌇⌇ 作図	97
⌇⌇⌇⌇⌇ 読み取り	46、48、177
閉じるボタン	43、213
ドラッグ	6、84、174

ナ行

名前を付けて保存	65、143

ハ行

パラメトリック変形コマンド	254
貼付コマンド（作図属性）	205、212

範囲コマンド
⌇⌇⌇⌇⌇ 属性選択	211
⌇⌇⌇⌇⌇ 属性変更	
⌇⌇⌇⌇⌇ 線種変更	237
⌇⌇⌇⌇⌇ 線色変更	139
⌇⌇⌇⌇⌇ 線色変更・線幅変更	243
⌇⌇⌇⌇⌇ フォント変更	140
⌇⌇⌇⌇⌇ レイヤ変更	137
⌇⌇⌇⌇⌇ 文字位置・集計	234
範囲選択	51、75
⌇⌇⌇⌇⌇ 文字を含む	75
⌇⌇⌇⌇⌇ 連続線選択	161、236
範囲選択消去	51、136
開くコマンド	86、122
複写コマンド	75

基準点	75
反転	100
連続	99

複線コマンド
⌇⌇⌇⌇⌇ 位置指定	214
⌇⌇⌇⌇⌇ 前複線と連結	145
⌇⌇⌇⌇⌇ 端点指定	101、148
⌇⌇⌇⌇⌇ 連続	89、215
⌇⌇⌇⌇⌇ 連続線選択	197

ブロック図形
	233
⌇⌇⌇⌇⌇ 解除	235、242
⌇⌇⌇⌇⌇ 作成	239
⌇⌇⌇⌇⌇ 集計	234
⌇⌇⌇⌇⌇ ブロック名を変更	238
⌇⌇⌇⌇⌇ 編集	236

分割コマンド
⌇⌇⌇⌇⌇ 等分割線の作図	62
⌇⌇⌇⌇⌇ 等分割点の作図	147

補助線種	63
保存コマンド	64、143、201、202

マ行

マウス操作	6
メニューバー	43

文字
⌇⌇⌇⌇⌇ 上付き文字・丸付き文字	113
⌇⌇⌇⌇⌇ サイズ（文字種）	68
⌇⌇⌇⌇⌇ 消去（文字優先選択消去）	79
⌇⌇⌇⌇⌇ フォントの変更	140

文字コマンド
⌇⌇⌇⌇⌇ 書込文字種	68、184
⌇⌇⌇⌇⌇ 基点	69
⌇⌇⌇⌇⌇ 記入内容の変更	77
⌇⌇⌇⌇⌇ 行間（連続入力）	221
⌇⌇⌇⌇⌇ 文字基点設定・ずれ使用	92、93
⌇⌇⌇⌇⌇ 文字の移動	190
⌇⌇⌇⌇⌇ 文字の記入	68
⌇⌇⌇⌇⌇ 文字の複写	72
⌇⌇⌇⌇⌇ 履歴リスト	74
戻るコマンド	49

ヤ行

用紙サイズ	44
用紙全体表示	67、84
用紙枠	42、43、44

ラ行

レイヤ	125
⌇⌇⌇⌇⌇ 書込レイヤ	125
⌇⌇⌇⌇⌇ 非表示レイヤ	127
⌇⌇⌇⌇⌇ 表示のみレイヤ	128、251
⌇⌇⌇⌇⌇ プロテクトレイヤ	132
⌇⌇⌇⌇⌇ 編集可能レイヤ	129
レイヤ一覧ウィンドウ	126、130
レイヤバー	43、125
⌇⌇⌇⌇⌇ Allボタン	136、234
レイヤ名を設定（変更）	138
レイヤを変更	137
連線（連続線）コマンド	94、172、177

送付先 FAX 番号 ▶ 03-3403-0582　メールアドレス ▶ info@xknowledge.co.jp
インターネットからのお問合せ ▶ http://xknowledge-books.jp/support/toiawase

FAX質問シート
Jw_cad 電気設備設計入門 [Jw_cad8対応版]

以下を必ずお読みになり、ご了承いただいた場合のみご質問をお送りください。

● 「本書の手順通り操作したが記載されているような結果にならない」といった本書記事に直接関係のある質問のみご回答いたします。「このようなことがしたい」「このようなときはどうすればよいか」など特定のユーザー向けの操作方法や問題解決方法については受け付けておりません。

● 本質問シートで、FAX またはメールにてお送りいただいた質問のみ受け付けております。お電話による質問はお受けできません。

● 本質問シートはコピーしてお使いください。また、必要事項に記入漏れがある場合はご回答できない場合がございます。

● メールの場合は、書名と当質問シートの項目を必ずご入力のうえ、送信してください。

● ご質問の内容によってはご回答できない場合や日数を要する場合がございます。

● パソコンや OS そのもの、ご使用の機器や環境についての操作方法・トラブルなどの質問は受け付けておりません。

ふりがな

氏　名　　　　　　　　　　　年齢　　　　歳　　性別　男　・　女

回答送付先（FAX またはメールのいずれかに○印を付け、FAX 番号またはメールアドレスをご記入ください）

FAX　・　メール

※送付先ははっきりとわかりやすくご記入ください。判読できない場合はご回答いたしかねます。電話による回答はいたしておりません。

ご質問の内容　　※ 例）144 ページの手順 5 までは操作できるが、手順 6 の結果が別紙画面のようになって解決しない。

【 本書　　　　　ページ　～　　　　　ページ 】

ご使用の Jw_cad のバージョン　※ 例) Jw_cad 8.03a （　　　　　　　　　　　　　　　　　　）

ご使用の OS のバージョン（以下の中から該当するものに○印を付けてください）

Windows 10　　　　8.1　　　　8　　　　7　　　　その他（　　　　　　　　　　　　　　）

259

● 著者

Obra Club（オブラ クラブ）

設計業務におけるパソコンの有効利用をテーマとしたクラブ。
会員を対象に Jw_cad に関するサポートや情報提供などを行っている。
http://www.obraclub.com/
ホームページ（上記 URL）では書籍に関する Q&A も掲載

《主な著書》
『Jw_cad を仕事でフル活用するための 88 の方法』
『Jw_cad のトリセツ』
『Jw_cad 空調給排水設備図面入門』
『101 のキーワードで学ぶ Jw_cad』
『CAD を使って機械や木工や製品の図面をかきたい人のための Jw_cad 製図入門』
『はじめて学ぶ Jw_cad 8』
『Jw_cad の「コレがしたい！」「アレができない！」をスッキリ解決する本』
『やさしく学ぶ SketchUp』
『やさしく学ぶ Jw_cad8』
　（いずれもエクスナレッジ刊）

Jw_cad 電気設備設計入門 ［Jw_cad8 対応版］

2018年 5月 26日　初版第1刷発行
2024年 2月　8日　　第4刷発行

著　者　Obra Club

発行者　三輪 浩之

発行所　株式会社エクスナレッジ

　　　　〒106-0032　東京都港区六本木7-2-26

　　　　https://www.xknowledge.co.jp/

● 問合せ先

編　集　　前ページのFAX質問シートを参照してください。

販　売　　TEL 03-3403-1321 ／ FAX 03-3403-1829 ／ info@xknowledge.co.jp

無断転載の禁止

本誌掲載記事（本文、図表、イラスト等）を当社および著作権者の承諾なしに無断で転載（翻訳、複写、データベースへの入力、インターネットでの掲載等）することを禁じます。

©2018　Obra Club